Jagd
Ausrüstung

EDITION HUBERTUS

Jagd Ausrüstung

Optik · Bekleidung · Zubehör

ROLAND ZEITLER

avBUCH

Bildquellen:
Blaser
Chevalier
Kahles
Minox
Nikon
Streamlight
Swarovski
Zeiss

Impressum

Die Deutsche Bibliothek – CIP-Einheitsaufnahme
Die Deutsche Bibliothek verzeichnet diese Publikation in der Deutschen Nationalbibliografie; detaillierte bibliografische Daten sind im Internet über http://dnb.ddb.de abrufbar.

Projektleitung, Redaktion, Satz und Bildreproduktion: Technische Redaktion Wernisch, Wien
Umschlag & Layout: Ravenstein + Partner, Verden
Druck und Bindung: Westermann Druck, Zwickau
Printed in Germany
ISBN: 978-3-7040-2258-5

Inhalt

Vorwort 7

Universal-Zielfernrohre 9

Allround-Zielfernrohre 20

Ansitz-Zielfernrohre 22

Für die Sauenjagd . . 39

Rotpunkt — Eisenvisier 50

Beobachtungsoptik 58

Taschen- und Pocketferngläser 58

Pirschgläser 66

Ferngläser für schwierige Lichtsituationen . . . 80

Sondergläser 86

Spektive 98

Ausziehspektive 100

Festkörperspektive 102

Laserentfernungsmesser 110

Der Wunsch, nachts zu sehen . . 123

Reinigung der Optik 129

Jagdbekleidung . . 130

Jagdschuhe 156

Sinnvolles
Zubehör 167

Tarnnetze und Schirme 176

Fliegenschutz 178

Hilfreiches Tragegestell 179

Lampen und Strahler 180

Vorwort

Nach jahrzehntelanger Jagdausübung bin ich zu der Überzeugung gekommen, dass nicht nur Jagdpassion, körperliche Fitness, Schießfertigkeit und Jagdwaffe zum jagdlichen Erfolg führen. Auch Jagdverstand und viele weitere Ausrüstungsgegenstände sind dafür hilfreich, ja vielfach sogar entscheidend. In diesem Buch gehe ich auf bewährtes, praxiserprobtes Zubehör als Ergänzung zu Jagdwaffen und Munition ein. Natürlich habe ich hier eine Auswahl treffen müssen. Vor allem wird das „Handwerkszeug" des Jägers vorgestellt, das ich in der Jagdpraxis im heimischen Revier und auf fernen Wechseln auch erfolgreich benutzt habe und benutze.

Der Jagdoptik messe ich hier eine entscheidende Rolle zu. Optische Geräte begleiten den Jäger ständig und sind bei der heutigen Jagdausübung unentbehrlich. Wer viel und intensiv jagt, sollte auf eine qualitativ hochwertige Optik großen Wert legen. Sie kann jagdentscheidend sein.

Ein alter Spruch lautet: „Es gibt kein schlechtes Wetter, sondern nur unpassende Kleidung." Kleidung muss dem Wetter angepasst sein. Sie entscheidet über Gesundheit und Komfort sowie letztendlich über den Jagderfolg. Moderne Jagdkleidung ist nicht mehr vergleichbar mit der vor 20 oder 30 Jahren. Heutige Kleidungsstücke sind High-tech Produkte, die ihre Aufgabe – den Schutz des Jägers vor Witterungseinflüssen – bestens erfüllen.
Daneben gehe ich noch auf zahlreiche kleine, oft unentbehrliche Hilfsmittel ein, die ich im Laufe meiner Jagdausübung schätzen gelernt habe. Sie sollen dem Leser Anregungen geben, wie man erfolgreich jagen kann.

Beim Lesen wünsche ich viel Freude. Vor allem wünsche ich, dass meine Ausführungen dem Leser Fehler zu vermeiden helfen und er viele Anregungen findet, die seine Jagd erleichtern und schließlich zum „Waidmannsheil" führen.

Ihr
Roland Zeitler

Eckersdorf, im Frühjahr 2007

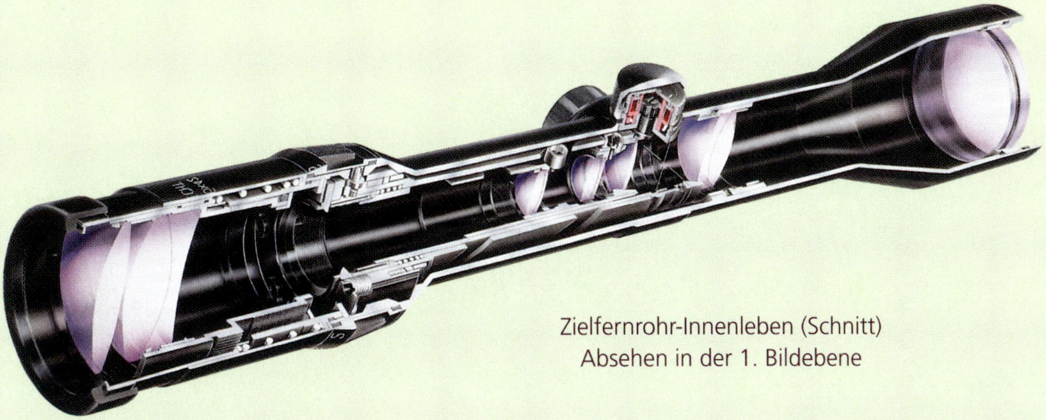

Zielfernrohr-Innenleben (Schnitt)
Absehen in der 1. Bildebene

1. Universal-Zielfernrohre

Zielfernrohre sind heute kleine technische Wunderwerke. Die neueste Generation ist kaum mehr mit früheren Zieloptiken vergleichbar. Für die Auswahl ist neben Qualität und Preis vor allem der Einsatzzweck entscheidend.

Bei Universal-Zielfernrohren ist es so wie mit Universalkalibern oder -waffen. Sie gibt es eigentlich nicht. Eine Zieloptik für „Ein und Alles" wurde noch nicht erfunden. Einsatzgebiete wie zum Beispiel die Drückjagd erfordern eine eigene, spezielle Zieloptik. Es gibt aber eine große Anzahl von Zielfernrohren, die mehr oder weniger universell zur Jagd in Mitteleuropa einsetzbar sind. Bei der Auswahl unter diesen universellen Zielfernrohren ist vor allem die Frage wichtig: „Sollen sie unter schwierigen Lichtverhältnissen zur Nachtjagd eingesetzt werden oder

Zeiss Victory VM 2,5-10x50T*

Der Absehenturm auf dem Okular stört bei Vergrößerungswechsel.

kann ein Unterschied wie zwischen Tag und Nacht bestehen. Während man mit dem einen in der später Dämmerung schon lange kein Wild mehr erkennen kann, kann man es mit einem anderen Zielfernrohr noch klar ausmachen.

Absehenlage

Beim Kauf gibt es deshalb einiges zu beachten. Von der Bauweise des Zielfernrohrs gibt es bei der Absehenlage Unterschiede. Beim Absehen in der 1. Bildebene (Objektivbildebene) vergrößert sich das Absehen bei Vergrößerungswechsel mit. Das heißt, die Balkenabstände bleiben gleich und die Abdeckmaße ebenfalls. Der Vorteil besteht in gut wahrnehmbaren Balken, da diese – besonders bei hoher Vergrößerung – sehr stark erscheinen. Man kann sie auch bei schwindendem Licht gut erkennen. Der Nachteil besteht darin, dass sie relativ viel von Ziel und Umgebung verdecken und somit störend wirken. Man hat weniger Orientierung, und oft findet man den korrekten Haltepunkt nicht schnell. Das Absehen könnte man theoretisch recht einfach zum Entfernungsschätzen durch Körperlängeneinpassung zwischen den dicken horizontalen Balken heranzie-

reicht es aus, wenn sie für die Dämmerung gut geeignet sind?" Viele Jäger benutzen eine Waffe für die Nachtjagd auf Sauen und haben für Pirsch und Ansitz bei Tag- und Dämmerungslicht andere Waffen. Die Frage nach der idealen Zieloptik ist eine sehr individuelle. Sie sollte vor allem vom Einsatzzweck der damit zu bestückenden Büchse oder kombinierten Jagdwaffe bestimmt werden. Für den Gebrauchswert ist in erster Linie die Qualität eines Zielfernrohrs entscheidend. Die technischen Daten oder rechnerischen Werte, wie beispielsweise die Dämmerungszahl, geben darüber keine Auskunft. Bei zwei Zielfernrohren mit denselben Kenndaten

Nikon Monarch Zielfernrohr 6,5-20x44 (silber)

Zeiss Varipoint VM 1,5-6x42T*
(alte Version)

hen. Auf Entfernungen von über 150 oder 200 Meter, wo es überhaupt sinnvoll wäre, ist die Methode aber sehr ungenau. Man denke nur an leicht schräg stehendes Wild. Geätzte Absehen auf Glas zeichnen sich sehr scharf ab und sind extrem haltbar und robust. Jedoch kommt es auf Grund der extrem reißfesten, leichten Folien- oder Drahtabsehen heute ebenfalls kaum mehr zum Durchreißen. Auch sie zeichnen sich sehr scharf ab.

Bei den Absehen in der 2. Bildebene ist eine extrem korrekte Montage erforderlich, sonst kommt es bei Vergrößerungswechsel zu Treffpunktverlagerungen. Bei Spitzenprodukten von Swarovski und Zeiss habe ich bei den letzten Messungen verschiedener Zielfernrohre keine Abweichungen festgestellt. Bei einigen Billigprodukten kam es zu Verlagerungen von mehr als 10 Zentimetern auf 100 Meter. Bei Absehenlage in der Okularbildebene (2. Bildebene) vergrößert sich das Absehen nicht mit. Da das Bild bei hoher Vergrößerung größer wird, verdeckt das Absehen – vor allem bei hoher Vergrößerung – extrem wenig (beispielsweise Swarovski AV 6-18x50P, Plex-Absehen bei 6fach 75 mm für dicke Balken, 25 mm für Fäden, bei 18fach sind es 18 bzw. 6 mm). Man behält einen Überblick über das Geschehen im gesamten Sehfeld, und vom Ziel wird sehr wenig verdeckt. Man findet den korrekten Haltepunkt extrem schnell. Punktschüsse sind genauso kein Problem wie bei weiten Entfernungen eine Haltepunktkorrektur. Man sieht das Plex-Absehen auch in der späten Dämmerung noch gut. Solange man einen Rehbock mit dem 8x56 noch auf 100 Meter ansprechen oder das Geweih erkennen kann, kann man auch schießen. Das Plex-Absehen kann man durch die sichere Körperhöheneinpassung zum Entfernungsschätzen verwenden, wenn man bei einer bestimmten Vergrößerung den Balkenabstand kennt.

In der 2. Bildebene gibt es natürlich auch andere Absehen wie das Nr. 4. Bei den Varipoint-Zielfernrohren von Zeiss liegt der beleuchtbare Punkt ebenfalls in der 2. Bildebene. Bei niedriger Vergrößerung, die man auf kurze Entfernungen benutzt, sieht man ihn groß, und bei hoher Vergrößerung auf weite Entfernungen verdeckt er für präzise Schüsse wenig. Übrigens kann ein Punkt extrem genau und sehr schnell ins Ziel korrekt eingepasst werden. Kein anderes Absehen vereint diese Vorteile in so idealer Weise (vorausgesetzt, der Punkt ist nicht zu stark). Zeiss kombiniert mit den Absehen Nr. 54 und 56 zwei Absehen in erster Bildebene (Balken hori-

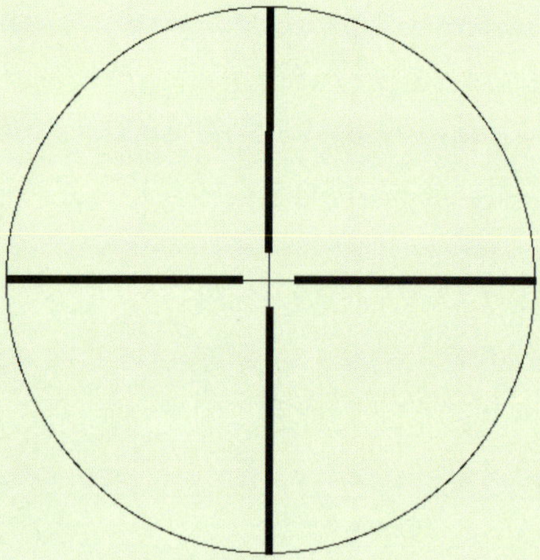

Absehen Nr. 8

zontal und vertikal ähnlich Nr. 4) und zweiter Bildebene (beleuchtbarer Punkt). Absehen sind Geschmacks- und Gewöhnungssache. Ich beschränke mich deshalb auf meine Lieblingsabsehen: Bei Zielfernrohren in der 2. Bildebene verwende ich ausschließlich das Plex-Absehen oder Absehen 4A mit vergrößertem Balkenabstand. Sie gewährleisten beste Übersicht, sind sehr ausgewogen und auch für flüchtiges Schießen ideal. Für Bewegungsjagden gibt es wohl nichts Besseres als den roten Punkt im Varipoint oder einen roten Punkt in Fadenkreuzmitte eines Absehen 4 oder Plex. Ideal ist hier das Flash Dot Absehen von Schmidt und Bender, da man ein normales Absehen hat (ohne abgesetzte Linien) und erst bei Beleuchtung der Punkt eingespiegelt wird. Bei Absehen in der 1. Bildebene habe ich auf kurze und mittlere Entfernungen gerne das Absehen Nr. 1, mit dem man auch sehr präzise schießen kann. Der Nachteil besteht bei weiten Entfernungen, bei dem dieses Absehen zuviel vom Wild verdeckt. Vor allem bei weiten Entfernungen ist das Absehen 8 (bei Swarovski 7A) mit doppelten Balkenabständen ideal. Das Absehen ist zudem sehr ausgewogen. Ich bevorzuge es vor dem beliebten Allroundabsehen 4.

Präzisionsmechanik

Die Optik eines Zielfernrohrs muss in extrem aufwändiger Mechanik verpackt werden. Die Mechanik ist für den Erfolg eines Zielfernrohrs entscheidend. Heute üblich sind einteilige Rohre, bei denen das Okular nicht nur aufgeschraubt wurde. Die Aluminiumrohre dürfen nicht zu schwach sein, da sie raue Behandlung aushalten sollen. Standard ist heute eine kratzfeste, harteloxierte Oberfläche. Natürlich kann diese auch durch beispielsweise spitze Steine beschädigt werden. Am Okularende

Parallaxenausgleich am Objektiv

sollte sich ein Steilgewinde für die in Europa übliche Dioptrienschnellverstellung befinden. Eine Klickabsehenverstellung sollte millimetergenau arbeiten. Bei den meisten Zielfernrohren arbeitet sie recht ungenau und unzuverlässig. Eine verschleißarme, aufwändige Mechanik ist dazu nötig. Nullbare Absehenverstellungen sind vor allem bei Laborierungswechsel eine nutzbare Sache. Ob man eine quadratische oder rechteckige Absehenverstellung hat, ist bei der heutigen präzisen Waffen- und Montagefertigung zweitrangig. Bei der quadratischen Absehenverstellung kann man gleichzeitig denselben maximalen Absehen-Verstellweg in Höhe und Seite ausnutzen. Mir ist eine rechteckige Absehenverstellung mit größerer Höhenverstellung lieber. Wer sportlich mal auf sehr weite Entfernungen schießt, kann oft nur mit großem Höhenabsehenverstellweg einen Fleckschuss auf sehr große Distanzen erreichen. Bei Leuchtabsehen sollte ein Batteriecontainer für eine Ersatzbatterie nicht fehlen. Bei Swarovski ist die Beleuchtungseinheit abnehmbar (PV/PF-Modelle). Übrigens sind viele Zielfernrohre nur bei aufgesetzter Kappe auf den Absehenverstelltürmen wasserdicht. Gegen Innenbeschlag muss das Zielfernrohr mit Stickstoff gefüllt sein. Wasserdichtheit bis 0,2 oder 0,3 bar (2 bzw. 3 Meter Wassertiefe) ist für ein Jagdzielfernrohr ein „MUSS". Auch bei dicken Großwildkalibern muss ein Zielfernrohr schussfest sein. Es darf Treffpunktverlagerungen nicht geben. Das heißt, das Innenrohr im Zielfernrohr muss stets in seine Ausgangslage zurückfedern. Das gewährleisten heute alle Qualitätsprodukte. Eine Festlegung des Innenrohrs, wie das Burris mit dem „Posi-Lock-System" anbietet, ist nicht nötig. Bei allen Zielfernrohren mit mehr als 12facher Vergrößerung sollte ein Parallaxenausgleich vorhanden sein. Wegen der Dichtheit muss die Verstellung durch Linsenverschiebung im Inneren erfolgen. Für Jagdzwecke ist es zweitrangig, ob die Verstellung am Objektiv oder seitlich gegenüber dem Seitenabsehenverstellturm erfolgt. Bei seitlicher Verstellung kann die Parallaxenverstellung allerdings bequem im Anschlag erfolgen. Parallaxenfehler entstehen zwar nur bei Schiefeinblick (nicht korrekt zentrierte Augenpupille zur Austrittspupille). Bei einem Zielfernrohr 4-12x50 liegen Abweichungen bei extremem Schiefeinblick und Parallaxenfreiheit bei 100 Meter, auf 200 Meter bei 2,3 cm, auf 300 Meter bei 4,6 cm und auf 400 Meter bei 6,9 cm Abweichung. Viel wichtiger ist aber, dass bei den hohen Vergrößerungen nur über die Parallaxenverstellung das letzte Quäntchen an Schärfe herausgeholt werden kann. Sie ist also für eine genaue und schnelle Scharfjustierung ideal.

Brillante Optik

Die Optik entscheidet darüber, was man sieht. Sie sollte eine hohe Lichttransmission für Tag und Nacht (unterschiedliche Messungen) haben. Spitzenwerte liegen heute bei deutlich über 90 Prozent für das gesamte System bei beiden Werten. Ein Wert von um die 90 Prozent sollte erreicht werden. Swarovski, Schmidt&Bender und Zeiss garantieren ihn bei vielen Modellen. Jedoch sollten Kontrast und Lichttransmission in Einklang zueinander stehen. Hohe Lichttransmission ohne guten, klaren Kontrast nützt bei geringem Licht gar nichts. Ein hoher Kontrast ist unbedingt erforderlich. Schließlich will man die Sau vor der dunklen Dickung klar erkennen. Die Optik sollte zudem noch gestochen scharf mit hoher Randschärfe abbilden und einen ausreichenden Dioptrienausgleich (vor allem in den Minusbereich hinein für die Dämmerung und Nacht) aufweisen. Das Bild soll hell, farbtreu und

möglichst randscharf sein. Es soll eine gleichbleibende, brillante Abbildungsqualität über den gesamten Vergrößerungsbereich aufweisen. Erkennbaren Abfall in der Bildqualität sollte es bei Vergrößerungswechsel nicht geben. Es darf keine Schattierungen, weiße Halbmonde oder Farbringe aufweisen. Ganz schlimm sind Reflexe, die vor allem durch ein mangelndes Innenrohr entstehen. Ein Tunneleffekt sollte bei Vergrößerungswechsel nicht auftreten.
Leuchtabsehen müssen fein dimmbar sein und dürfen keinesfalls überstrahlen. Bei Leuchtabsehen für Tag- und Nachteinsatz müssen zwei Leuchtstufenbereiche vorhanden und dimmbar sein. Das Sehfeld ist vor allem beim flüchtigen Schuss entscheidend. Ansonsten kommt es auf ein oder zwei Meter Unterschied nicht an. Die Mehrschichtvergütung an allen Glas-/Luftflächen sollte an Außenflächen vom Objektiv und Okular kratz- und abriebfest sein. Swarovski verwendet dafür die sehr haltbare Swarodur-Vergütung, während an den inneren Glas-/Luftflächen die Swarotop-Vergütung eingesetzt wird.
Der Augenabstand wird viel diskutiert. Er wird natürlich von Okularlinse zur Augenpupille gemessen. Der Abstand variiert mit der eingestellten Vergrößerung und ist keinesfalls eine einzige Größe. Der Augenabstand (volles Bild sichtbar) kann beispielsweise bei 3facher Vergrößerung von 47,1 bis 87 mm (Mittel 67 mm) und bei 12fach von 50,6 bis 83,5 mm (Mittel 67,1 mm) variieren (gemessen bei altem Schmidt und Bender Zielfernrohr). Die Herstellerangaben beziehen sich immer auf maximale Werte. Ich denke, 8 Zentimeter sind bei korrekter Schäftung ideal. Selbst auf meiner .450 Dakota reichen mir 8 Zentimeter aus. Bei starken Kalibern sind rund 9 bis 10 Zentimeter wünschenswert. Man muss aber bedenken, dass mit größerem Augenabstand das Sehfeld kleiner wird. Natürlich sind Gewichte und Baulänge ebenfalls entscheidende Faktoren, je kürzer desto besser. Die Stabilität wird erhöht und man stößt weniger an. Zwar kommt es nicht auf jedes Gramm an, doch sollte ein Zielfernrohr möglichst leicht sein. Dies belastet auch die Montage weniger. Stahlrohre benötigt man heute nicht mehr.
Noch ein Wort zu Bushnells Rainguard Beschichtung. Sie lässt Nebel und Regentropfen perlen, sodass sie schnell abtropfen. Dadurch wird ein Beschlagen größtmöglich verhindert. In der Praxis ist der Wirkungsgrad eingeschränkt. Bei starkem Regen nützt auch diese Ausrüstung nichts mehr. Ähnliche Beschichtungen gibt es bei Zeiss-Zielfernrohren (Lotutech) und bei Swarovski. Bliebe noch die Montagefreundlichkeit zu erwähnen. Ob mit oder ohne Schiene entscheidet meist die Waffenart. Eine Montage an der Zielfernrohrschiene belastet das Zielfernrohr viel weniger. Ideal ist eine Innenschiene, die eine schnelle, problemlose Montage ohne Bohren erlaubt. Das Zielfernrohr kann im Abstand vom Jäger selbst verstellt werden. Die Schiene erhöht ferner die Stabilität.

Die Frage nach der Vergrößerung

Mein erstes Zielfernrohr war ein Redfield 6-18x42, mit dem ich viel Rehwild und Füchse jagte. Bei gutem Licht habe ich fast ausschließlich mit 18fach geschossen. Zwar ein Extrem, aber man konnte ganz genau den Haltepunkt wählen und erkannte auch, ob man zu stark wackelte. Es ist auch von Vorteil, eine Trophäe noch kurz vor dem Schuss beurteilen zu können. Allgemein gesprochen sieht und erkennt man mit 10- oder 12facher Vergrößerung schon ganz ordentlich das Ziel. Der subjektive Sprung von 12- auf 15- oder gar 18- auf 20fach ist

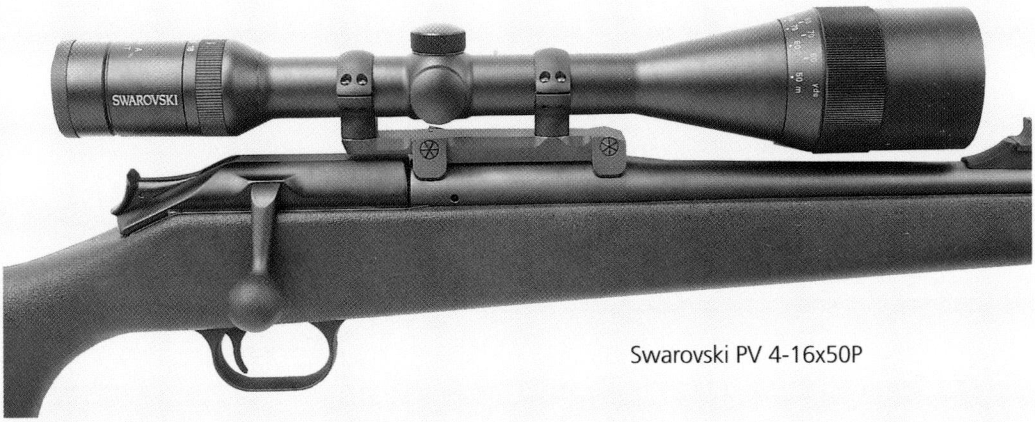

Swarovski PV 4-16x50P

allerdings enorm. Schon bei 14fach meint man sehr viel mehr Vergrößerung zu haben als bei 12fach. Aus technischen Gründen war ein variabler Vergrößerungsbereich in der Regel auf den vierfachen Faktor beschränkt (z. B. 3- bis 12fach = 3x4 = 12). Wichtiger als eine 4- oder 6fache Variable ist aber das zur Verfügung stehende Sehfeld. Der variable Bereich eines Zielfernrohrs wird nach Einsatzzweck und persönlichem Geschmack, sprich auch subjektiver Gewöhnung und Einstellung, bestimmt, daneben von der Leistungsfähigkeit des Schützen. Geübte Schützen bevorzugen vielmehr hohe Vergrößerungen als ungeübte. Variable Zielfernrohre sind heute Standard. Sichtbare oder praxisrelevante optische Einbußen gegenüber fixen Modellen braucht man nicht mehr hinnehmen. Fixe Zielfernrohre haben nur noch einen Preisvorteil. Für Drückjagden eignen sich vor allem 1,25-4x24 (oder ähnliche Werte) mit Sehfeldern von über 24 Meter (bis 42,5 Meter) auf 100 Meter. Mehr universell ist dagegen ein 1,5-6x42, das sich auch für den Ansitz in der Dämmerung eignet. Diese Zielfernrohre sind vor allem für die Waldjagd (Ansitz und Pirsch) ideal. Dank großer Austrittspupille können sie auch gut in der Dämmerung eingesetzt werden. Mit Einbußen eignen sie sich gerade noch für Drückjagden und flüchtigen Schuss. Wer aber viel nachts oder in sehr später Dämmerung jagt, ist mit größeren Objektiven besser beraten.

Für ein Allround-Zielfernrohr muss ferner eine Vergrößerung von mindestens 10fach empfohlen werden. Vor allem, wenn man außerhalb vom Wald jagt. Ein 2,5-10x50, 3,5-10x50 oder 3-12x50 ist ein wirkliches Allround-Zielfernrohr für Ansitz und Pirsch, das kaum noch Wünsche offen lässt. Es harmoniert auch auf schlanken, leichten Waffen noch sehr gut. Man kann es bestens für weite Schüsse und an der Kirrung auf kurze Entfernungen einsetzen. Die Lichtleistung reicht auch für schlechtes Licht aus. Wer aber sehr viel Schwarzwild bejagt und auf das letzte Quäntchen Lichtleistung angewiesen ist, dem rate ich zu einem 56er Zielfernrohr wie einem 2,5-10x56 oder 3-12x56. Die Unterschiede bei schwindendem Licht liegen aber oft nur bei wenigen Minuten, mit denen man mit einem 56er noch Wild erkennen kann. Das größere Objektiv sammelt etwas mehr Licht. An der Kirrung habe ich meist eine Vergrößerung von 5- bis 7fach eingestellt. Zur Nachtjagd auf Schwarzwild und Fuchs kann ich nur ein Leuchtabsehen (egal ob Punkt oder kleines Fadenkreuz) empfehlen. Die Haltepunktfindung geht viel einfacher und schneller, sodass man sich mehr auf das Wild (beispielsweise Bewegungen, Verschiebungen in der Rotte) konzentrieren kann. Persönlich bin ich ein Fan hoher Vergrößerungen. Jagdlich sinnvoll ist eine Vergrößerung von maximal etwa 20fach. Ich schätze Zielfernrohre wie 4,5-14x42/50, 5-15x42, 6-18x50 oder 6,5-20x50 vor allem bei der Gebirgsjagd, aber auch bei der Ansitzjagd auf Rehwild und Füchse bei gutem Büchsenlicht. Vergangenes Jahr erlegte ich mit 15facher Vergrößerung einen Überläuferkeiler auf 225 Meter (Laserentfernungsmesser!), der im Sommer (Blattzeit) um acht Uhr abends ein Getreidefeld Richtung Wald verließ. Bei dem schwierigen Winkelschuss (der Keiler stand nie breit) war die hohe Vergrößerung sehr nutzvoll. Auch für Rehböcke habe ich gerne eine Vergrößerung, die über 12fach liegt. Sie ist ideal bei Entfernungen von über 100 Metern. Das Absehen sollte bei solchen Zielfernrohren in der 2. Bildebene liegen.

Zielfernrohre mit geringem Objektivdurchmesser wie 2-7x36 (32), 3-9x36, 4-12x42, 3-10x42 oder 4,5-14x42 sind ideal für sehr leichte Waffen. Sie eignen sich besonders für die Pirschjagd bei gutem Licht. Wenn es bei Extremjagden (Gebirge) auf jedes Gramm Gewicht ankommt, sind sie ideal. Ich verwende sie auch gerne auf Schonzeitwaffen (.22 l. r. bis .22 Hornet). Ein 2-7x32 hat sich als ideales Zielfernrohr für meinen Marlin Unterhebelrepetierer erwiesen, den ich gerne zur Pirsch im Wald führe. Die Wahl des Zielfernrohrs hängt stark von der damit zu bestückenden Waffe ab und natürlich wozu man diese Büchse einsetzen möchte. Ist es eine reine Pirschbüchse für die Tagesjagd oder überwiegend eine Ansitzwaffe?

Swarovski revolutionierte mit seinem Z6 Zielfernrohren die Jagdzielfernrohre. Die Zielfernrohre mit 6fach Zoom vereinen praktisch zwei Zielfernrohre in einem (siehe hierzu das Kapitel ab Seite 33).

Flugbahnkompensatoren

Man könnte sie als Spielerei abtun, doch richtig eingesetzt haben sie eine Berechtigung. Sie werden von Zeiss, Swarovski (individuell auf die Laborierung abgestimmt graviert), Schmidt und Bender sowie Kahles angeboten. Andere Hersteller wie Leupold statten die Zielfernrohre mit Targettürmen (1 Klick 1/4 oder 1/8 M.O.A., 1 M.O.A. = 29,1 Millimeter auf 100 Meter) aus, bei denen man die Klicks abzählen kann. Ich habe mit Flugbahnkompensatoren von Zeiss, Swarovski, Kahles sowie Schmidt

Kahles CT 3-9x36

Targettürme und seitlicher Parallaxenausgleich mit integrierter Leuchteinheit bei Night Force Zielfernrohr

und Bender Versuche bis zur Entfernung von 500 Meter unternommen. Mit hochpräzisen Büchsen in .308 Win., .300 Wby. Mag. und 7mm Rem. Mag. hätte ich in den Entfernungsstufen von 100, 200, 300, 400 und 500 Meter ein Reh mit jedem Schuss tödlich getroffen (3 Schuss je Entfernung auf die Scheibe). Auf Wild in Damwildstärke wäre jeder Schuss auch auf 500 Meter in die Kammer gegangen. Es hat sich gezeigt, dass kein Ring genau passte. So schoss beispielsweise der individuelle Swarovski-Ring auf den 100, 200 und 500 Meter-Einstellungen jeweils Fleck. Abweichungen gab es bei 300 und 400 Meter (runde 10 Zentimeter im Mittel). Es bleibt einem nichts Anderes übrig, als die Fleckschussentfernungen zu prüfen und bei Abweichungen die korrekte Einstellung auf dem Entfernungsring selbst zu markieren. Sicherlich wird man kaum auf 500 Meter auf Wild schießen. Seitenwind ist dabei oft ein unkalkulierbarer Faktor. Der praktische Wert eines Flugbahnkompensators liegt in Entfernungen von 150 bis 300 Meter. Man denke nur mal an die schlappe 9,3x62. Auf 100 Meter Fleck eingeschossen fällt das Geschoss auf 200 oder 250 Meter enorm (gilt auch bei Einschuss auf GEE). Gerade bei den langsamen Kalibern differieren oft Tabelle und Tatsache. Mit Hilfe des Flugbahnkompensators (Absehenschnellverstellung ASV) auf 200 Meter gedreht, und die zuvor auf 100 Meter Fleck schießende Waffe schießt nun auf 200 Meter Fleck. Versuche mit der 9,3x62 und Zeiss-Zielfernrohr mit Kompensator konnten voll überzeugen. Selbst auf 200 Meter lagen bei 10 Schuss alle Treffer im 10er der Wildscheibe. Bei etlichen Jagden wie beispielsweise auf Fuchs oder Eichelhäher im Feld ist ein Fleckschuss auf 100 Meter ideal. Kommt Wild auf 200 Meter, dann kann man dank eines Flugbahnkompensators auch auf diese Entfernung Fleck anhalten. Empfehlenswert ist ein Flugbahnkompensator vor allem bei Kalibern mit stark gekrümmter Geschossflugbahn. Hier hat er eine praktische Berechtigung selbst auf mittlere Entfernungen bis zu 200 Meter. Kahles bietet mit seinen fünf Zielfernrohren multizero Zielfernrohre an, bei denen mittels vier Ringen sich das Absehen auf jeweils 5 Entfernungen (z. B. 100, 200, 300, 400, 500 m) Fleck einschießen lässt. Nach dem Einschießen muss man den jeweiligen Ring für die gewünschte Fleckschussentfernung nur noch auf die „Nullmarkierung" drehen.

Resümee

In erster Linie entscheidet die Qualität über den Gebrauchswert eines Zielfernrohrs. Die Kenndaten sind ausschlaggebend für den Einsatzzweck. Man muss wissen, wie man mit der Waffe jagt, mit der man das Zielfernrohr ausrüsten möchte. Die Montage eines Zweitglases ist beispielsweise für Bewegungsjagden oder die Pirsch empfehlenswert. Moderne Schwenkmontagen, Blasers Sattelmontage, Mausers DS oder Leupolds Quick Release ermöglichen das bei gleichbleibender Treffpunktlage problemlos. Aus Labortests und Praxiserfahrungen kann ich sagen, dass Zielfernrohre von Swa-

rovski, Schmidt und Bender und Zeiss die Spitzenklasse bilden und bei Mechanik und Optik keine Wünsche offen lassen.
Die Mehrzahl aller anderen Zielfernrohre entspricht nicht den hohen Anforderungen, die man in Mitteleuropa bei einem praxisorientierten Zielfernrohr erwartet. Bei der Zieloptik bestimmt der Preis die Qualität. Es gibt kein günstiges Spitzenzielfernrohr.

Einige Fachbegriffe

Austrittspupille = Durchmesser des Lichtaustritts am Okular

Geometrische Lichtstärke = Quadrat des Durchmessers der Austrittspupille. Der Wert sagt wenig über die Sehleistung in der Dämmerung/Nacht aus.

Dämmerungszahl = Quadratwurzel aus dem Produkt von Objektivdurchmesser und Vergrößerung. Gibt Anhaltspunkt für Verwendbarkeit in der Dämmerung oder nachts (immer im Bezug zur Austrittspupille zu beurteilen). Wegen Qualitätsunterschieden können Abweichungen von über 50 Prozent in der Sehleistung bestehen.

Auflösung = Kleinste noch als unterschiedlich wahrnehmbare Strukturen (z. B. zwei nebeneinander liegende schwarze Striche, in Bogenminuten, -sekunden).

Kontrast = Extrem wichtig bei dunklem Hintergrund oder in der Dämmerung. Erkennen von Helligkeitsunterschieden von verschiedenen Gegenständen (z. B. Wildschwein vor dunklem Fichtenwald).

Reflexionen/Streuungen = An den Grenzflächen von Gläsern und Luft entstehen Reflexionen und Streuungen, die den Kontrast mindern.

Vergütung = Mehrschichtvergütung erfolgt an allen Glas-/Luftflächen durch Aufbringen (z. B. Aufdampfen oder Aufschießen) verschiedener dünner Schichten, deren Brechungsindex größer als der Index von Luft aber kleiner als der Index der Glassorte ist (reduziert Reflexionen auf unter 1 % je Glas-/Luftfläche).

Aberration (Abweichung) = Chromatische Aberration bedingt Farbabweichung. Öffnungsfehler (verschiedene Brennpunkte) nennt man sphärische Aberration.

Sphärische Aberration = Lichtstrahlen vereinigen sich nicht in einem gemeinsamen Bildpunkt. Sie ergeben Bildscheibchen.

Verzerrungen = Kissen- oder tonnenförmig. Ein Bildfehler, der Objekte verzerrt abbildet.

Dispersion = Durch Zerlegung von weißem Licht in Spektralfarben entstehen besonders im Randbereich Farbsäume und Farbfehler (besonders schwierige Korrektur durch verschiedene Gläser und Vergütung).

Koma = Fehler, der einseitig scharfe Figuren bedingt mit mehr oder weniger ausgeprägtem „Kometenschweif".

Seidelsche Bildfehler = Öffnungsfehler, Koma, Astigmatismus, Bildfeldwölbung und Verzeichnung.

Transmission = Lichtdurchlässigkeit. Gemessen werden ein- und austretende Lichtmengen (durch gesamtes optisches System) mit Normallichtart. Es gibt einen Wert für Tages- und einen für Dämmerungslicht.

Dioptrienausgleich = Ausgleich von unterschiedlichen Sehstärken der Augen.

Objektiv = Beim Beobachten dem Objekt zugewandte Linse.

Okular = Das augenseitige Linsensystem.

Vergrößerung = Wert, wieviel mal näher ein Objekt zu sehen ist.

Federungssystem = Federungssystem in Zielfernrohren, das das Innenrohr zentriert. Es muss eine höchstpräzise Visierlinienjustierung garantieren.

Augenabstand = Variabler Abstand der Augenpupille von der Okularlinse bei einer bestimmten Vergrößerung, bei der man das gesamte Sehfeld erkennt. In der Regel werden gerundete Maximalwerte angegeben.

Parallaxe = nennt man die Verschiebung zwischen Zielobjekt und Absehen. Sie tritt bei Beobachtung außerhalb der optischen Achse auf, wenn das Ziel nicht in der Entfernung liegt, auf die das Zielfernrohr parallaxenfrei eingestellt ist. In der Regel werden Zielfernrohre auf 100 oder 150 m parallaxenfrei justiert. Ideal ist ein einstellbarer Parallaxenausgleich (sollte ab 12facher Vergrößerung keinesfalls fehlen).

Sehfeld = Wert gibt an, wieviel Meter man auf 100 Meter Entfernung übersehen kann.

Variable Optik = Stufenlose Einstellung verschiedener Vergrößerungen.

Verstellbereich = Quadratisch oder rechteckig – möglicher Verstellweg. Wieviel man das Absehen in Seite und Höhe verstellen kann (Zentimeterangabe auf 100 Meter).

Zentriertes Absehen = Heute Standard. Wenn man das Absehen in Seite oder Höhe verstellt, dann wandert das Absehen nicht aus der Bildmitte heraus.

Tipp

Es bringt wenig, Zielfernrohre im Geschäft oder bei gutem Tageslicht zu beurteilen. Aussagen zur Mechanik können damit sowieso nicht getroffen werden, und eine optische Beurteilung fällt zumindest schwer. Ideal zur Schärfe-/Auflösungsbeurteilung sind Prüftafeln mit verschieden starken Strichen in verschiedenen Abständen. Eine Beurteilung sollte auch bei schwindendem Licht vorgenommen werden. Das Betrachten weißer Hauswände kann ebenfalls Aufschlüsse geben. Man sollte versuchen, mal Sterne zu beobachten und scharf zu sehen. Wie verändert sich das Sternenbild bei Bewegungen des Zielfernrohrs? Ferner kann man nicht zu helle Straßenlampen beobachten. Ziehen sich Lichtstreifen oder bildet sich Falschlicht? Gibt es Reflexe? Erkennt man helle Halbmonde, Bildabschattungen oder Farbsäume? Kann man das Zielfernrohr beispielsweise auf einen Stern scharf stellen? Verändert sich die Bildqualität bei Vergrößerungswechsel? Wie sieht es mit Kontrast bei geringem Licht und dunklem Hintergrund aus? Mechanisch kann man ein Zielfernrohr nur mittels Belastungssimulation und mit Hilfe eines Kollimators prüfen.

Schmidt und Bender Zenith 1,5-6x42

2. Allround-Zielfernrohre

Stellvertretend für andere Zielfernrohre 1,5-6x42 sei am Beispiel des Schmidt und Bender Zenith dargestellt, wie universell dieser Zielfernrohrtyp verwendbar ist. Das Schmidt und Bender Zielfernrohr 1,5-6x42 Zenith mit Flash-Dot Leuchtabsehen soll ein Allrounder für Drückjagd, Pirsch und Ansitz sein. Die Praxis zeigte, dass tatsächlich die Verwendbarkeit weit gefächert sein kann.

Die Geräusche verrieten nahende Sauen. So packte ich meine Büchse mit dem neuen Schmidt und Bender Zielfernrohr 1,5-6x42 mit dem Flash Dot Leuchtabsehen fester und war für einen Schuss bereit. Da tauchten sie auch schon auf. Die Waffe flog an die Schulter, mitgefahren und Schuss. Der rote Zielpunkt hatte ruhig auf dem Überläufer geruht. Im Knall rollierte die Sau fast so wie ein Hase. Szenenwechsel: In meinem Revier mühte ich mich den steilen Hang hoch, als ich etwa 80 Meter entfernt im Hochwald einen Sprung Rehe sah. Angestrichen am Bergstock konnte ich sicher ein Kitz erlegen. Die Vergrößerung des Zenith stand dabei auf 6fach. Auch bei gutem Mondlicht war man beim Sauenansitz an der Kirrung mit dem Zenith 1,5-6x42 nicht „unterbewaffnet". Das Bild war erstaunlich hell und scharf. Für wirklich schlechte Lichtbedingungen ist natürlich ein 50er oder 56er Zielfernrohr vonnöten. Doch ist es keinesfalls so, dass man mit dem „42er" keine Sau beim Nachtansitz erlegen kann. Ich habe etliche durch das „42er" Objektiv erlegt.

Das Schmidt und Bender Zenith 1,5-6x42 vereinigt einiges in sich, das es als Allround-Zielfernrohr für ein weites Einsatzspektrum prädestiniert. Das Zielfernrohr ist lediglich 313 mm lang und 580 g schwer. Das 30 mm starke Mittelrohr bietet genug Montagespielraum. Es reicht aus für ein übliches Magnumsystem, ohne dass man auf gekröpften Vorderfuß zurückgreifen muss. Das Zielfernrohr ist auch mit der Innenschiene von Schmidt und Bender lieferbar. Die Innenschiene ermöglicht dank Wölbung einen Seitenschwenk, so steht das Absehen auch bei ungenau gearbeiteten Hülsen immer waagrecht. Angenehm fällt bei der Handhabung der Vergrößerungswechsler auf. Dank breiter Gummiarmierung mit kräftigen Rippen lässt er sich sehr gut fassen und drehen. Der Gang war gleichmäßig und geschmeidig, bei arktischer Kälte musste aber durchaus kräftig zugelangt werden. Den gesamten Vergrößerungsbereich kann man mit halber Umdrehung abdecken. Das Okularende wurde ebenfalls mit einer Gummiarmierung entschärft. Der Dioptrienausgleich erfolgt mittels Schnellverstellung mit Steilgewinde. Der Gang ist auch bei großer Kälte ausreichend leicht und geschmeidig. Der Objektivkonus hat die von anderen Zenith-Zielfernrohren bereits gewohnte abgerundete Form. Sie ist dank gleitender Übergänge sehr ansprechend. Beim einteiligen Aluminiumrohr wurde nicht an Gewicht gespart. Es hat eine hohe Wandstärke und ist entsprechend verwindungssteif sowie robust. Das Rohr wurde feinmatt harteloxiert, was eine robuste, sehr kratzfeste Oberfläche ergibt.

Flash-Dot Leuchtabsehen

Das Absehen in der 1. Bildebene (Objektivbildebene) vergrößert sich mit. Es ist mit Klickrastung ohne Werkzeug leicht und einfach verstellbar

(1 Klick = 1 cm/100 m). Wie eine Prüfung ergab, arbeitet die Absehenverstellung zuverlässig und millimetergenau. Sowohl Höhen- als auch Seitenabsehenverstellturm sind mit einer Umdrehungsanzeige (POSICON) ausgestattet. Man kann an einer „Uhr" kontrollieren, wie weit man das Absehen aus der mittigen Ausgangsstellung bewegt hat. Der grüne Bereich ist unproblematisch. Im roten Bereich beschneidet man dagegen den Verstellweg der weiteren (Seite oder Höhe) Absehenverstellung, die dann rechteckig arbeitet. Im grünen Bereich arbeitet die Absehenverstellung quadratisch (Verstellweg +/- 85 cm). Die maximale Höhenverstellung ist mit +/- 120 cm auf 100 m mehr als ausreichend. Bei Verstellung steht natürlich das Absehen immer mittig im Bild.

Gegenüber dem Seitenabsehenverstellturm befindet sich der Leuchtregler für das Flash-Dot Leuchtabsehen. Die Stufen 1 bis 6 sind für den Nachtansitz oder die späte Dämmerung gedacht. Auch bei sehr geringem Licht überstrahlt der Punkt nicht und bildet sich scharf ab. Er ist bestens für die Nachtjagd geeignet. Mittels klarem Trennstrich und Sonnensymbol erkennt man, dass man von Stufe 7 bis 11 die Tageslichteinstellung zur Verfügung hat. Zwischen den Stufen hat man einen Stand-by-Modus. Man spart damit Batteriestrom und ein kurzer Dreh genügt zum Einschalten der vorher gefundenen Leuchtstufe. Der rote Punkt ist dann auch bei hellem Tageslicht tadellos erkennbar. Auch bei Schnee bildet er sich sehr gut wahrnehmbar und scharf ab. Die Flash-Dot Technik ermöglicht die Einspiegelung des roten Punktes in die Absehenmitte. Bleibt die Leuchteinheit ausgeschaltet, hat man ein normales Absehen zur Verfügung. Erst bei eingeschalteter Beleuchtung erkennt man den Punkt. Das ist eine ideale Technik. Mich störten schon immer abgesetzte Punkte oder Kreuze in anderen Zielfernrohren. Vor allem die Punkte waren bei weiten Schüssen auf kleine Ziele störend. Meist sind sie dafür viel zu dick. Beim Zenith 1,5-6x42 hat man für Pirsch und Ansitz bei gutem Licht das normale A7 Absehen mit seinem dünnen Fadenkreuz zwischen den Balken (gegenüber Nr. 4 vergrößerter Balkenabstand) für weite Punktschüsse zur Verfügung. Das erwies sich als der Idealfall. Den Leuchtpunkt wählte man zunächst mit rund 10 cm/100 m als viel zu stark. Bei schnellen, weiten Schüssen auf einen verhoffenden Fuchs ist das zu viel. Ein solch starker Punkt ist in einem Zielfernrohr nicht nötig. Das erkannte man auch bei Schmidt und Bender und fertigt nun den Punkt in der akzeptablen Stärke von rund 5 cm/100 m.

Brillante Optik

Die Optik im neuen Zenith kann sich sehen lassen. Sie hat weder Blaustich noch sonstige Farbfelder. Sie bildet gestochen scharf ab. Auffallend die sehr hohe Randschärfe. Das helle Bild (Lichttransmission weit über 90%) ist zudem plastisch und kontrastreich. Vor allem bei geringem Licht macht sich das positiv bemerkbar. Die Qualität der Optik lässt keine Wünsche offen. Im 50 cm tiefen Wasserbad erwies sich das gegen Innenbeschlag mit Stickstoff gefüllte Zielfernrohr als dicht. An der Schussfestigkeit bestehen keine Zweifel, da ich mit dem Zielfernrohr zahlreiche Handladungen mit meiner .375 Rem. UM getestet habe. Die Belastung mit diesem Kaliber ist im obersten Bereich anzusetzen. Das Sehfeld reicht übrigens von 6,7 bis 21,7 m auf 100 m. Bis vor wenigen Jahren kannte man Sehfelder von 24 m/100 m nur in speziellen Drückjagd-Zielfernrohren (1,25-4x20). Das Sehfeld von 21,7 m/100 m reicht für Drückjagden vollkommen aus. Ich wähle meist eine Vergrößerung von 2- bis 3fach. Natürlich muss man bei weiten Punktschüssen (geringe Vergrößerung) oder dem Nachtansitz bei geringem Licht (Objektivdurchmesser nur 42 mm, aber Austrittspupille immerhin 7 mm bei 6fach) Kompromisse in Kauf nehmen. Dafür hat man aber ein universell einsetzbares Zielfernrohr für sehr, sehr viele Jagdgelegenheiten. Besonders ideal ist es für eine Pirschwaffe, die man auch zu Drückjagden einsetzt. Auch beim Ansitz im Wald ist man damit sehr gut gerüstet. Das Schmidt und Bender Zielfernrohr Zenith 1,5-6x42 erwies sich als robust. Mit der gebotenen Flash-Dot-Technik ist es nach meinem Wissen konkurrenzlos am Weltmarkt.

3. Ansitz-Zielfernrohre

Unbestritten erfordern unterschiedliche Jagdbedingungen auch eine differenzierte Zieloptik. Bei zunehmender Dämmerungs- und Nachtjagd sind aber immer mehr lichtstarke Zielfernrohre mit Leuchtabsehen gefragt.

Sicherlich war früher ein 4x32 ein universelles Zielfernrohr für Ansitzwaffen. Da war dann schon ein 6x42 ein enormer Fortschritt. Mit einer Austrittspupille von 7 Millimetern hat sich das 6x42 auch zum Nachtansitz bei Mond auf Fuchs und Sau bewährt. Ein variables 1,5-6x42 hat dann gar als Universalglas für Drückjagd, Pirsch und Ansitz seine Liebhaber gefunden. Auf Grund immer stärkerer Schwarzwildvorkommen in Mitteleuropa geht heute der Trend ganz klar zu lichtstarken Zielfernrohren mit Leuchtabsehen. Ein Ansitzglas ohne Leuchtabsehen ist heute kaum noch an den Mann zu bringen. Sicherlich gibt es da verschiedene Philosophien, denn Ansitzjagd ist nicht gleich Ansitzjagd. Bei der Rehbockjagd greife ich gerne zu meiner Krieghoff Kipplaufbüchse „Hubertus" mit einem Swarovski AV 3-9x36. Ich habe „Lichtstärke" dabei nie vermisst. Für den Ansitz im Wald sowie als universelles Ansitzzielfernrohr schätze ich die variablen Gläser mit 50-Millimeter-Objektiven. Sie sind universell von der Tagesjagd bis zum Nachtansitz geeignet. Wirkliche

Zeiss Victory VM 3-12x56T*

Lichtkanonen mit 56-Millimeter-Objektiven benutze ich eigentlich nur beim gezielten Nachtansitz auf Fuchs oder Sauen, vor allem, wenn das Mondlicht durch wolkenverhangenen Himmel besonders gering ausfällt. Als Fan schlanker, leichter Zielfernrohre möchte ich aber auf leichte, führige Zielfernrohre mit Absehen in der 2. Bildebene auch beim Ansitz nicht verzichten. Sie werden geführt, wenn es die Jagdbedingungen zulassen. Wer mehrere Kugelwaffen besitzt, wird bestimmt auch verschiedene Zielfernrohre benutzen, dem Verwendungszweck entsprechend. Beim Ansitz auf Rehwild benötigt man keine volumigen Lichtkanonen.

Die andere Philosophie hat zum Inhalt, stets für die schlechtesten Lichtsituationen gerüstet zu sein. So hat mein Freund auf all seinen Ansitzwaffen vom Rigby-Repetierer über leichte Blaser Kipplaufbüchse bis hin zum Drilling als „Einheitszielfernrohr" das Zeiss Victory 3-12x56 mit Leuchtabsehen.

Vergrößerung

Von Vorteil ist eine etwas höhere Vergrößerung. Vor allem beim Ansitz, wo der Schuss ruhig mit stabiler Waffenauflage abgegeben wird. Man sieht einfach mehr vom Ziel und kann den Haltepunkt besser wählen oder bei weiten Schüssen eine Haltepunktkorrektur genauer vornehmen. Unter Umständen ist nochmals ein letztes Ansprechen des Wildes übers Zielfernrohr möglich. Maximale Vergrößerungen von 10- bis 12fach sind ein guter Wert und praktisch sinnvoll. Noch höhere Vergrößerungen (bis etwa 15- bis 18fach) sind nur bei wirklich weiten Entfernungen von Vorteil. Ich schätze 15- oder 16fache Vergrößerung vor allem beim Ansitz auf Gams- und Rotwild im Gebirge, habe aber auch schon weit im Feld stehende Rehböcke „damit" geschossen. Auch wenn der Fuchs bei Tageslicht bejagt wird, sind über 12fache Vergrößerungen angenehm.

Variabel oder fix

Soll das Ansitzzielfernrohr variabel oder fix sein? Für eine fixe Vergrößerung spricht heute nur noch der niedrigere Preis. Sicherlich ist ein 6x42 universell einsetzbar, vor allem bei der Waldjagd. Jedoch ist es mehr am Tage und in der Dämmerung zu gebrauchen. Wer viel bei schlechtem Licht oder in der Nacht jagt, sollte einen stärkeren Objektivdurch-

Schmidt und Bender Zenith 3-12x50

Swarovski PV 6-24x50

messer wählen, damit die Optik mehr Licht sammeln kann. Es kommen Zielfernrohre wie 7x50, 8x50, 7x56 oder 8x56 in Frage. Wer viel nachts auf Sauen ansitzt, hat sicherlich mit einem 7x56 oder 8x56 die Nase vorn, auch wenn der Unterschied zu einem 7x50 gering ist. Für schlechtes Licht sollte die Austrittspupille 6 Millimeter und mehr betragen. Eine etwas größere Austrittspupille ist wünschenswert, da sie die Zentrierung der Augenpupille erleichtert (auch dann, wenn diese geringer geöffnet ist).

Variable Zielfernrohre sind viel universeller einsetzbar, da man die Vergrößerung schnell der Jagdsituation anpassen kann, etwa bei geringem Licht die Vergrößerung herabdrehen kann, damit das Bild heller und die Austrittspupille größer wird. Oder man wählt im Wald bei ziehendem Wild eine geringe Vergrößerung, damit man bei großem Sehfeld möglichst guten Überblick behält. Auf der anderen Seite ist für einen gezielten Punktschuss auf mittlere oder weite Entfernungen eine hohe Vergrößerung von Vorteil. Natürlich können Optik und Blenden für nur eine Vergrößerung optimal berechnet bzw. abgestimmt werden, jedoch lassen heute hochwertige variable Zielfernrohre sowohl in Optik als auch Mechanik keine Wünsche mehr offen. Man braucht in der Bildqualität variabler Gläser heute keine Abstriche mehr zu fixen Zielfernrohren hinnehmen. Wenn überhaupt, sind Unterschiede im Labor gerade mal messbar. In der Praxis haben variable Zielfernrohre große Vorteile und sind fixen Zielfernrohren vorzuziehen, falls der Geldbeutel mitspielt. Wer mit seiner Büchse auch auf Drückjagden gehen will, ist mit einem 1,5-6x42 gut beraten. Bei stärker vergrößernden Zielfernrohren ist das maximale Sehfeld zu gering. Für den Ansitz sind vor allem variable Zielfernrohre mit 50- und 56-Millimeter-Objektiven und Vergrößerungen bis etwa 12fach ideal. Modelle wie 3-12x50 oder 2,5-10x56 sind für alle Situationen brauchbar, für die Tages- und Gebirgsjagd auch Zielfernrohre wie 4,5-14x50, 4,5-14x40 oder 4-16x50. Zielfernrohre mit mehr als 12facher Vergrößerung sollten einen Parallaxenausgleich haben.

Eine oft gestellte Frage lautet: „Wie groß ist der praktische Nutzen zwischen einem 50 Millimeter und einem 56 Millimeter Objektivdurchmesser?" Oft wird die Beantwortung dieser Frage mehr vom „Glauben" als von Tatsachen bestimmt. Der Unterschied ist sehr gering. In der späten Dämmerung kann man nur ein paar Minuten länger das Geweih eines Rehbocks mit dem „56er"Zielfernrohr erkennen. Es bringt bei Nacht an der Kirrrung viel mehr, die Vergrößerung niedriger einzustellen. Das Bild wird dann heller. Ein „50er"-Zielfernrohr ist praktisch universell bei schlechtem Licht verwendbar. Es reicht für die Nachtjagd vollkommen aus. Zielfernrohre mit 50-mm-Objektiven harmonieren mit führigen Waffen sehr gut zusammen. Nur in wenigen jagdlichen Situationen haben „56er"-Zielfernrohre die Nase vorne. Etwa bei extrem schlechtem Licht bei wolkenverhangenem evtl. noch regnerischem Himmel. In Extrem-Situationen bieten sie etwas mehr. Zielfernrohre mit 56-mm-Objektiv können Jägern empfohlen werden, die ihr Schwarzwild überwiegend an Kirrungen bei Nacht erlegen und wirklich jede noch so geringe Chance nutzen möchten. Die modernen kurzen Zielfernrohre mit 56-mm-Objektiven von Schmidt und Bender, Swarovski oder Zeiss sind gegenüber den früheren langen „Ofenrohren" sehr führig geworden. Mehr als 50- oder 56-mm-Objektiv ist die optische Qualität entscheidend, insbesondere die Lichttransmission und ganz wichtig der Kontrast sowie der Falschlichtanteil.

Absehen

Vorteilhaft für die Ansitzjagd sind Absehen in der 1. Bildebene mit Leuchtabsehen, falls die Nachtjagd ausgeübt wird. Leuchtabsehen erleichtern bei geringem Licht den korrekten Haltepunkt schnell zu finden. Man kann sich mehr auf das Wild als auf das Absehen konzentrieren und behält so den Überblick. Ein Leuchtabsehen muss sehr fein dimmbar sein. Es darf bei fast vollkommener Dunkelheit keinesfalls das Bild überstrahlen oder von den Blenden reflektiert werden. Zeiss bietet bei den Varipoint-Zielfernrohren 1,5-6x42, 2,5-10x50 und 3-12x56 (Leuchtpunktabsehen in der 2. Bildebene oder kombiniert mit horizontalen Balken in der 1. Bildebene; ohne Beleuchtung ist der Punkt schwarz) eine Helligkeitsregelung für Nacht und eine für Tageslicht. Ob Leuchtpunkt oder kleines Leuchtkreuz ist Geschmackssache und in der Praxis gleichwertig. Ein Punkt ist sehr schnell und sehr exakt auch in kleine Ziele einzupassen. Zuviel Beleuchtung (ganzes Absehen oder große Teile des Absehens) sind eher von Nachteil. Absehen sind Geschmacksfrage. Man kann mit jedem Absehen zurechtkommen. Universell ist das Absehen 4 (mit Leuchtabsehen)

Abnehmbare Leuchteinheit
von Swarovski

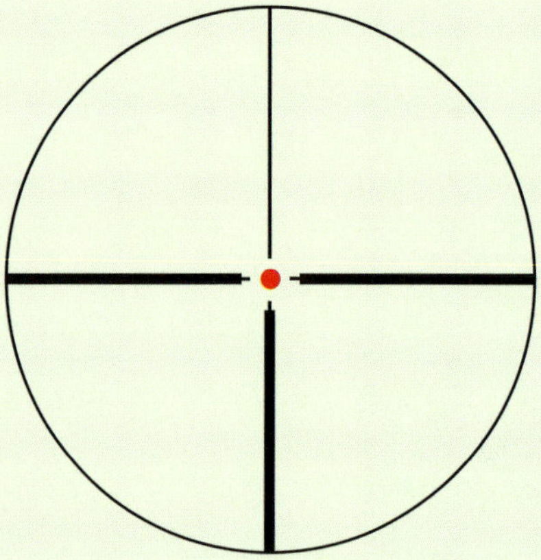

Zeiss VM-Serie mit Leuchtpunkt im Absehen Nr. 4

oder das Nr. 8 (ebenfalls mit oder ohne Leuchtabsehen). Das Absehen Nr. 1 ist bei Nacht sehr gut erkennbar. Es eignet sich auch für genaue Punktschüsse bei gutem Licht. Es ist ein gutes Absehen für kurze und mittlere Entfernungen. Der große Nachteil besteht darin, dass es sehr viel vom Ziel verdeckt. Eine Haltepunktkorrektur wird schwierig. Oft wird bei schlechtem Licht damit zu hoch geschossen. Bei Absehen in der 2. Bildebene sollte unbedingt ein Leuchtabsehen gewählt werden, falls bei schlechtem Licht oder in der Nacht damit gejagt wird. Bis in die späte Dämmerung ist aber durchaus ein Plex-Absehen sehr gut geeignet. Das Plex-Absehen ist mein Lieblingsabsehen, das ich dem Nr. 4 in Zielfernrohren mit Absehenlage in der 2. Bildebene bei weitem vorziehe.

Noch ein Wort zum Lübbers-Absehen in Zeiss-Zielfernrohren. Es handelt sich um ein Spezialleuchtabsehen für die Ansitzjagd auf Sauen. Es ist oben halbmondförmig (beleuchtet) mit Linien nach unten, die eine beleuchtete Spitze bilden. Man hält am Rükken mit der halbmondförmigen Linie an. Bei mittelschweren Sauen (40 bis 90 Kilogramm) steht die Absehenspitze korrekt auf dem Blatt. Das Absehen soll zu hohe oder zu tiefe Schüsse bei Nacht vermeiden helfen. In der Praxis hat es sich bewährt, erfordert aber durchaus ein „Mitdenken" beim Zielen. Docter bietet ein spezielles Sauenabsehen (in Sauenglas 8x56) mit Leuchtpunkt und wahlweise zwei außenliegenden dünnen sowie kurzen, vertikalen Fäden an. Ohne Beleuchtung ist der Punkt schwarz. Natürlich eignet sich dieses Absehen auch für andere Wildarten und die Tagesjagd.

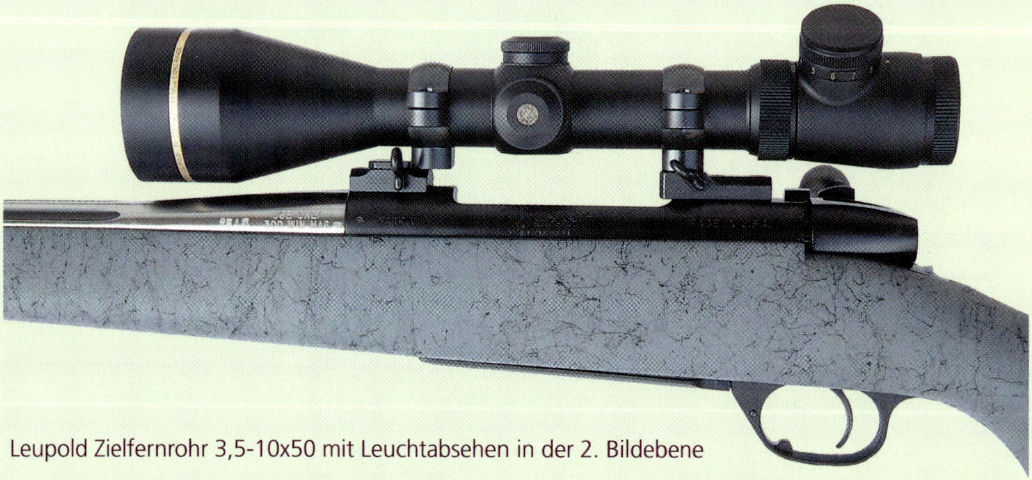

Leupold Zielfernrohr 3,5-10x50 mit Leuchtabsehen in der 2. Bildebene

Anforderungen an ein Zielfernrohr

Die allgemeinen Anforderungen an ein Zielfernrohr sind enorm. Es muss bis zum stärksten Kaliber schussfest sein. Das heißt, es darf durch die Belastungen beim Schuss keinerlei Treffpunktlageveränderung aufweisen. Ein kompliziertes Federungssystem für das Innenrohr sorgt dafür. Die Absehenverstellung sollte millimetergenau arbeiten. Absehensprünge bei der Verstellung stellen einen Mangel dar. Zudem muss das Zielfernrohr wasserdicht sein. Ideal ist dies, wenn das auch ohne Absehenkappen gewährleistet ist. Einen Handlingvorteil hat man, wenn das Absehen ohne Hilfsmittel verstellbar ist. Ob man eine nullbare Absehenverstellung benötigt, sei dahingestellt. Bei Laborierungswechsel hat sie Vorteile. Das Innere des Zielfernrohrs sollte gegen Innenbeschlag mit Stickstoff gefüllt sein. Es ist von erheblichem Stabilitätsvorteil, wenn das gesamte Rohr aus einem Stück besteht. Aufgeschraubte Okulare sind ein Schwachpunkt. Das Rohr – meist aus Aluminium, selten aus Stahl gefertigt – muss ausreichend stark sein, um ein Verbiegen zu vermeiden. Es muss die Mechanik und Optik auch bei rauer Behandlung und Stößen zuverlässig schützen. Zu hoher Stabilität trägt auch eine Innenschiene bei. Sie hat den großen Montagevorteil, dass man jederzeit das Zielfernrohr hin- und herschieben kann und man so den individuellen Augenabstand perfekt wählen kann. Hochwertige Zielfernrohre besitzen eine feinmatte, glasperlengestrahlte und harteloxierte Oberfläche. Sie ist sehr kratzfest.

Den Dioptrienausgleich sollte man mittels Steilgewinde schnell verstellen können. Feingewinde sind sehr umständlich bedienbar. Die Dioptrien sollte man stark ins Minus verstellen können. Tip: Falls man ein „amerikanisches" Zielfernrohr mit einem Feingewinde zum Dioptrienausgleich besitzt, sollte man die bei Tageslicht gefundene Einstellung etwas ins „Minus" hinein korrigieren, dann hat man auch bei schlechtem Licht eine vollkommen ausreichende Einstellung. Ein „Herumkurbeln" bei der Jagd selbst bringt nichts und stört nur. Der Vergrößerungswechsler sollte auch bei großer Kälte geschmeidig laufen und bequem bedienbar sein. Der gesamte Vergrößerungsbereich sollte mit einer halben Umdrehung abgedeckt werden können.

Natürlich kommt es auch auf die Optik an. Sie soll von hoher Qualität und an allen Glas-/Luftflächen mehrschichtvergütet sein. Es muss ein helles, farbtreues und vor allem kontrastreiches Bild (über den gesamten sichtbaren Spektalbereich) geboten werden. Es muss bei hoher Randschärfe gestochen scharf sein. Bei Vergrößerungswechsel sollte sich kein „Tunneleffekt" ergeben. Auch bei Gegenlicht muss man Ziele noch klar erkennen können. Helle Abschattungen oder Reflexe dürfen bei korrekt platzierter Augenpupille nicht auftreten. Heutige Spitzenzielfernrohre weisen eine Lichttransmission für Tag und Nacht von über 90 Prozent auf. Wichtig ist aber ein ausgewogener Kontrast dazu. Hohe Lichttransmission nützt nichts, wenn nicht auch ein ausgezeichneter Kontrast geboten wird. Er verhilft dazu, dass man bei schwierigem Licht Wild vor dunklen Dickungen noch gut erkennt. Die Außenflächen von Objektiv und Okular sollten mit einer kratz- und abriebfesten Vergütung versehen sein. Ein großes Sehfeld ist natürlich wünschenswert, für ein Ansitzzielfernrohr aber nicht so entscheidend. Die Bildqualität darf keinesfalls zu Gunsten eines etwas größeren Sehfeldes leiden. Man wird vor allem bei schlechtem Licht eine Minderung der Bildqualität des Zielfernrohrs gegenüber dem Fernglas feststellen. Das bedeutet aber noch lange nicht, dass die Optik des Zielfernrohrs wesentlich schlechter ist. Einmal stört das Umgebungslicht zwischen Okular und Augenpupille die Bildqualität (etwas Abhilfe schaffen Gummiblenden), andererseits verarbeitet unser Gehirn die Bilder beider Augen viel besser als das Bild des monokularen Zielfernrohrs, das nur „einäugig" aufgenommen wird.

Zeiss Victory 2,5-10x50T*

Resümee

Das ideale Ansitzzielfernrohr für Mitteleuropa ist bestimmt ein Modell mit Werten wie 3-12x50 oder 2,5-10x56 (oder ähnlich) mit Leuchtabsehen. Solche Zielfernrohre sind bei Tag und Nacht universell einsetzbar. Das Absehen liegt in der 1. Bildebene. Für Tag und Dämmerung eignen sich auch Zielfernrohre mit Absehen in der 2. Bildebene bestens. Sie sind für weite Schüsse ideal. Wer mit ihnen nachts jagen will, benötigt ein Leuchtabsehen. Wer Geld sparen will oder muss, kann für die Ansitzjagd auch ein fixes Zielfernrohr wie 8x50 oder 8x56 wählen. Ein 6x42 eignet sich mehr für Tag und Dämmerung. Es ist gut für den Ansitz im Wald zu gebrauchen (Sehfeld!). „Fixe" sind viel weniger universell als die variablen Zielfernrohre. Das Zielfernrohr trägt viel zum Jagderfolg bei. Wer viel jagt, wird letztendlich nur mit sehr hochwertigen Modellen zufrieden sein. Gerade beim Zielfernrohr muss die Optik lichtstark und brillant sein und die Mechanik zuverlässig funktionieren sowie schussfest sein. Daneben muss es wasserdicht sein. Gute Zielfernrohre sind zwar sehr teuer, doch die „Geldanlage" lohnt sich auf Dauer. Schnell kann das Zielfernrohr für Erfolg oder Misserfolg entscheidend sein. Es kommt vielmehr auf die Qualität der Optik an als auf deren Kennwerte.
Im Folgenden werden einige Zielfernrohre kurz vorgestellt und nach Praxistauglichkeit eingeordnet.

Carl Zeiss

Zeiss bietet alle Arten von Ansitzzielfernrohren, vom fixen über variable Zielfernrohre bis hin zu den Varipoints. Das Varipoint 2,5-10x50 mit Leuchtpunktabsehen (für Tag und Nacht dimmbar) eignet sich bestens für Ansitz bei Tag und Nacht. Der kleine Punkt reicht vollkommen zum Schießen. Klassische Ansitz-Zielfernrohre sind das 8x56 sowie die variablen Victories 2,5-10x50 und 3-12x56 mit Leuchtabsehen. Hervorzuheben ist die Innenschiene, die einfaches Montieren, aber auch horizontales Verstellen ermöglicht und sehr verstärkend wirkt. Zeiss Zielfernrohre sind leicht und nun auch die neuen Variablen sehr kurz. Optisch bieten sie ein brillantes, sehr scharfes Bild, das keine Wünsche offen lässt. Zeiss Zielfernrohre sind Top in jeder Beziehung und bilden die Spitzenklasse. Die Leuchtabsehen sind perfekt dimmbar.

Swarovski

Auch Swarovski bietet variable und fixe Zielfernrohre mit Leuchtabsehen, die zur Spitzenklasse gehören. Sie sind ebenfalls leicht und kurz. Die Leuchteinheit auf dem Höhenabsehenverstellturm kann abgenommen und gegen eine normale Abdeckkappe getauscht werden. Die Optik ist brillant, gestochen scharf und sehr kontrastreich, Top-Zielfernrohre, die in der Praxis keine Wünsche offen

Swarovski PV 2,5-10x56

lassen. Das Leuchtabsehen ist sehr gut dimmbar. Sehr universell bei Tag und in der Dämmerung lassen sich das AV 3-12x50 oder das größere PV 4-16x50P mit Absehen in der 2. Bildebene einsetzen. Das AV 3-12x50 ist sehr leicht. Beide Zielfernrohre haben eine helle, brillante Optik. Swarovskis Innenschiene nennt sich Swarovski Rail und ermöglicht eine extrem feste Montage. Swarovski Z6 siehe gesondertes Kapitel ab Seite 33.

Schmidt und Bender

Schmidt und Bender bietet ebenfalls fixe und variable Ansitz-Zielfernrohre. Ideal das 8x56 sowie die variablen Zenith Modelle 3-12x50 und 2,5-10x56 mit Leuchtabsehen. Die Zenith-Zielfernrohre sind schwerer als vergleichbare Zielfernrohre von Zeiss oder Swarovski, dafür aber kurz. Sie bieten eine sehr hohe Lichttransmission (helles Bild) und haben sehr weite Sehfelder. Das Leuchtabsehen ist gut dimmbar. Die scharfe und brillante Optik ist kontrastreich. Im Vergleich einiger Zielfernrohre fiel mir der etwas geringere Kontrast und höheres Falschlicht zu Zeiss und Swarovski auf. Schmidt und Bender Zielfernrohre sind uneingeschränkt praxistauglich und auch mit Innenschiene erhältlich.

Nikon

Nikon bietet die variablen Zielfernrohre Monarch 3,5-10x50 (Mittelrohr 1 Zoll) sowie Monarch 2,5-10x50 und 2,5-10x56 (30-mm-Mittelrohr) mit Leuchtabsehen. Die beiden Zielfernrohre mit 30-mm-Mittelrohr haben Parallaxenausgleich, der bequem gegenüber dem Seitenabsehenverstellturm bedient werden kann. Das Verstellrad ist arretierbar. Die beiden Top-Monarch Zielfernrohre sind sehr kurz, aber schwer. Das Leuchtabsehen Nr. 4 liegt in der 2. Bildebene. Dadurch sitzt der Leuchtturm auf dem Okular und stört etwas bei der Bedienung des hart laufenden Vergrößerungsverstellrings. Das Zielfernrohr hat Dioptrienschnellverstellung mittels Steilgewindes. Die brillante, helle und gestochen scharfe Optik ließ keine Wünsche offen. Sie hat einen sehr guten Kontrast. Beim Leuchtabsehen ließ man sich etwas einfallen. Die sehr feine Dimmung kann durch Rechts- oder Linksdrehung am Leuchtturm vorgenommen werden. Rechts gedreht erhält man das fein dimmbare rote Leuchtpunktabsehen, links gedreht einen grünen Leuchtpunkt. Beide Leuchtpunkte sind für Nacht und Tageslicht dimmbar. Unbeleuchtet erkennt man beim Absehen 4 keinen Punkt (keine Unterbrechung des Fadenkreuzes wie sonst üblich). Abgesehen vom hohen Gewicht (dafür aber Parallaxenausgleich) handelt es sich um ein Spitzenzielfernrohr mit hervorragender Optik und perfekt funktionierender Mechanik. Der Augenabstand beträgt 10 cm. Wünschenswert: feines Plexabsehen mit Leuchtpunkt.

Kahles

Kahles Ansitz-Zielfernrohre gibt es fix und variabel mit Leuchtabsehen. Das Leuchtabsehen ist sehr gut dimmbar. Die brillante Optik ist dank hoher Lichttransmission hell und gestochen scharf. Zu den Spitzenzielfernrohren sind allerdings hinsichtlich Kontrast und Auflösung bei schwierigem Licht Abstriche zu machen. Jedoch sind Kahles Zielfernrohre sehr praxisgerecht und lassen bei fast allen jagdlichen Situationen keine Wünsche offen. Die Kahles Zielfernrohre sind mit Leuchtabsehen ausgestattet. Die Leuchteinheit am Mittelrohr hat eine digitale Tippsteuerung und Memory-Funktion. Beim Wiedereinschalten der Absehenbeleuchtung hat man die zuvor eingestellte Leuchtstärke wieder. Die Modelle CBX 7x50, 8x56, 2,5-10x50 und 3-12x56 haben Absehen in der 1. Bildebene. Die Modelle SCX 1,1-4x24, 1,5-6x42, 2,5-10x50 und 3-12x56 haben das Absehen in der 2. Bildebene.

Gerhardt (Nickel)

Die neuen Nickel Supra Zielfernrohre 7x56C, 8x56C und 3-12x56C sind extrem kurz. So ist das 3-12x56C mit nur 337 Millimeter Länge das kürzeste Zielfernrohr in dieser Klasse mit einem Gewicht von 645 Gramm aber bei weitem nicht das Leichteste. Es kommt das Beleuchtungssystem B2 zur Anwendung, das per Knopfdruck bedient wird. Es lässt sich auch gut und bequem mit Handschuhen bedienen. Die helle und kontrastreiche Optik sorgt für eine sehr gute Bildqualität. Die hohe Brillanz von Zeiss oder Swarovski und den hohen Kontrast erreichten die Nickel in direktem Vergleich in der Praxis nicht. Sie sind aber jagdlich voll brauchbar.

Docter (Analytik Jena AG)

Docter bietet mit seinem 8x56 Sauenglas ein hervorragendes fixes Ansitzzielfernrohr. Es hat einen kleinen, fein dimmbaren Leuchtpunkt. Ohne Beleuchtung ist er schwarz. Ein Zielfernrohr für Tag und Nacht mit hervorragender Eignung zur Nachtjagd auf Sauen. Das Docter 3-12x56 mit Leuchtabsehen ist ein lichtstarkes, universelles Ansitzzielfernrohr. Docter bietet eine brillante, sehr scharfe Optik mit gutem Kontrast. Zwar fehlt noch etwas an Bildgüte zu den Spitzenprodukten, doch die Optik kann sich sehen lassen. Docter Zielfernrohre sind sehr praxisgerecht. Sie haben aber nicht die Kurzbauweise und das leichte Gewicht wie Zeiss oder Swarovski. Die Messung der Lichttransmission lag unter 85%.

Kaps

Kaps bietet ebenfalls fixe und variable Zielfernrohre mit Leuchtabsehen, die weder kurz noch besonders leicht sind. Es handelt sich um robuste Zielfernrohre mit harteloxierten Aluminiumrohren und sehr gut laufenden Verstellelementen. Die gestochen scharfe Optik ist hell mit hoher Lichttransmission. Der Kontrast ist gut. Kaps Zielfernrohre bieten eine sehr gute Optik, die für die allermeisten Praxisanforderungen vollkommen ausreicht. Ein sehr solides Zielfernrohr.

Leupold

Leupold bietet mit den variablen Zielfernrohren Vari XIII 3,5-10x50 und 4,5-14x50 (mit Parallaxenausgleich) mit Leuchtabsehen universelle Zielfernrohre mit brillanter Optik. Die robusten Zielfernrohre haben eine sehr gute, scharfe Optik mit gutem Kontrast. Das Leuchtabsehen in der 2. Bildebene ist fein dimmbar. Der Leuchtturm sitzt auf dem Okular. Das Manko dieser Zielfernrohre ist der Dioptrienausgleich mittels Feingewinde (zumindest bei einigen Modellen). Ich kam mit den Leupold-Zielfernrohren in der Praxis sehr gut zurecht. Sie decken fast alle jagdlich machbaren Situationen ab. Der Augenabstand beträgt 10 cm. Ohne Leuchtabsehen sind sie bei Tag und in der Dämmerung uneingeschränkt brauchbar. Bei der Nachtjagd ist ein Leuchtabsehen erforderlich. Die gemessene Lichttransmission lag für Tag und Nacht weit über 90% (92/94%).

Meopta

Meopta bietet fixe und variable Ansitz-Zielfernrohre mit Leuchtabsehen zum günstigen Preis. Die Leuchtabsehen sind fein dimmbar, mit der Besonderheit, dass bei jeder Leuchtstufe eine Ausschaltstufe liegt.

Das Leuchtabsehen kann also abgeschaltet bleiben. Will man zielen, dann genügt eine Rastdrehung und man hat den Leuchtpunkt in zuvor ermittelter Stärke. Die Zielfernrohre sind noch kurz und schwer mit Absehen in der 1. Bildebene. Die Optik ist sehr gut, sie bildet sehr scharf ab. Auch ergibt sich ein helles Bild mit gutem Kontrast. Die Meopta Zielfernrohre sind durchaus praxisgerecht.

RWS

Die RWS Supreme Zielfernrohre 8x56 und 3-12x56 sind mit Leuchtabsehen (Nr. 4 mit abgesetztem Punkt) in der 1. Bildebene ausgestattet. Die Leuchtstärke ist in 11 Rastschritten gegenüber dem Absehenverstellturm fein justierbar. Das Zielfernrohr ist kurz, mit harteloxiertem Aluminiumrohr, der Objektivkonus allerdings sehr lang, sodass das 30-mm-Mittelrohr kurz ist (geringer Montagespielraum). Das Zielfernrohr hat eine Dioptrienschnellverstellung (Steilgewinde). Der Vergrößerungswechsler läuft schwer, die Absehenverstellung noch schwerer. Die Optik hat einen Gelbstich, der zu besserer Dämmerungssichtigkeit verhelfen soll. Das ist natürlich nur eine Täuschung. Sie bildet scharf ab. Der Kontrast ist nicht besonders gut. Eine Optik, bei der man unter ungünstigen Lichtverhältnissen (Gegenlicht, späte Dämmerung, Nacht) deutliche Abstriche machen muss.

Micro-Dot

Das Micro-Dot 4-12x56 mit Leuchtabsehen in 2. Bildebene (Leuchtturm auf Okular) ist ein preiswertes Zielfernrohr mit brauchbarer Optik mit befriedigendem Kontrast. Das Leuchtabsehen ist fein dimmbar. Das Zielfernrohr hat einen Parallaxenausgleich und lässt sich in Dämmerung und nachts gebrauchen. Zur Spitzenoptik sind Abstriche zu machen.

Bushnell

Das Bushnell 3200 Elite ist ein sehr langes Zielfernrohr ohne Leuchtabsehen. Das starke Absehen Nr. 4 liegt in der 2. Bildebene. Das Zielfernrohr mit brauchbarer Optik eignet sich vor allem für Tages- und Dämmerungsjagd. Der Kontrast war mittelmäßig. Das Zielfernrohr hat eine Rainguardbeschichtung, die Wasser (Regen) abperlen lässt. Dadurch wird Außenbeschlag größtmöglich verhindert. In der Praxis ist der Vorteil gering, da bei wirklich starkem Regen die Sicht doch zu sehr behindert wird. Ein für sein Aufgabengebiet gut brauchbares Zielfernrohr. Bei der Nachtjagd muss man allerdings deutliche Abstriche machen. Das Zielfernrohr ist sehr lang, und der Dioptrienausgleich mit Feingewinde umständlich. Das Bushnell Elite 4200 2,5-10x50IR hat ein beleuchtetes Absehen, das gut dimmbar ist. Die Optik bildet ein helles Bild mit mittelmäßigem Kontrast. Ein brauchbares Zielfernrohr für die Praxis.

Luger

Das Luger 4-12x50 ist ein sehr einfaches Zielfernrohr mit 1-Zoll-Mittelrohr, das nicht kurz ist. Das Punkt-Leuchtabsehen Nr. 4 liegt in der 2. Bildebene (Leuchtturm auf Okular). Die Leuchtstärke ist noch ausreichend dimmbar, allerdings nicht so wie bei europäischen Produkten. Der Dioptrienausgleich erfolgt mittels Steilgewinde. Auffallend ist das geringe Sehfeld. Die Optik ist wenig kontrastreich und ergibt ein fah-

Micro-Dot Zielfernrohr für die Nachtjagd

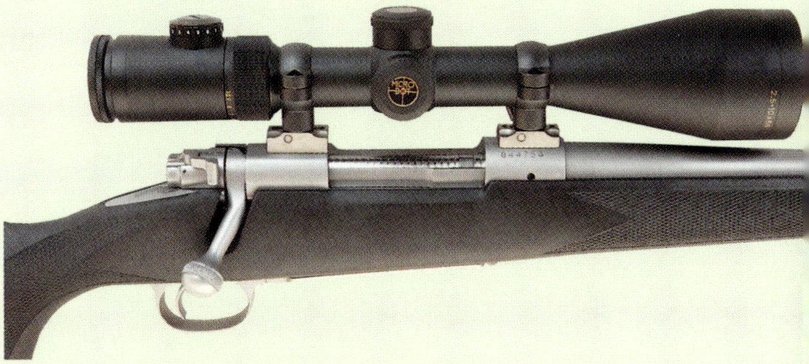

les Bild. Sie bildet scharf ab. In schwierigen Lichtsituationen muss man bei Erkennbarkeit und Helligkeit deutliche Abstriche machen. Ein Zielfernrohr, mit dem man sicherlich nicht alle noch möglichen jagdlichen Situationen nutzen kann.

Beim Luger 8x56 sieht man die einfache Dichtung beim aufs Hauptrohr aufgeschraubten Okular. Das Leuchtabsehen ist noch gut dimmbar. Ein sehr einfaches, preiswertes Zielfernrohr für Jäger mit geringen Ansprüchen. Die Bildqualität ist mit guten Zielfernrohren aus Mitteleuropa nicht vergleichbar.

Weaver

Das Weaver Grand Slam 3,5-10x50 ist ein leichtes, kurzes Zielfernrohr mit Plexabsehen (2. Bildebene). Der Dioptrienausgleich erfolgt mit Steilgewinde. Die Optik ist noch brauchbar für Tages- und Dämmerungsjagd. Nun auch mit Leuchtabsehen für die Nachtjagd erhältlich.

Simmons

Das Simmons 2,5-10x50 ist ein einfaches Zielfernrohr mit Plex-Absehen (2. Bildebene). Der Dioptrienausgleich ist umständlich mittels Feingewinde. Die einfache Optik bildet scharf ab. Hinsichtlich Mechanik und Optik muss man deutliche Abstriche machen. Das Zielfernrohr ist kurz und leicht.

Auf einen Blick – Ansitz-Zielfernrohre

Zielfernrohr	Vergrößerung	ObjektivØ mm (max.)	Dämmerungs -zahl	Sehfeld 100 m	Länge mm	Gewicht g	Leuchtabsehen erhältlich
Swarovski PF(-N) 8x50	8x	50	20	5,2	331	405	ja, wahlweise
Swarovski PF(-N) 8x56	8x	56	21	5,2	337	450	Ja wahlweise
Swarovski PV(-N) 3-12x50	3-12x	50	10,8-24,5	11-3,5	340	480	Ja wahlweise
Swarovski PV(-N) 2,5-10x56	2,5-10x	56	9,1-23,7	13,2-4,1	346	520	Ja wahlweise
Swarovski PV-I 1,5-6x42	1,5-6x	42	5,5-15,9	22,2-7	330	460	ja
Swarovski PF 6x42	6x	42	15,9	7,0	326	340	nein
Swarovski AV* 4-12x50	4-12X	50	11-25	9,7-3,3	343	395	nein
Swarovski PV 4-16x50P*	4-16x	50	11-28	9,1-2,6	361	630	nein
Zeiss Diatal Z 8x56	8x	56	21	5	350	520	nein
Zeiss V 2,5-10x50T	2,5-10x	50	7,1-22,4	14,5-4,0	318	460	ja, wahlweise
Zeiss V 3-12x56T	3-12x	56	8,5-25,9	12,5-3,5	344	521	ja, wahlweise
Zeiss Varipoint * 2,5-10x50T	2,5-10x	50	7,1-22,4	14,5-4,0	327	545	ja
Zeiss Varipoint* V 1,5-6x42T*	1,5-6x	42	4,2-15,9	24-6,9	325	525	ja
Zeiss Z/MC 6x42	6x	42	15,9	6,7	320	400	nein
Nikon Monarch 2,5-10x50SF*	2,58-9,7	50	max. 22	11,83-3,2	330	660	ja
Nikon Monarch 2,5-10x56SF*	2,59-9,75	56	max. 23	11,83-3,2	350	720	ja
Schmidt&Bender Zenith 3-12x50	3-12x	50	8,5-24,5	11,1-3,5	342	618	ja
Schmidt&Bender Zenith 2,5-10x56	2,5-10x	56	7,1-23,6	13,2-4,0	330	660	ja
Schmidt&Bender 1,5-6x42 Zenith	1,5-6x	42	4,2-15,9	21,7-6,7	313	580	ja
Schmidt&Bender 6x42	6x	42	15,9	7,0	337	478	nein
Schmidt&Bender 8x56	8x	56	21	5,0	381	620	ja, wahlweise
					LA 372	LA 680	

Zielfernrohr	Vergrößerung	ObjektivØ mm (max.)	Dämmerungs -zahl	Sehfeld 100 m	Länge mm	Gewicht g	Leuchtabsehen erhältlich
Kahles CBX 8x50	8x	50	21,2	5,9	365	550	ja
Kahles CBX 7x50	7x	56	18,7	6,8	336	500	ja
Kahles CBX 2,5-10x50	2,5-10x	50	7,6-22,4	4,3-15,0	326	520	ja
Kahles CBX 3-12x56	3-12x	56	9,3-25,9	3,6-12,5	356	580	ja, wahlweise
Kahles CSX 1,5-6x42	1,5-6x	42	5,5-15,9	7,1-27	305	490	ja
Kahles CSX 2,5-10x50	2,5-10x	50	7,8-22,4	4,3-14,5	326	520	ja
Docter 8x56 Sauenglas	8x	56	21	5,0	358	550	ja, Spezialabsehen
Docter VZF 2,5-10x48	2,5-10x	48	10,9-21,9	12,4-4,2	350	580	ja, wahlweise
Docter VZF 3-12x56	3-12x	56	11,6-26	9,0-3,5	377	600	ja, wahlweise
Docter 1,5-6x42	1,5-6x	42	4,2-15,9	19,1-7,1	324	480	nein
Docter 6x42	6x	42	15,9	6,6	325	360	nein
Gerhardt Macro 7x56ED Compact	7x	56	20	6,0	357	570	ja
Gerhardt Nickel 8x56ED Compact	8x	56	21	5,3	357	570	ja, wahlweise
Gerhardt Nickel Supra 2,5-10x46	2,5-10x	46	9,4-21,5	12,5-4,1	343	610	ja, wahlweise
Gerhardt Nickel Supra Compact 3-12x56	3-12x	56	11,2-25,9	10,5-3,6	337	645	ja, wahlweise
Nikon Monarch* 3,5-10x50IR	3,5-10x	50	max. 22	6,0-2,7	353	499	ja, wahlweise
Leupold * European-30 3-9x50	3-9x	50	max. 20	11-4.5	310	439	nein
Leupold Vari * XIII 3,5-10x50IR	3,3-9,7	50	max. 22	9,8-3,6	307	422	ja, wahlweise
Leupold Vari XIII * 4,5-14x50AO	4,9-14,3	50	max. 26,7	6,9-2,5	320	513	ja, wahlweise
Bushnell Elite * 4200 2,5-10x50IR	2,5-10x	50	max. 22	13,4-3,6	363	510	ja
Bushnell Elite 3200 * 3-9x50	3-9x	50	max. 20	10-4	399	538	nein
Meopta Artemis 7x50	7x	50	18,7	5,7	345	500	ja, wahlweise
Meopta Artemis 3-12x50	3-12x	50	12,2-24,6	11,1-3,5	350	650	ja, wahlweise
Lisenfeld 8x56	8x	56	21	4,4	363	440	ja, wahlweise
Lisenfeld 3-12x50	3-12x	50	9-25	9,0-3,2	365	545	ja, wahlweise
Lisenfeld 3-12x56	3-12x	56	9-26	9,0-3,0	370	575	ja, wahlweise
Kaps 8x56	8x	56	21	5,5	360	590	ja
Kaps 2,5-10x50	2,5-10x	50	9,5-22,4	12,4-4,2	370	585	ja
Kaps 2,5-10x56	2,5-10x	56	9,5-23,6	12,4-4,2	370	620	ja
Micro-Dot 4-12x56*	4-12x	56	max. 25,9	8,5-2,8	366	595	ja
Luger Super 4-12x56 Leuchtabsehen*	4-12x	56	max. 25,9	9,2-2,8	374	585	ja
RWS Supreme 8x56	8x	56	21,2	4,0	340	540	ja
RWS Supreme 3-12x56	3-12x	56	max. 25,9	11,5-3,3	365	730	ja
Weaver GS* 3.5-10x50	3,5-10x	45	11,8-21,2	7,1-3,3	324	462	nein
Redfield Ill. 3-9x42*	3-9x	42	10,8-19,4	9,4-3,7	321	422	nein
Simmons 2,5-10x50*	2,5-10x	50	7,5-22,4	11,9-3,7	324	451	nein

* = Absehen in der 2. Bildebene   Gewichtsangabe: leichtestes Gewicht (ohne Schiene, ohne Beleuchtungseinrichtung)

Neueste Generation: Zielfernrohre mit Laserentfernungsmesser

Im Jahre 2006 stellten Bushnell, Burris und Zeiss Zielfernrohre mit Laserentfernungsmesser vor. Dabei basieren die Zielfernrohre Bushnell und Burris auf dem alten Swarovski Patent des Swarovski Laser Rifle Scope. Bei diesem System wird der Laser durch das Zielfernrohrobjektiv ausgesandt und auch das reflektierte Laserlicht durch dasselbe Objektiv wieder aufgefangen. Die Zielfernrohre von Bushnell und Burris wiegen 705 g und haben die optischen Kenndaten von 4-12x42. Der Messbereich wird von 30 bis 730 m angegeben. Die beiden Zielfernrohre lassen sich auf Weaverschienen montieren.

Mit dem neuen Zeiss Diarange 3-12x56 konnten bereits ausgiebige Praxiserfahrungen gesammelt werden. In Spanien erlegte ich damit auf 200 m ein Rotschmaltier und einen Damhirsch. Im heimischen Revier wurde Rehwild auf gemessene Entfernung von 68 bis 289 Meter erlegt. Das 995 g schwere Diarange erwies sich dabei als sehr praxisgerecht. Zum Scheibenschießen auf Entfernungen bis 500 m wurde es auf eine Sako-Büchse im Kaliber .338 Lapua Magnum montiert. Es erwies sich als schussfest. Selbstverständlich ist das Zeiss Diarange Zielfernrohr wasserdicht. Das Zielfernrohr ist mit der Zeiss-Innenschiene ausgestattet und kann damit problemlos montiert werden. Es kann mit einer Absehenschnellverstellung (ASV) ausgestattet werden. Diese ist für größere Distanzen empfehlenswert. Der Messbereich liegt zwischen 10 und 999 Meter. Die Entfernung wird rot in einem schwarzen Feld im unteren Bildrand angezeigt. Dadurch stört die Anzeige nicht und die Bildqualität wird nicht beeinträchtigt. Das Diarange wiegt 990 g. Der Laser ist an der linken Seite angebaut. Gemessen wird stets in Fadenkreuzmitte. Um dies zu erreichen, wird bei Absehenverstellung auch der Laser mit verstellt. Das Zielfernrohr ist mit Leuchtabsehen ausgestattet. Mittels seitlichen Tasten kann die Helligkeit gesteuert werden. Per Tastendruck am Zielfernrohr oder per Fernbedienung kann der

Zeiss Diarange 3-12x56

Laser aktiviert werden. Bei Rechtsschützen kann mit dem Daumen der Hand, die den Schaft umgreift, der Knopf für den Laser leicht erreicht werden. Das anvisierte Objekt in Fadenkreuzmitte wird angemessen. Das Diarange zeigte in der Praxis eine ausgezeichnete Funktion. Die Entfernungsanzeige kann in der Helligkeit justiert werden. Inzwischen gibt es auch ein Diarange 2,5-10x50T*, das etwas kompakter und leichter ist.

Revolutionäre Zielfernrohre revolutionierend für die Praxis

Die neue Generation von Swarovski-Zielfernrohren stellt auf Grund des 6fachen Zoomfaktors nicht nur eine Weltneuheit dar, sondern hat zudem noch zahlreiche Ausstattungsmerkmale, die einen enormen Fortschritt für die Praxis darstellen. Nach dem ersten Eindruck kann festgestellt werden, dass diese Zielfernrohre von Jägern entwickelt wurden, die wissen, worauf es in der Praxis ankommt.

Den Swarovski-Ingenieuren ist es gelungen, erstmals weltweit einen 6fach-Zoom in der neuen Zielfernrohrgeneration bei den Modellen Z6 (ohne Leuchtabsehen) und Z6i (mit Leuchtabsehen) 1-6x24, 1,7-10x42 und 2-12-x50 zu verwirklichen. Dem aber noch nicht genug. Der Augenabstand beträgt sichere 95 mm bei jedem Modell. Wobei es das Z6(i) EE 1-6x24 für Großwildbüchsen auch mit 12,5 cm Augenabstand gibt. Schon das haben führende Optikexperten bisher für unmöglich gehalten. Dass zudem die maximalen Sehfelder mit 42,5 und 25,2 sowie 21 m ebenfalls Spitze sind, ist eine technische Meisterleistung. Um derartige Ergebnisse erzielen zu können, bedurfte es hochpräziser Maschinen, wie es sie vor einigen Jahren noch gar nicht gab. Selbst mechanische Teile werden mit einer Genauigkeit von 8 my (1 my = 1/1000 mm) gefertigt. Natürlich wurde die Optik etwas

Swarovski Z6 1-6x24 mit 42,5 m Sehfeld und Leuchtabsehen

aufwändiger. Zwei Linsen mehr bedeuten auch einen Transmissionsverlust beim Lichtdurchgang. Dieser beträgt im Mittel rund 1,5%. Bei einem kürzlich durchgeführten Zielfernrohrtest mit variablen Zielfernrohren mit 50-mm-Objektivdurchmesser konnte ich mit dem Zielfernrohr mit höchster Transmission (93,4%/91,5%) noch lange nicht die Sauen in der Nacht vor dunkler Fichtendickung so gut erkennen wie mit Zielfernrohren mit geringerer Transmission (91%/89,1% bzw. 92,3%/89,3%) aber besserem Kontrast. Sicherlich muss man bei den neuen Swarovski-Zielfernrohren eine etwas geringere Transmission in Kauf nehmen. Ob sie in der Praxis feststellbar ist oder gar Auswirkungen hat, mag ich bezweifeln.

Im Folgenden eine Kurzbeschreibung der Modelle: Alle Zielfernrohre haben gemeinsam, dass sie ein stabiles, keinesfalls dünnwandiges Aluminiumrohr aufweisen. Sie sind robust und sehr fest. Im Werk wurden die Vorserienmodelle mit mehreren tausend Schocks belastet, die dem Kaliber .460 Wby. Mag. entsprechen. Die samtartige, feinmatte Oberfläche wurde kratzfest harteloxiert und sieht edel aus (keinesfalls vergleichbar zur früheren Oberflächenstruktur von Swarovski-Zielfernrohren). Die Zielfernrohre sind auch ohne Abdeckkappen wasserdicht, was sie im mehrstündigen Wasserbad unter Beweis stellten. Vergrößerungswechsler (eine halbe Umdrehung für jeweils gesamten Vergrößerungsbereich) und Dioptrienschnellverstellung am Okular weisen griffige, rutschfeste Gummiringe auf. Die Bedienelemente laufen sehr gleichmäßig und geschmeidig. Auch bei großer Kälte (getestet -20 Grad Celsius) bereitet die Bedienung keinerlei Probleme. Erfreulich der große Dioptrienbereich von +/-3 dpt, was vor allem bei der Nachtjagd von Vorteil ist. Die Zielfernrohre haben eine millimetergenau arbeitende Klickabsehenverstellung mit Nullungsmöglichkeit der Skala. Die Verstellwege sind mit 2 (1-6x42) und 1,5 m auf 100 m ausreichend groß. Die Zielfernrohre gibt es mit 30-mm-Mittelrohr oder mit formschöner Swarovski-Rail mit Zahnung für eine unverwüstliche Zielfernrohrmontage. Hervorzuheben die Filtergewinde an den Objektiven, die nicht nur Filteranbringung zulassen, sondern auch Gegenlichtblenden oder Tuben gegen Mirage bei Lauferwärmung. Die unnütze Federung des Okularstückes entfiel. Objektiv- und Okularaußenvergütung sind abrieb- und bedingt kratzfest.

Absehen in der Okularbildebene

Das Absehen liegt in der 2. Bildebene und vergrößert sich bei Vergrößerungswechsel nicht mit. Dadurch wird vor allem bei hoher Vergrößerung sehr wenig vom Ziel verdeckt. Man behält die Übersicht und kann den Haltepunkt extrem genau wählen. Das Absehen muss sehr exakt in der 2. Bildebene installiert werden, damit es bei Vergrößerungswechsel nicht zu Treffpunktabweichungen kommt. Die neuen, extrem genauen Maschinen verhelfen dazu. In Zukunft steht eine große Absehenauswahl zur Verfügung, darunter Absehen 4, 4A, Plex oder TDS-Plex. Alle Modelle sind auch mit Leuchtabsehen erhältlich. Auch hier ging Swarovski neue Wege. Es wurde eine völlig neue Leuchteinheit auf dem Okular entwickelt. Sie ist stoßunempfindlich, da sie mit dem Zielfernrohrgehäuse aus einem Stück besteht. Die Leuchteinheit wurde solide in das Okular aus einem Stück integriert. Das sieht zunächst etwas futuristisch aus. Man kann mit flacher Hand den Vergrößerungswechsler erreichen. Von erheblichem Vorteil ist das geräuschlose Einschalten der Beleuchtung. Ein Hebel Richtung Okular wird einfach zur Seite geschwenkt, nach rechts für Tag und nach links für Nacht. Auf der

Oberseite der Leuchteinheit ist das Batteriefach (Flachbatterie Lithium 3 V) und links sowie rechts jeweils eine gummiarmierte Drucktaste (für Tag bzw. Nacht) zur geräuschlosen Dimmung der Leuchtstärke in 64 Stufen. Das kann bequem auch mit Handschuhen erfolgen. Die Beleuchtung schaltet sich nach 5 (Nachtmodus) bzw. 3 Stunden (Tagmodus) automatisch ab. Selbstverständlich wurden die Okulare etwas größer. Ohne Leuchteinheit beträgt der Durchmesser 45,5 mm, mit Leuchteinheit (die Technik wurde teils seitlich installiert, um niedrige Bauhöhe zu erzielen) sind es 49,8 mm. Trotz dicker Okulare ergibt sich ein harmonisches Gesamtbild.

Z6(i) 1-6x42 – ein Drückjagd-Zielfernrohr, das „Aimpoint" und 1,5-6x42 ersetzt. Es eignet sich mit seinem 42,5 m großen Sehfeld auf 100 m bestens zum flüchtigen Schießen. Mit 6fach kann man sogar auf der Drückjagd ein Hirschgeweih ansprechen. Das Zielfernrohr ist aber auch ideal zur Pirsch im Wald.

Z6(i) EE (Extended Eye) 1-6x42 – ideales Zielfernrohr für Großwildbüchsen mit starkem Rückstoß. Der Augenabstand beträgt 120 bis 125 mm, das Sehfeld aber noch 33,5 m auf 100 m. Ein ideales Zielfernrohr für die Afrikajagd, die Jagd auf starke Bären oder Elch. Das Zielfernrohr ist 312 mm lang.

Z6(i) 1,7-10x42 – Immerhin hat man 25,2 m Sehfeld auf 100 m. Das übertrifft Zielfernrohre wie 1,5-6x42. Das neue Swarovski eignet sich von der Drückjagd bis hin zu Ansitz und Pirsch. Ein ideales Zielfernrohr für Gebirgs- und Auslandsjagd. Es ist hervorragend auf leichten Waffen wie einer Kipplaufbüchse oder leichtem Repetierer. Es ist kompakt und sehr leicht.

Z6(i) 2-12x50 – ein wahres Allround-Zielfernrohr für fast alle Fälle. Es hat mit 21 m auf 100 m ein Sehfeld, wie man es vor kurzem nur von Drückjagd-Zielfernrohren oder einem 1,5-6x42 kannte. Das 2-12x50 eignet sich aber als Allround-Zielfernrohr für Pirsch und Ansitz. Es ist im Flachlandrevier genauso gut verwendbar wie im Gebirge. Die 12fache Vergrößerung ermöglicht hochpräzise und sehr weite Schüsse. Das Zielfernrohr eignet sich für alle Jagdwaffen. Es ist auch bestens für die Nachtjagd verwendbar.

Digitale Leuchteinheit für Tag und Nacht auf dem Okular beim Swarovski Z6i

Erste Praxiserfahrungen

Eine kurze Praxisbeurteilung konnte ich bei den Zielfernrohren Z6i 1-6x24 und Z6 2-12x50 (Vorserienmodelle) durchführen. Die Zielfernrohre erwiesen sich auf einer Blaser R93 in 8x57IS als schussfest. Wirklich erstaunt war ich von der hervorragenden Optik. Sie bildete nicht nur gestochen scharf bei hoher Randschärfe ab, geboten wurde bei allen Vergrößerungen ein helles Bild mit ausgezeichnetem Kontrast. Das Zielfernrohr ist ideal für den flüchtigen Schuss. Auch die Optik des Z6 2-12x50 konnte nur überzeugen. Das Zielfernrohr ist voll nachttauglich. Aufgefallen ist nur noch, dass es bei starkem Gegenlicht wie tief stehender Sonne keinerlei Reflexe im Rohr gab. Beim Leuchtpunkt (High Grid-Technik) sieht man ohne Beleuchtung einen mehr grauen Punkt, beleuchtet ist er mehr gelblich.

Die neuen Swarovski-Zielfernrohre stellen bestimmt einen Meilenstein in der Zielfernrohrgeschichte dar. Die zahlreichen technischen Features sind einfach praxisgerecht. Die neuen Zielfernrohre vereinen mehrere alte Modelle in einem Modell. Der Praxisnutzen wurde erheblich gesteigert. Das magische Dreieck von Vergrößerung-Augenabstand-Sehfeld haben die Swarovski-Ingenieure geknackt – zum Nutzen der Jäger. Denn die neuen Zielfernrohre verwirklichen nicht technische Spielerei, sondern ganz einfach das, was Jäger draußen in den Revieren brauchen.

Swarovski Z61 2,5-12x50

4. Für die Sauenjagd

Ansitz und Drückjagd sind zwei grundverschiedene Jagdarten auf Sauen, die auch eine unterschiedliche Zieloptik erfordern.
Beim Ansitz auf Sauen ist der ruhige, präzise Schuss gefragt. Man sollte den Haltepunkt korrekt wählen können und einen sauberen Kammerschuss anbringen. Etwas höherere Vergrößerungen sind von Vorteil, weil man damit einfach mehr vom und somit das Ziel besser sehen kann. Hinzu kommen unterschiedliche Lichtverhältnisse. Man kann Sauen noch beim vollen Licht antreffen, genauso aber bei wolkenverhangenem Nachthimmel. Das Zielfernrohr auf einer Ansitzbüchse sollte für die Nachtjagd bei Mond geeignet sein, schließlich werden die überwiegenden „Ansitzjagd-Sauen" an der Kirrung in der Nacht oder sehr späten Dämmerung erlegt. Ich habe Sauen vom Ansitz von etwa 10 Meter bis zu gemessenen 227 Metern erlegt. Auch hier kann die Variationsbreite für die Zieloptik weit sein. Ganz anders dagegen die Anforderungen bei der Bewegungsjagd. Es wird in aller Regel nur auf kurze Entfernungen bis etwa 50 Meter geschossen. Ein Schuss auf 100 Meter (verhoffendes Wild) gilt bei den Drückjagden schon als weit. Es wird bei Drückjagden schnell auf sich bewegendes Wild geschossen. Man muss über das Geschehen den Überblick behalten und korrekt mit dem flüchtenden Wild „mitfahren" können. Das Zielen sollte mehr „instinktiv" gehen. Auch das richtige Vorhaltemaß muss problemlos mit dem Absehen findbar sein. Das Schießen auf flüchtendes Wild in unterschiedlichen, teils nahen Entfernungen erfordert eine ganz andere Zieloptik als die Ansitzjagd. Es handelt sich um eine hochspezialisierte Zieloptik für Bewegungsjagden.

Absehen

Für Ansitz auf Sauen und die Drückjagd sollte man Absehen mit Leuchtpunkt wählen. Absehen in der 2. Bildebene für den Ansitz müssen zur Nachtjagd ein Leuchtabsehen haben. Bei Drückjagden sollte man Leuchtabsehen in der 2. Bildebene bevorzugen. Leuchtpunkte erhöhen bei Bewegungsjagden die Trefferquote, da man mit ihnen wie „automatisch" das Ziel findet. Man muss sich nicht auf ein dunkles Absehen konzentrieren. Leuchtabsehen haben den Vorteil, sich auf das Wild und nicht Absehen konzentrieren zu können.

Für die Ansitzjagd auf Sauen

Ideal sind natürlich variable Zielfernrohre mit mindestens 50-Millimeter-Objektivdurchmesser. Sie sind

Docter 8x56 mit Leuchtabsehen (Sauenglas)

Schmidt und Bender Zenith 2,5-10x56

universell sowohl bei Tag als auch in der Dämmerung und Nacht einsetzbar. Die Vergrößerung kann sehr schnell der jagdlichen Situation angepasst werden. Ein Vergrößerungsbereich von 3- bis 12fach ist ideal. Aber auch 2,5- bis 10fach oder ähnliche Vergrößerungen sind sehr gut geeignet. Eine oft gestellte Frage lautet: „Wie groß ist der praktische Nutzen zwischen einem 50 Millimeter und einem 56-Millimeter-Objektivdurchmesser?" Oft wird die Beantwortung dieser Frage mehr vom „Glauben" als von Tatsachen bestimmt. Der Unterschied ist sehr gering. Es bringt bei Nacht an der Kirrung viel mehr, die Vergrößerung niedriger einzustellen. Das Bild wird dann heller. Ein „50er" Zielfernrohr ist praktisch universell bei schlechtem Licht verwendbar. Es reicht für die Nachtjagd vollkommen aus. Zielfernrohre mit 50-mm-Objektiven harmonieren mit führigen Waffen sehr gut zusammen. Nur in wenigen jagdlichen Situationen haben „56er" Zielfernrohre die Nase vorne, etwa bei extrem schlechtem Licht bei wolkenverhangenem evtl. noch regnerischem Himmel. In Extrem-Situationen bieten sie etwas mehr. Zielfernrohre mit 56-mm-Objektiv können Jägern empfohlen werden, die ihr Schwarzwild überwiegend an Kirrungen bei Nacht erlegen und wirklich jede noch so geringe Chance nutzen möchten. Die modernen kurzen Zielfernrohre mit 56-mm-Objektiven von Schmidt und Bender, Swarovski oder Zeiss sind gegenüber den früheren langen „Ofenrohren" sehr führig geworden.

Absehen sind Geschmacksfrage. Man kann mit jedem Absehen zurechtkommen. Universell ist das Absehen 4 mit Leuchtabsehen oder das Nr. 8 ebenfalls mit Leuchtabsehen. Fixe Zielfernrohre haben vor allem den Vorteil des geringen Preises. Sie kann man auch gut an der Kirrung einsetzen. Zielfernrohre wie das Docter 7x50 oder Swarovski PF 8x50 sind ideal. Ebenfalls alle Zielfernrohre 8x56 sind sehr gut geeignet. Ein Zielfernrohr 6x42 eignet sich zwar auch, jedoch bieten bei sehr schlechtem Licht die größeren Objektive Vorteile.

Für Drückjagden

Eine ganz andere Zieloptik wird bei Bewegungsjagden auf Schwarzwild benötigt. Hier kommt es vor allem auf ein großes Sehfeld an, damit man den Überblick erhält und sehr schnell das Ziel „aufnehmen" kann. Neben so genannten Drückjagd-Zielfernrohren eigenen sich dafür noch Rotpunktvisiere ohne Vergrößerung. Bei den Rotpunktvisieren ohne

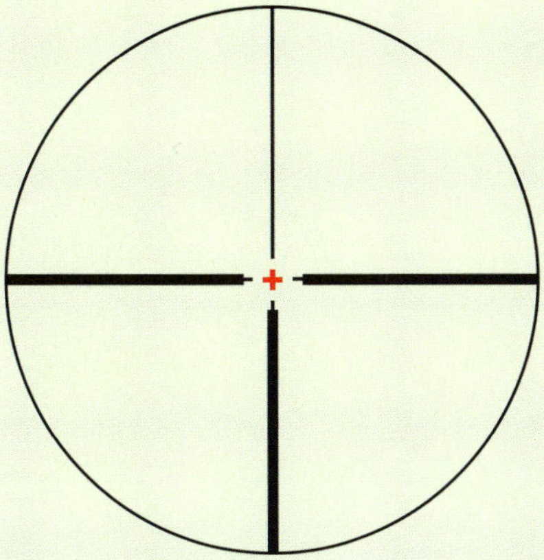

Leuchtkreuz im Absehen Nr. 4

Vergrößerungen lässt man beim Schießen beide Augen offen und hat so ein praktisch uneingeschränktes Sehfeld. Der rote Punkt ist ideal zum flüchtigen Schießen. Bei meinen Tests haben sich die Aimpoints mit weitem Abstand als die besten Rotpunktvisiere herausgestellt. Sie gibt es in unterschiedlichen Ausführungen, sodass sie auf allen Waffen einfach montierbar sind. Die Geräte sind parallaxenfrei und bieten eine gute Optik. Sie sind robust und wasserdicht. Die neue CET Technik benötigt sehr wenig Energie, was enorme Vorteile bei großer Kälte hat. Die Aimpoints erwiesen sich als sehr praxisgerecht.

Bei den Drückjagd-Zielfernrohren ist eine Minimalvergrößerung von unter 1,5fach ideal, weil man dann ebenfalls beide Augen offen lassen kann und in etwa das Ziel wie 1:1 wahrnimmt. Es kommen also Zielfernrohre wie 1,1-4x24, 1,25-4x24 oder 1-6x42 in Betracht. Auf den Objektivdurchmesser kommt es hinsichtlich der „Lichtleistung" nicht an. Jedoch ermöglichen 30-mm-Mittelrohre (24-Millimeter-Objektivdurchmesser) ein größeres Sehfeld. Das maximale Sehfeld sollte mindestens 24 Meter auf 100 Meter betragen, ideal sind maximale Sehfelder von 32 bis 42,5 m und mehr. Ich rate bei den Drückjagd-Zielfernrohren zu einem variablen Zielfernrohr. Eine etwas höhere Vergrößerung hat Vorteile bei etwas weiteren Entfernungen, etwa auf verhoffendes Wild. Dagegen ist auf Kurzentfernungen und „schnelles" Wild eine geringe Vergrößerung erforderlich. Ich schätze bei diesen Zielfernrohren ein Plex-Absehen in der 2. Bildebene. Für den Idealfall halte ich Zielfernrohre mit Leuchtpunktabsehen in der 2. Bildebene. Dieses Punkt-Absehen gibt es auch noch in Kombination mit vertikalen und/oder horizontalen Balken in der 1. Bildebene. Ich halte die Balken für überflüssig. Ein Punkt lässt sich schnell und genau im Ziel einpassen. Er erscheint bei niedrigerer Vergrößerung größer und fällt mehr auf. Auf weite Entfernungen wird man eine höhere Vergrößerung wählen, sodass der Punkt weniger vom Ziel verdeckt und ein sehr präziser Schuss ermöglicht wird. Die neuen, beleuchtbaren Punkt-Absehen haben die speziellen Drückjagdabsehen mit dicken vertikalen Balken und feiner horizontaler Linie eigentlich überflüssig gemacht.

Schmidt und Benders Flash Dot Leuchtabsehen im Drückjagd-Zielfernrohr ist eine Besonderheit. In ein normales Absehen (ohne abgesetzte Linien) kann mittels LED ein roter, scharfer Punkt in die Absehenmitte eingespiegelt werden. Er deckt etwa 15 Zentimeter auf 100 Meter ab. Man hat ein normales Absehen 4 und kann in Fadenkreuzmitte den roten Punkt zuschalten. Den Flash Dot gibt es in verschiedenen Absehen. Zielfernrohre 1,5-6x42 stellen einen Kompromiss dar. Mit einem maximalen Sehfeld von etwas über 20 Meter lassen sie sich noch bei der Drückjagd verwenden. Auf der anderen Seite kann man sie auch zu Ansitz und zur Nachtjagd bei gutem Mondlicht verwenden. Wie gesagt, diese Zielfernrohre stellen einen Kompromiss dar. Ideal sind sie für keine der beiden Jagdarten. Es gibt viel bessere Spezialisten. Doch in der Praxis reichen sie für viele Situationen auch vollkommen aus.

Resümee

Bei der Zieloptik entscheidet zunächst die Qualität über deren Nutzen. Neben solider Mechanik ist die optische Qualität entscheidend. Das größte Objektiv nützt nichts, wenn die Bildbrillanz (insbesonders der Kontrast, die Helligkeit und Schärfe) nicht stimmen. Um beide Jagdarten (Ansitz, Drückjagd) abzudecken, sind zwei Zielfernrohre oder ein Zielfernrohr und ein Rotpunktvisier ideal. Für Ansitz ein 3-12x50 oder 2,5-10x56 (oder ähnliche Werte) am besten mit Leuchtabsehen. Für die Bewegungsjagd sollte ein spezielles Drückjagd-Zielfernrohr wie 1,25-4x24, 1,1-4x24 oder 1-6x24 verwendet werden. Auch ein Rotpunktvisier ist dafür ideal. Es ist allerdings wegen fehlender Vergrößerung nicht so universell wie ein Drückjagd-Zielfernrohr (vor allem auf mittlere und weite Entfernungen).

Wer seine Büchse für beide Jagdarten verwenden will, sollte auf eine „wechselbare" Montage achten, die bei Ab- und Aufsetzen des Zielfernrohrs gleichbleibende Treffpunktlage gewährleistet. Dafür eignen sich die Schwenkmontage (z. B. von EAW), die Blaser-Sattelmontage aber auch die Suhler-Einhak-Montage bestens.

Drückjagd-Zielfernrohre

Zunehmende Schalenwildbestände erfordern zur Reduktion Bewegungsjagden. Flüchtiges Schießen auf Drückjagden verlangt auch eine spezielle, den Bedingungen angepasste Zieloptik. Im allgemeinen Sprachgebrauch spricht man von Drückjagd-Zielfernrohren. Neben den Bewegungsjagden eignen sie sich noch ganz besonders zur Großwildjagd auf wehrhaftes Wild. Es soll aber nicht verschwiegen werden, dass die universellen Zielfernrohre 1,5-6x42 auch immer mehr auf Bewegungsjagden eingesetzt werden sowie zum Ansitz in der Dämmerung, aber auch nachts bei gutem Mondlicht. Solche Zielfernrohre von qualitativ hochwertigen Herstellern haben heute mit rund 20 bis 24 Meter auf 100 Meter ein Sehfeld, das man vor wenigen Jahren nur bei Drückjagd-Zielfernrohren fand. Sie werden besonders auf Drückjagden verwendet, wo Rot- und Rehwild freigegeben ist und dieses genau angesprochen werden muss. Man erkennt bei 6facher Vergrößerung eher, ob das Hirschgeweih schon eine Krone gebildet hat oder nicht. Bei Drückjagden ist Ansprechen nur mit dem Zielfernrohr möglich, da es schnell gehen muss.

Vergrößerung

Heute findet man fast nur noch variable Drückjagd-Zielfernrohre. Zielfernrohre mit 1- bis 2facher oder 4facher fixer Vergrößerung haben ausgedient. Die niedrigste Vergrößerung der Variablen liegt leicht über 1fach. Bei tatsächlich einfacher Vergrößerung würde man eine Verkleinerung gegenüber dem bloßen Auge wahrnehmen. Das Gehirn nimmt Bilder

Swarovskis High-Grid Leuchtabsehen

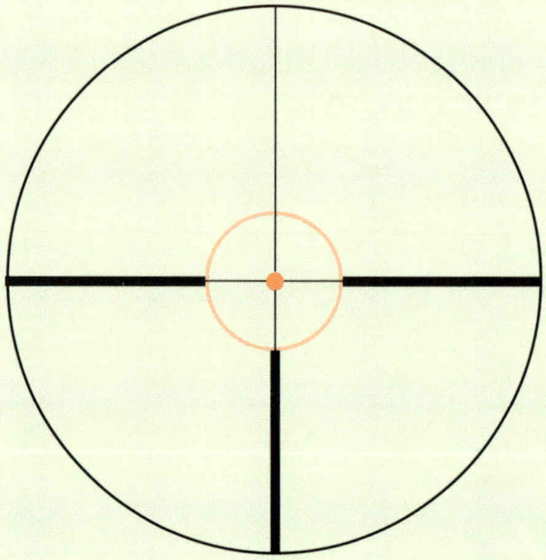

mit etwa 1,1- bis maximal 1,3facher Vergrößerung als etwa 1:1 wahr, also wie mit bloßem Auge gesehen. Revolutionierend ist Swarovskis Z6i 1-6x42. Die meisten Zielfernrohre haben eine maximale Vergrößerung von 4fach, das Leupold-European 30 Drückjagd-Zielfernrohr eine von 1,5- bis 4,4fach. Die variable Verstellung reicht in der Regel von 1,1- bis 4fach, 1,25- bis 4fach oder 1,5- bis 4,5fach. Auch war früher 1,5- bis 4,5fach öfter üblich. Der Vergrößerungsbereich ist immer ein Kompromiss. Er steht nie für sich alleine, sondern immer in Bezug zum Sehfeld und auch zum Augenabstand. Es bleibt die Frage, ob man mehr zu 1,1fach tendiert und damit ein sehr großes maximales Sehfeld erhält, aber auch mit maximal 4fach dann Schluss ist. Die andere Philosophie tendiert bei der geringen Vergrößerung mehr zu 1,5fach, aber bei der maximalen auch mehr zur 5fachen Vergrößerung. Das maximale Sehfeld wäre dann natürlich geringer als bei der ersten Version. Ob man dem Einen oder Anderen den Vorzug gibt, hängt viel von den Jagden ab, die man damit bestreiten will.

Alles bietet Swarovskis Z6i 1-6x42. Großes Sehfeld (42,5 m), großer Augenabstand (95 mm) und 6facher Zoombereich wurden in diesem Zielfernrohr verwirklicht.

Wer als Hundeführer und Durchgangsschütze ein Zielfernrohr benutzt und extrem nahe schießen muss, gibt dem größten Sehfeld den Vorzug. Genauso ist dies bei Drückjagdständen der Fall, die noch aus der „Flintenlaufgeschosszeit" stammen. Wer an Wegen, super engen, nur meterbreiten Schneisen steht, benötigt ein möglichst großes Sehfeld. Bei guten Drückjagden steht man aber meist fernab von Dickungen im Hochwald an Wechseln oder sitzt gar auf einer Ansitzeinrichtung. Hier ist ein möglichst großes Sehfeld nicht so entscheidend. Man bevorzugt eine etwas höhere Vergrößerung, um Wild ansprechen zu können oder den auf 100 Meter verhoffenden Fuchs sicher erlegen zu können. Auf Drückjagden steht mein Zielfernrohr meist auf einer Vergrößerung zwischen 2- bis 3fach, oft auch auf 4fach, ganz selten auf der niedrigsten Vergrößerung.

Sehfeld

Heute sind Mittelrohre von 30 Millimeter Durchmesser die Regel. Sie ermöglichen ein möglichst großes Sehfeld. Noch vor wenigen Jahren waren Sehfelder von über 34 Meter auf 100 Meter undenkbar. Heute sind sie schon fast Standard. Ich halte Sehfelder von etwa 20 bis 24 Meter auf 100 Meter für nötig. Was darüber hinaus geht, ist oft nicht nötig, erhöht aber in ganz speziellen Situationen natürlich die Erfolgsquote. Wichtig ist auch, dass man bei hoher Vergrößerung noch ein vernünftigtes Sehfeld hat. Dieses sollte ebenfalls möglichst groß sein. Bei 4facher Vergrößerung liegt es heute bei etwa 10 Metern auf 100 Meter.

Augenabstand

Der Augenabstand steht natürlich in engem Zusammenhang mit dem Sehfeld. Höherer Augenabstand bedingt geringeres Sehfeld. Bei Bewegungsjagden werden oft rückstoßstarke Kaliber verwendet. Wenn es schnell gehen muss, ist oftmals der Anschlag nicht korrekt. Da kann es schon passieren, dass das Okularende mit den Augenbrauen Kontakt aufnimmt. Bei den üblichen Drückjagdkalibern, normalschwerer Waffe und korrekter Schäftung bereitet ein üblicher Augenabstand von 8 Zentimetern bestimmt keine Probleme. Ein Augenabstand von 9 bis 10 Zentimetern erhöht den Komfort und die „Sicherheit", etwa 9 oder 9,5 Zentimeter sind wohl ideal. Es sei darauf hingewiesen, dass der Augen- oder Pupillenabstand von der Okularlinse aus gemessen wird und nicht von der überstehenden Okularfassung (Zielfernrohrrohr). Eine weit überstehende Okulardämpfung ist insofern nur von geringem Nutzen. Das Okularende sollte zumindest einen Gummiring zur Entschärfung enthalten. Es sei darauf hingewiesen, dass der Augenabstand immer ein Variobereich ist, also etwa 85 bis 104 Millimeter. Angegeben ist meist ein gerundeter maximaler Wert. Auch variiert er mit der Vergrößerung, liegt also beispielsweise bei 1,25fach zwischen 72 und 115 Millimeter und bei 4fach zwischen 92 und 108 Millimeter. Ideal ist es, wenn die variablen Werte für alle Vergrößerungen nahezu deckungsgleich sind.

Absehen

Ein Drückjagd-Zielfernrohr sollte mit einem Absehen mit Leuchtpunkt ausgestattet sein, bevorzugt in der 2. Bildebene. Das erhöht die Trefferquote ungemein. Ein beleuchteter Punkt oder Kreuz (keinesfalls das gesamte Absehen) ist nicht verkehrt. Sie „springen" schnell ins Auge und sind auf dunklen Wildkörpern sehr gut zu sehen. Einem Punkt sollte man zum flüchtigen Schießen den Vorzug vor dem Kreuz geben. Natürlich muss die Leuchtstärke auf Tageslicht abgestimmt und fein dimmbar sein, um sie an unterschiedliche Lichtsituationen anpassen zu können.

Komfort und Zuverlässigkeit

Es kann durchaus sein, dass man auf kurze Entfernungen mal nachfokussiert. Eine Dioptrienschnellverstellung mit Steilgewinde ist sicherlich ein Vorteil gegenüber den Feingewinden mit Konterring. Der Vergrößerungswechsler sollte gut erreichbar, breit und griffig sein. Er muss auch bei Kälte leichtgängig und der Weg soll kurz sein. Ein rutschsicherer Gummi ist von Vorteil. Mich stören große Leuchttürme bei der Drückjagd. Ideal ist der flache, seitliche Leuchtturm. Ein Leuchtturm auf dem Okular (Absehen in der 2. Bildebene) stört beim schnellen Griff zum Vergrößerungswechsler etwas. Das Okular sollte mittels Gummirings entschärft sein. Natürlich muss das Zielfernrohr bis zum dicksten Kaliber schussfest sein. Eine der größten Fehlerquellen bei mangelnder Schussleistung liegt in der Montage begründet. Für eine korrekte, sichere Montage spricht die Innenschiene. Neben Zeiss bieten auch Swarovski (mit zusätzlicher Zahnung), Schmidt und Bender sowie Docter Innenschienen an. Sie haben den großen Vorteil, dass man nachträglich einfach und schnell den Augenabstand verändern kann. Der sollte bei einer Drückjagdwaffe auf jeden Fall stimmen.

Optik

Gerade im trüben, regnerischen Herbst muss die optische Leistung eines Zielfernrohrs stimmen. Neben gestochener Schärfe sollen hohe Lichttransmission für ein helles Bild sowie sehr guter Kontrast gegeben sein. Gerade ein guter Kontrast verhilft dazu, den dunklen Wildkörper auf dunklem Boden oder vor dunklem Hintergrund klar zu erkennen. Ein helles Bild ist ebenfalls entscheidend. Die Optik muss an allen Glas-/Luftflächen mehrfach vergütet sein. Es darf keine Spiegelungen oder Reflexe geben. Natürlich sollte sie über den gesamten Vergrößerungsbereich brillant sein. Ein Tunneleffekt bei niedriger Vergrößerung ist störend. Ein 24-Millimeter-Objektiv ist von Vorteil gegenüber den 20-Millimeter-Objektiven.

Im Folgenden werden einzelne Drückjagd-Zielfernrohre kurz vorgestellt.

Docter 1-4x24

Ein klassisches Drückjagd-Zielfernrohr, das sich in der Praxis gut bewährte. Es hat ein ausreichend großes Sehfeld und eine gute Optik. Sie bildet hell, kontrastreich und gestochen scharf ab. Die Mecha-

Leupold European Vari XIII 1,5-4,5x20

nik funktionierte auch bei Kälte anstandslos. Das Absehen liegt in der 1. Bildebene. Es ist neben Absehen 1 und 4 auch mit speziellen Drückjagdabsehen Nr. 2 mit einer Spitze auf dem vertikalen Balken erhältlich.

Leupold European Vari XIII 1,5-5x20

Leupold setzt auf etwas höhere Vergrößerung (4,4fach), was für eventuelles Ansprechen besser ist, jedoch ist dafür das Sehfeld gut 10 Meter (auf 100 Meter) geringer als bei der europäischen Konkurrenz. Die neuen Leupolds haben nun auch eine Dioptrienschnellverstellung. Das Absehen in der 2. Bildebene (Circle Dot, Abs. 4 oder Duplex jeweils mit Leuchtpunkt) kann beleuchtet werden. Die Leuchteinheit sitzt auf dem Okular leicht schräg versetzt. Der Vergrößerungswechsler kann gerade noch gut bedient werden. Ein sehr robustes Zielfernrohr mit anstandslos funktionierender Mechanik. Die mehrfach vergütete Optik ist hell und kontrastreich. Sie bildet sehr scharf ab und ist voll praxisgerecht. Das Leupold Zielfernrohr erfüllt alle Anforderungen. Für mich war das Sehfeld ausreichend groß. Es bietet mit einem Augenabstand von 93 bis 111 Millimetern eine sehr große Sicherheit.

Kahles CSX 1,1-4x24

Ein Zielfernrohr mit Absehen in der 2. Bildebene. Die Mechanik funktioniert sehr genau und zuverlässig. Das gilt auch bei großer Kälte. Das Zielfernrohr hat mit 40 m auf 100 m Entfernung das größte Sehfeld aller Zielfernrohr. Es hat ein Leuchtabsehen mit digitaler Tippsteuerung und Memoryfunktion. Als Leuchtabsehen werden P-Dot, 4-Dot und D-Dot geboten. Die Optik kann sich sehen lassen und wird allen Praxisanforderungen gerecht. Ein sehr gutes Zielfernrohr mit bester Praxistauglichkeit. Der Augenabstand liegt bei komfortablen 9 cm.

Kahles Absehenverstellung und Leuchtabsehensteuerung

Nikon Monarch UCC 1,5-4,5x20

Ein ebenfalls sehr gutes Zielfernrohr ohne Leuchtabsehen in der 2. Bildebene. Die Optik bildet hell, kontrastreich und gestochen scharf ab. Das Sehfeld ist zu gering. Der Augenabstand dafür sehr groß. Von den Vergrößerungswerten ist es ideal. Wer mit geringem Sehfeld auskommt, kann dieses Zielfernrohr wählen. Es ist ideal für Ansitzdrückjagden. Nikons neues Zielfernrohr 1,1-4x24 hat ein vergrößertes Sehfeld und ein Leuchtabsehen.

Swarovski PV-I 1,25-4x24

Swarovski überzeugte durch eine exzellente Optik. Sie lässt keinerlei Wünsche offen und ist einfach brillant. Hoher Kontrast, helles Bild und gestochene Schärfe sind im obersten Bereich angesiedelt. Die Mechanik funktionierte selbst bei niedrigsten Temperaturen anstandslos. Die Bedienelemente sind sehr gut erreichbar und griffig. Die Leuchteinheit auf dem Höhenturm kann abgenommen werden. Die Bedienung der Leuchteinheit B3 (für Tag und Nacht) ist etwas gewöhnungsbedürftig. Bei den Absehen in der 1. Bildebene hat man wohl noch nicht das Optimum gefunden. Speziell für Drückjagden gibt es das Circle Dot – einen Kreis mit Punkt. Das Absehen ist in einem erweiterten Absehen 4 eingebettet. Man kommt mit ihm sehr gut zurecht. Zusätzlich gibt es noch das Absehen Dot, einen Leuchtpunkt, kombiniert mit zwei horizontalen und vertikalen Balken. Für die Beleuchtung wird die High Grid Technik eingesetzt. Sie bildet das Leuchtabsehen extrem scharf und klar ab. Es gibt eine scharfe Absetzung zum Bild und nichts Reflektierendes oder Verzerrtes. Unbeleuchtet erscheint dem Auge das Leuchtabsehen fahlgrau. Das Zielfernrohr konnte sich in der Praxis bestens bewähren. Die neue Swarovski Innenschiene mit Zahnung ermöglicht eine feste Zielfenrohrmontage. Das Zielfernrohr gibt es mit herkömmlichen Absehen auch ohne Leuchtabsehen. Dieses wird ersetzt durch das neue Z6i 1-6x24 mit 42,5 m Sehfeld.

Zeiss Varipoint VM 1,1-4x24T*

Das Varipoint ist ein exzellentes Drückjagd-Zielfernrohr. Es lässt in der Praxis keine Wünsche offen. Sehr großes Sehfeld, komfortabler Augenabstand, ideales Absehen in der 2. Bildebene und brillante Optik werden darin vereint. Die hervorragende Optik bietet ein gestochen scharfes, kontrastreiches und helles Bild. Die Mechanik funktionierte

Swarovski PV 1,25-4x24

Zeiss Varipoint VM 1,1-4x24T*
(alte Version)

auch bei großer Kälte ausgezeichnet. Das Leuchtpunktabsehen in der 2. Bildebene mit schwarzem oder beleuchtetem roten Punkt ist der Idealfall für flüchtiges Schießen. Man braucht nicht mehr als den Punkt. „So einfach wie möglich" ist da gefragt. Das Zeiss Varipoint meistert alle Drückjagdsituationen mit bester Eignung und ist äußerst praxisbewährt. Bei den neuen Varipoints verlagerte man die Leuchteinheit vom Okular an das Mittelrohr.

Schmidt und Bender Drückjagd-Zielfernrohr

Das Zenith 1,1-4x24 von Schmidt und Bender erwies sich in der Praxis als herausragendes Zielfernrohr für Drückjagden, aber auch für die Pirsch. Es überzeugte mit einer Vielzahl innovativer, praxisgerechter Ideen. Das einteilige, sehr stabile Rohr besteht aus hochwertigem, verwindungsfestem Aluminium. Das Rohr wurde feinmatt harteloxiert.

Schmidt und Bender Zenith 1,1-4x24

Selbstverständlich ist es gegen Innenbeschlag mit Stickstoff gefüllt. Im mehrstündigen 50 cm tiefen Wasserbad erwies es sich als wasserdicht. Die Schnellfokussierung mit Steilgewinde läuft sehr geschmeidig und gleichmäßig. Ein schneller Dioptrienausgleich wird gewährleistet. Das Okularende wurde mit Gummiring entschärft. Für den gesamten Vergrößerungsbereich wird nur eine halbe Umdrehung benötigt. Dank starker Rippen an der breiten Gummiarmierung des Vergrößerungswechslers kann der Vergrößerungsverstellring sicher gegriffen und bequem bedient werden. Der Vergrößerungswechsler läuft nicht zu leicht, aber gleichmäßig und geschmeidig. Dank einer erhöhten Rippe bei etwa 2,2facher Vergrößerung kann man sich nachts hinsichtlich der gewählten Vergrößerung grob orientieren. In der Seitenkappe für den Absehenverstellturm befindet sich eine Ersatzbatterie (CR2032 3 V, Flachbatterie).

Die Absehenverstelltürme sind mit einer Umdrehungsanzeige ausgerüstet. Man kann sehen, inwieweit der Verstellweg des zentrierten Absehens ausgenutzt wurde. Kommt man in den roten Bereich, dann ist der Verstellweg nicht mehr quadratisch. Die weitere Absehenverstellung (Höhe oder Seite) ist dann im Verstellweg begrenzt. Die Klick-Absehenverstellung (1 Klick = 1,5 cm/100 m) kann bequem mit der Hand bedient werden. Eine Prüfung am Kollimator ergab eine millimetergenaue Wiederholgenauigkeit. Eine einwandfreie, schussfeste Mechanik wird geboten. Der Leuchtturm befindet sich nicht störend auf dem Okular sondern sinnvoller Weise am Mittelrohr, gegenüber dem Seitenabsehenverstellturm. Die Leuchtstärke des Leuchtabsehens kann dort bequem, auch im Anschlag, reguliert werden. Übrigens, vergisst man mal das Ausschalten, dann wird das Leuchtabsehen nach 6 Stunden automatisch abgeschaltet. Die Leuchtstärke kann sowohl für Dämmerung/Nacht als auch Tag reguliert werden. Die ersten sechs Stufen (mit Rastung) regulieren die Leuchtintensität für die späte Dämmerung und Nacht. Es kommt keinesfalls zu einer Überstrahlung. Für alle Lichtverhältnisse wird man eine ideale Einstellung finden. Zwischen Stufe 6 und 7 ist das Leuchtabsehen wieder abgeschaltet. Die Stufen 7 bis 11 sind für Tageslicht. Auch hier kommt es nicht zur Überstrahlung. Der Leuchtpunkt zeichnet sich sehr scharf und klar ab.

Im Zenith-Zielfernrohr bietet Schmidt und Bender seine hervorragende Flash-Dot-Technik an. Das bedeutet, dass man bei ausgeschalteter Beleuchtung ein ganz normales Absehen zur Verfügung hat, etwa für präzise Punktschüsse ein feines Fadenkreuz. Es gibt keine abgesetzten, dicken und störenden Punkte oder Kreuze in Absehenmitte. Bei eingeschalteter Beleuchtung wird das Leuchtabsehen (Leuchtpunkt) exakt in die Absehenmitte einprojeziert. Erst dann sieht man den Leuchtpunkt.

Im neuen Zielfernrohr liegt das Absehen praxisgerecht in der 2. Bildebene (Okularbildebene). Das bedeutet, dass sich das Absehen bei Vergrößerungswechsel nicht mitvergrößert. Es erscheint bei geringer Vergrößerung, mit der üblich auf kurze Entfernungen geschossen wird, stärker (verdeckt mehr) und ist damit auf Wild bestens wahrnehmbar. Bei stärkerer Vergrößerung verdeckt es viel weniger (gleiche Absehenstärke, aber Wild wird stärker vergrößert) vom Ziel.

Das Zenith erwies sich auch als ausgezeichnetes Pirschglas mit dem sehr präzise, auch weit geschossen werden kann. Im Testglas befand sich das Absehen Nr. 4 mit drei dicken Balken und Fadenkreuz sowie Flash-Dot-Leuchtabsehen mit Punkt in praxis-

Absehenverstellung mit Umdrehungsanzeige von Schmidt und Bender

gerechter Stärke. Übrigens ergab eine Prüfung keine Teffpunktverlagerung bei Vergrößerungswechsel. Die mehrfach vergütete Optik kann sich sehen lassen. Geboten wird ein gestochen scharfes Bild mit hoher Randschärfe. Die hohe Lichttransmission sorgt für ein sehr helles Bild. Der hervorragende Kontrast verhilft zu dem hervorragenden Bildeindruck mit ausgezeichneter Detailerkennbarkeit. Hinzu kommen das extrem große Sehfeld von 36 m auf 100 m und der sichere Augenabstand von 95 mm.

Auf einen Blick Drückjagd-Zielfernrohre

Zielfernrohr	Vergrößerung	ObjektivØ in mm	MittelrohrØ in mm	Sehfeld in 100 m	Augenabstand in mm	Austrittspupille in mm	Dämmerungszahl	Absehen	Leuchtabsehen	Länge in mm	Gewicht in g
Docter VZF 1-4x24	1-4x	24	30	27,0-10,6	80	15-6,0	2,8-9,8	1, 2, 4	nein	276	410
Gerhardt Nickel Supra 1-4x20	1-4x	20	30	30-10	80	14-5	2,8-8,9	1, 2, 3, 4, 5, 9,	ja wahlweise	277	485
Hakko Hunter 1-4x24	1-4x	24	30	31-9,2	85-100	20-6	4,9-9,8	4it L1, L4c, L4d	ja	240	335
Kahles C 1,1-4x24	1,1-4x	24	30	36-10,6	90	10,5-6	3,1-9,8	2, 7A, 4A, 4, 1, 1A	nein Leuchtpunkt	276	415
Kaps 1-4x22 RS/OC	1-4x	22	30	max. 30	80	18-5,5	4,4-9	1, 2	ja, wahlweise	267	400
Leupold European 30 1,5-4,4x Vari XIII 1,5-5x20		20	30	22,1-7,9	93-111	10,5-4,3	5-9,2	Nr. 4it Punkt, Circle Dot, Duplex	ja	236	386
Leupold European 30 1,25-4x20	1,25-4x	20	30	24,7-9,6	96-111	16,0-5,0	5-8,9	Nr. 4, Duplex	nein	238	297
Meopta Artemis 3000/3100 1-4x22	1-4x	22	30	37,0-8,6	80	20-6	4,7-9,7	1, 4, Plex, 4C, K-Dot	ja, wahlweise	240	410
Nikon-Monarch UCC 1,5-4,5x20	1,5-4,5x	20	25,4	16,7-5,6	94	13,3-4,4	max. 9,5	Nikoplex	nein	246	281
RWS 1-4x24	1,2-4x	24	30	31-9,2	85-110	20-6,0	max. 9,8	Dot, 1 SP, 40	ja	270	335
Schmidt & Bender Zenith 1,1-4x24	1,1-4x	24	30	max. 36	90	5,9-14,1	3,1-9,8	A2, A6, A7, A9, RP Flash Dot	ja	290	565
Swarovski Z6/Z6i 1-6x24	1-6x	24	30	42,5-6,8	95	9,6-4,0	2,8-12	4A-I, 4-I, CD-I	ja, wahlweise	296	460
Tasco Titan 1,25-4,5x26	1,25-4,5x	26	30	23,6-6,7	80	20-5,8	5,7-10,8	4	nein	257	431
Zeiss Varipoint VM/V 1,1-4x24T*	1,1-4x	24	30	36,0-10,3	90	14,8-6,0	3,1-9,8	0 (Dot)	ja	300	450

* bei mehreren Ausführungen jeweils geringstes Gewicht angegeben. Drückjagd-Zielfernrohre wurden nach ABC geordnet.

5. Rotpunkt – Eisenvisier

Entscheidend für ein erfolgreiches flüchtiges Schießen ist neben Übung sicherlich die Zieleinrichtung. Heute muss man sich für die Drückjagdwaffe zwischen Rotpunktvisier, Drückjagd-Zielfernrohr und Eisenvisier entscheiden.

Alle Drückjagd-Zielfernrohre mit etwa 1- bis 4facher Vergrößerung und Sehfeldern von rund 20 bis über 32 Metern eignen sich auch sehr gut für das flüchtige Schießen. Stellvertretend für diese Zielfernrohrart wurde das Varipoint 1,1-4x24T* von Zeiss herangezogen. Es kommt mit nur einem Punkt als Absehen aus. Dieser erscheint ohne Beleuchtung schwarz und beleuchtet rot. Man ist also nicht der Batterielebensdauer verfallen, da auch ohne Beleuchtung mit dem schwarzen Punkt gut gezielt werden kann. Beleuchtet erscheint der Punkt rot und ist äußerst gut wahrnehmbar. Die Leuchtstärke kann sehr gut reguliert werden. Man kann den Punkt bei Schnee und Sonnenschein genauso gut und ohne Überstrahlung wahrnehmen wie im „dunklen" Spätherbstwetter oder der Dämmerung. Er ist für alle Lichtverhältnisse fein und schnell in der Leuchtstärke regulierbar. Zwar sind die Batterien kälteempfindlich, doch bei den üblichen „Drückjagdtemperaturen" von 10 bis minus 15 Grad Celsius hatte ich damit noch keine Probleme. Die Energie stammt von einer 3 Volt Knopfzellen-Batterien. Die Optik im Varipoint 1,1-4x24T* über alle Zweifel erhaben. Sie ist einfach brillant bei sehr gutem Kontrast, gestochener Schärfe und hoher Lichtstärke. Auch beim Ansitz in der Dämmerung kommt man damit gut zurecht.

Die Dioptrienschnellverstellung ist einfach und ausreichend. Der Vergrößerungswechsler benötigt für den gesamten Vergrößerungsbereich nur eine halbe Umdrehung. Der Augenabstand beträgt im Mittel runde 9 Zentimeter, und das Sehfeld reicht von 36 bis 10,25 m auf 100 Meter Entfernung. Das Punktabsehen liegt in der 2. Bildebene und vergrößert sich bei Vergrößerungswechsel nicht mit. So verdeckt der Punkt bei 1,1facher Vergrößerung 20 Zentimeter und bei 4facher Vergrößerung 5 Zentimeter auf 100 Meter. Das ist praxisgerecht. Das Zeiss Varipoint-Zielfernrohr erwies sich in der Praxis als sehr robust und wasserdicht. Gegen Innenbeschlag ist es mit Stickstoff gefüllt. Das Zielfernrohr wiegt mit Innenschiene 477 Gramm und ist 30 Zentimeter lang.

Aimpoint 9000L

Aimpoint 9000

Aimpoint ist inzwischen zum Synonym für Rotpunktvisiere geworden. Ich habe schon viele Rotpunktvisiere getestet und muss sagen, dass die Original Aimpoints qualitativ einsame Spitze sind. Zu demselben Ergebnis kamen offenbar auch zahlreiche Militärprüfstellen, denn neben der Polizei werden Aimpoints beim Militär unter härtesten Bedingungen eingesetzt. Spezialeinheiten der US-Armee sind damit genauso ausgerüstet wie solche aus Frankreich oder Schweden. Selbst Kampftaucher haben die Aimpoints auf ihren Waffen. Aimpoint ging unter zahlreichen Rotpunktvisieren aus einem der härtesten Militärtests in den USA als Sieger hervor. Für unseren Vergleich stand das neue Aimpoint 9000 zur Verfügung. Es ist speziell für die Jagd entworfen worden. Das 9000er gibt es in einer 160 Millimeter langen und 210 Gramm schweren Ausführung für alle Standardsysteme oder Montagen mit kurzen Ringabständen wie der Blaser Sattelmontage. Es ist aber auch in einer Langausführung mit 200 Millimeter Länge und 230 Gramm Gewicht erhältlich. Dieses lange Aimpoint kann problemlos auf Magnumrepetierer montiert werden. Außerdem ist es ideal für Kipplaufwaffen. Ein 38-mm-Ring kann ohne weiteres am Objektivkopf montiert werden, damit ist es ideal für Hebelschwenkmontagen auf Kipplaufwaffen.

Die 9000er Aimpoints wurden für eine problemlose Montage auf allen Jagdwaffen optimiert. Jedoch wurde nicht nur das Design verändert. Revolutioniert wurde auch die Elektronik für den Rotpunkt. Für die Stromversorgung wird die junge Advanced Circuit Efficiency Technology (ACET) für die Light Emitting Diode verwendet. Energie spendet eine 3 V Lithium Batterie Typ 2L76 oder DL1/3N. In allen Klimabereichen der Erde – von der Wüste bis zur Arktis – funktioniert diese Technik problemlos. Dem kann ich nur zustimmen. Ich hatte das Aimpoint im Winter im arktischen Kanada dabei und kann eine Funktion bei minus 34 Grad Celsius bestätigen. Natürlich gibt bei Kälte jede Batterie viel weniger Energie ab. Der Vorteil der neuen ACET-Diode besteht darin, dass die Diode mit extrem wenig Energie auskommt. Unter normalen mitteleuropäischen Jagdbedingungen soll eine Batterie 50.000 Betriebsstunden halten. Bei Leuchtstufe 7 von 10 möglichen Stufen hält eine Batterie bei 20 Grad Celsius rund 50.000 Stunden. Wichtig ist das vor allem im sehr kalten Klima, wo die Batterieleistung extrem nachlässt. Auch bei arktischen Temperaturen arbeitet dieses Aimpoint zuverlässig.

Ferner wird nun das Rohr aus einem Stück festem Leichtmetall gefertigt, was hohe Stabilität, Festigkeit und Robustheit bewirkt. Die Oberfläche wurde schwarzmatt eloxiert, was hohe Verschleißfestigkeit garantiert. Das Innenrohr (befindet sich auch in Zielfernrohren) wird in kugelförmigen Lagern gehalten. In ihm befinden sich das Objektiv und die Leuchtdiode. Durch das neue Innenrohr wird der Absehenverstellbereich auf +/- 61 Zentimeter (insgesamt 122 Zentimeter) auf 100 Meter vergrößert. Die Absehenverstellung mit Klicks (1 Klick = 15 Millimeter auf 100 Meter) funktionierte zuverlässig millimetergenau. Man kann so seine Büchse sehr genau einschießen. Auch ohne die Kappen auf den Absehenverstelltürmen erwies sich das Aimpoint 9000 als wasserdicht. Garantiert wird Wasserdichte bis 2 Meter Tiefe (0,2 bar).

Die mehrfach vergütete Optik des Aimpoints vergrößert nicht. Das rote Licht der LED (Diode) wird von der Mitte der doppelten Objektivlinse zum Auge hin reflektiert. Normales Licht durchdringt ganz normal die Optik. Egal, wo das Auge positioniert wird, ist das Gerät parallaxenfrei. Das rote Licht in Punktform wird immer parallel zur optischen Achse des Gerätes zurückreflektiert, ob man nun den Punkt in der Mitte (bei korrekter Augenpupillenzentrierung) oder am Objektivrand (bei Schiefeinblick) wahrnimmt. Dadurch verändert sich bei Schiefeinblick die Treffpunktlage nicht, gleich, auf welche Entfernung geschossen wird. Bewirkt wird die stets parallele Rotlichtreflexion durch ein ausgeklügeltes Doppellinsensystem. Die meisten anderen Rotpunktvisiere haben diese Technik nicht, und es ergeben sich Treffpunktabweichungen bei falscher Augenpupillenlage. Die Optik ist natürlich nicht so brillant wie bei Zeiss. Sie ist aber durchaus kontrastreich, hell und sehr scharf. Ich hatte keinerlei Probleme bei Tagesjagden damit, egal ob Schnee lag und die Sonne schien, oder an einem diesigen Tag im Wald gejagt wurde. Selbst in der beginnenden Dämmerung gab es keinerlei Probleme. Die Optik weist keine störenden Reflexe auf und ist hell. Auch der Kontrast ließ keine Wünsche offen, wenn sich Wild vor dunklem Hintergrund bewegte. Mit der nicht vergrößernden Optik kann Wild besser wahrgenommen werden als mit bloßem Auge. Der Rotpunkt kann bequem in neun Stufen in seiner Helligkeit reguliert werden. Er ist bei Sonnenschein genauso gut wahrnehmbar wie in der Dämmerung. Er erwies sich als reflexfrei und zeichnet sich auch scharf ab. Allerdings ist der Punkt im Varipoint wesentlich randschärfer und kreisrunder abgezeichnet. Der konstante Rotpunkt verdeckt 4 MOA, was 11,6 Zentimeter auf 100 Meter Entfernung sind. Auf 50 Meter sind es 5,8 Zentimeter. Damit ist er nicht für die Jagd auf kleines Wild auf große Entfernungen oder präzise Punktschüsse geeignet. Er ist aber gut wahrnehmbar und die Größe ideal für die Schalenwildjagd von Reh bis Hirsch, ganz besonders aber für das flüchtige Schießen. Inzwischen gibt es einen schwächeren 2 MOA-Punkt (5 cm auf 100 m), der sich für Jagdzwecke als ideal erwiesen hat. Man kann mit ihm auch sehr präzise schießen.

Viele Rotpunktvisiere sind ihr Geld nicht wert. Oft waren sie nicht schussfest. Verstellbare Punktgrößen benötigt man nicht. Für die Jagd sind nur 2 MOA- und 4 MOA-Punkte praxisgerecht. Kleine, offene Rotpunktvisiere wie das Docter Sight II lassen den Rotpunkt sehr aufwändig verstellen. Zudem ist ihre offene Bauart gegenüber der Witterung sehr empfindlich.

Das Zeiss Z-Point Rotpunktvisier ist extrem leicht und kompakt. Es hat eine sehr gute Optik und

Shirstone Rotpunktvisier

Zeiss Rotpunktvisier mit hybrider Energieversorgung

Bushnell Holosight

Docter Sight II

Luger Rotpunktvisier mit justierbarer Punktstärke

erwies sich praxisgerecht. Die hybride Energieversorgung mit Batterie und Solarenergie macht es relativ unabhängig.
Holosights wie das Bushnell eignen sich gut für das flüchtige Schießen auf kurze Entfernungen. Man erkennt das Absehen imaginär, als wäre es 25 oder 40 m vor dem Schützen.

Eisenvisiere

Offene Visierungen – die man früher als Eisenvisier bezeichnete – sind eine weitere Möglichkeit für den flüchtigen Schuss. Seit Büchsen und Visierungen bestehen, herrscht auch Streit darüber, welche Art oder Form des offenen Visiers ideal ist. Heute gibt es zahlreiche offene Visierungen, die speziell für den flüchtigen Schuss auf kurze Entfernungen entwickelt wurden. Standard war eine weite, flache Schmetterlingskimme ohne hochgezogene Seiten, kombiniert mit einem buntmetallhinterlegten Rundkorn. Besser ist ein weißes Perlkorn. Auf der Kimme sollte mittig ein breiter, weißer oder goldfarbener Strich vorhanden sein. Weniger praxisgerecht sind schmale Leuchtkorne in zierlichen Haltern. Sie sammeln zwar Licht und sind bestens wahrnehmbar, brechen aber sehr leicht. Beim Korn haben sich sehr gute, helle Plastikbalkenkorne bewährt, die von seitlichen Backen gehalten werden. Sie sind hell, ergeben besten Kontrast, sind gut wahrnehmbar und robust sowie stabil. Dazu passt eine weite Schmetterlingskimme, aber auch eine Dachkantkimme, die sich nach oben verjüngt und dort eine flache Rundung aufweist. Ein breiter, weißer Mittelstrich hilft zur schnellen, korrekten Kornaufnahme. Seitlich wird bei dieser Kimmenform sehr wenig verdeckt. Solche speziellen Drückjagd-

Weite, flache Schmetterlingskimme mit weißem Mittelstrich

visierungen gibt es beispielsweise von Raetz. Eine weitere Möglichkeit ist ein Kimmenrahmen, wie ihn Krieghoff favorisiert. Es handelt sich um eine weite Schmetterlingskimme, bei der nur der Rahmen steht. Man kann also durchschauen und behält Überblick sowie Orientierung. Diese Kimme wird mit hellrotem Perlkorn kombiniert. Vollkommen ungeeignet für die Drückjagd sind Visiere mit Rechteckkimmen mit (oft zu engen) Rechteckausschnitten und Balkenkorn genauso wie Buckhornkimmen.

Vor- und Nachteile

Expressvisier mit Standkimme und zwei Klappen

Beim offenen Visier sind Kimme, Korn und Ziel in drei fokalen Ebenen in Übereinstimmung zu bringen. Das menschliche Auge ist nicht in der Lage, alle drei Punkte in unterschiedlichen Entfernungen scharf zu sehen. In der Regel sollte man das Korn am schärfsten sehen. Das offene Visier ermöglicht guten Überblick. Man kann das Wild gut aufnehmen, auch wenn der untere Teil verdeckt ist. Man kann auch einigermaßen gut vorhalten. Eines ist aber gewiss, die Beherrschung des flüchtigen Schießens mit offener Visierung erfordert viel Training und Übung, vor allem, wenn man die 25-Meter-Entfernung überschreitet. Egal, welche Art von offener Visierung man benutzt, man muss sich daran gewöhnen. Ihre Eigenarten sollte man kennen. Ferner sind die wenigsten Schäfte an Büchsen für den Schuss über offene Visierung geeignet. Man verrenkt also den Kopf. Der Anschlag geht nicht flüssig vonstatten, und oft ergibt sich beim schnellen In-Anschlag-Gehen kein korrektes Visierbild. Meist sind daran die für den Schuss übers Zielfernrohr ausgelegten Schäfte schuld. Ferner muss eine offene Visierung vom Schützen korrekt mit der bei der Jagd verwendeten Laborierung eingeschossen werden. Bei sehr vielen Waffen sind ab Fabrik die offenen Visiere mangelhaft justiert. Ein weiterer Nachteil ist die ständige Augenakkommodation. Das strengt an. Das Auge versucht sich beim In-Anschlag-Gehen auf die Visierung einzustellen. Vor allem bei älteren Schützen dauert das zu lange, und die Tiefenschärfe ist ungenügend. Ältere Jäger (so ab die 50) haben in aller Regel Probleme mit dem offenen Visier. Je schlechter das Licht ist, desto schwerer wird ein präzises Schießen mit dem Eisenvisier. Für das offene Visier sprechen seine Robustheit und die stetige Einsatzbereitschaft. Das Eisenvisier ist batterieunabhängig sowie bei jedem Wetter einsatzbereit. Man kann es bei Saharatemperaturen genauso benutzen wie im eiskalten Winter, auch angefroren ist es einsatzfähig.

Das Aimpoint ist batterieabhängig. Zwar ermöglicht ein Batteriecontainer mit Ersatzbatterie schnellen Wechsel, doch ohne Energie gibt es keinen Rotpunkt. Ansonsten gibt es zahlreiche Vorteile für die Praxis. Das Aimpoint ist leicht und kompakt. Es kann schnellstens gegen ein Zielfernrohr ausgetauscht werden. In der Praxis erwies es sich als äußerst robust und widerstandsfähig. Es ist wasserdicht und äußerst schussfest. Man schießt mit beiden offenen Augen. Etliche Schützen müssen sich daran erst gewöhnen. Nur wenn beide Augen offen sind, hat man ein großes Sehfeld mit viel Übersicht. Man sieht praktisch soviel wie mit bloßem Auge. Das Sehfeld des Aimpoints selbst ist recht gering. Beim Schuss spielt das keinerlei Rolle, da es wirklich nur dazu dient, den roten Punkt ins Ziel zu bringen. Ziel und Rotpunkt liegen in einer fokalen Ebene und sind gleich scharf. Beim Aimpoint ist der Augenabstand zweitrangig. Man kann es ohne Praxiseinbußen durchaus weiter weg vom Auge montieren. Ferner ist es auch egal, ob man korrekt anschlägt oder schief einblickt. Vor Rückstoß und blauen Augen braucht man da bei schnellen Anschlägen keine Angst haben.

Mit dem Aimpoint ist man ungewöhnlich schnell. Die Schnelligkeit bis zum Schuss wird weder mit offener Visierung noch mit dem Varipoint erreicht. Man kann auch bestens damit vorhalten. Natürlich braucht man nur Ziel und Rotpunkt (eine fokale Ebene) in Übereinstimmung zu bringen. Die helle, kontrastreiche und scharfe Optik verhilft dazu, dass man das Wild sehr gut erkennt.

Ich habe mit einer Blaser R93 mit Aimpoint mein „schnellstes" Wild erlegt. Bei dem von Hunden verfolgten Damkalb habe ich auf rund 50 Meter weit vor dem Wildkörper den Rotpunkt mitfahren lassen, ehe ich abdrückte. Das Stück verschwand nach dem Schuss in einer Dickung, ohne zu zeichnen. Es lag nach rund 30 Metern Flucht mit bestem Blattschuss.

Das Drückjagd-Zielfernrohr ist eine Kombination aus „Aimpoint" und Zielfernrohr. Bei niedrigster Vergrößerung kann man ebenfalls beide Augen offen halten und hat so den größtmöglichen Überblick. Die Optik ist exzellent. Man kann sie auch in

Umgeklapptes Dämmerungskorn

Dachkantförmige Drückjagdkimme mit Fiberglasstab

Korn mit „leuchtendem" Fiberglasstab (bruchempfindlich)

Klappe mit Schmetterlingskimme

der Dämmerung nutzen. Da der Punkt ohne Beleuchtung schwarz erscheint, ist man batterieunabhängig. Bei Ausfallen der Energie muss die Jagd nicht abgebrochen werden.

Beim Zielfernrohr muss man schon korrekt in Anschlag gehen, schon wegen des Augenabstandes und Rückstoßes. Das große Sehfeld von 36 Metern erwies sich in der Praxis als voll ausreichend. Mit dem Zielfernrohr ist man geringfügig langsamer als mit dem Aimpoint, jedoch bietet es die Vorteile von bester Bildqualität, Robustheit und Wasserdichtheit. Dank hohem Kontrast und gestochener Schärfe nimmt man das Wild bestens wahr. Angenehm auch der Dioptrienausgleich, der eine Schärfejustierung erlaubt.

Als Fazit kann man sagen, dass das flüchtige Schießen mit der offenen Visierung am schwersten ist. Die meisten Jäger kommen damit oft nur bis zur 25-Meter-Marke gut zurecht. Bei extremen Einsatzbedingungen hat sie dank ihrer Einfachheit und Unverwüstbarkeit Vorteile. Das gilt besonders bei starkem Regen oder Schnee.

Aimpoint und Zielfernrohr eignen sich exzellent für den flüchtigen Schuss. Dabei ist das Zielfernrohr universeller einsetzbar, da es auch stärker vergrößert. Es kann für weite Schüsse oder in der Dämmerung noch gut eingesetzt werden. Das Aimpoint ist eine hochspezialisierte Visiereinrichtung für äußerst schnelle Schüsse sowie für schnell flüchtendes Wild. Bei sehr schnell flüchtendem Wild ziehe ich es jeder anderen Visiereinrichtung vor. Man kann aber auch gezielte Schüsse vom Ansitz aus oder bei der Pirsch vornehmen. Es ist jedoch eher für kurze Entfernungen bis rund 100 Meter gedacht und geeignet. Wofür sich der Jäger entscheidet, ist sicherlich individuell. Doch sollte er sich vor der Drückjagd mit seiner Visierung auf dem Schießstand auseinandersetzen und üben.

Vor- und Nachteile

Offene Visierung (Drückjagdvisier)

Vorteile

extrem robust
energieunabhängig
bei allen Wetterbedingungen einsatzfähig
große Übersicht
schnelles Schießen möglich
(bei passendem Schaft)

Nachteile

schweres Zielen durch Üben
Einbringen von Kimme, Korn und Ziel
in drei fokale Ebenen
wenig geeignet bei schlechtem Licht
schwere, umständliche Justierung
bei Laborierungswechsel
Erschwernis beim Mitfahren bei
flüchtendem Wild, dies stets korrekt
im Visier zu behalten
unterer Teil des Wildes wird verdeckt
Problematisch für präzise, weite Schüsse
bei älteren Jägern spielen oft Augen-
akkommodation und Tiefenschärfe
nicht mehr mit

Rotpunkt

Vorteile

große Übersicht
eine fokale Ebene
nur Punkt und Ziel sind
in Übereinstimmung zu bringen
kann im großen Augenabstand
montiert werden
auch bei nicht korrektem Anschlag
und Schiefeinblick problemloses
Schießen möglich
gute, nicht vergrößernde Optik mit
hoher Schärfe und gutem Kontrast
bestens erkennbarer Punkt bei allen
Lichtverhältnissen
einfaches Einschießen möglich
geringes Gewicht
kompakt
sehr schnelles Schießen möglich
ideal für schnelles Wild
robust und schussfest

Nachteile

energieabhängig
nicht für weite Punktschüsse
geeignet
keine Vergrößerung (nicht universell
als Zieloptik einsetzbar)
nicht so robust und wetterunab-
hängig wie offene Visierung
nur in der frühen Dämmerung
noch verwendbar
kein Dioptrienausgleich

Drückjagd-Zielfernrohr

Vorteile

Absehen und Ziel eine fokale Ebene
nur Leuchtpunkt (Absehen) und Ziel sind
in Übereinstimmung zu bringen
energieunabhängig einsetzbar
großes Sehfeld
variable Vergrößerung
universell auch in der Dämmerung
verwendbar, exzellente Optik mit sehr
hohem Kontrast und hoher
Abbildungsschärfe
einfaches Einschießen
auch für weitere Entfernungen und kleinere
Ziele gut verwendbar
robust und schussfest
noch kompakt
schnelles Schießen möglich
sehr gut für flüchtiges Wild geeignet
Dioptrienausgleich

Nachteile

nicht so robust und wetterunabhängig
wie offene Visierung
etwas langsamer als Aimpoint
korrekter Anschlag (Augenabstand)
erforderlich
auf Sehfeld des Zielfernrohrs beschränkte
(siehe auch Text hierzu)
Vergrößerung erschwert Entfernungs-
schätzung, insbesondere bei flüchtendem
Wild

6. Beobachtungsoptik

Taschen- oder Pocketferngläser

Man kann sie in der Hemdtasche oder Hand verschwinden lassen – die Pocketgläser. Sie sind an Führigkeit nicht mehr zu überbieten und können wirklich überall bequem mitgenommen werden. Die so genannten Taschen-, Pocket- oder Faltgläser haben einen Objektivdurchmesser von unter 30 mm. In Größe und Gewicht unterscheiden sie sich deutlich von den Pirschgläsern. Die Konstruktion der Pocketgläser zielt auf hohe Führigkeit. Es sind Gläser, die man überall bequem mitnehmen kann, ohne dass sie zur Last fallen. Sie verschwinden in der Hemdtasche genauso wie sie auch in einer kleinen Bereitschaftstasche am Gürtel stecken können. Natürlich kann man sie auch klassisch am schmalen Trageriemen um den Hals tragen. Je nach Konstruktion lassen sich die beiden Rohrkörper zusammenfalten, sodass sie in der Hand verschwinden können. Klassisch sind Objektivdurchmesser von 20 mm. Es gibt aber auch Pocketgläser mit etwas stärkeren Objektiven von 25 oder gar 28 mm. Die Vergrößerung liegt in der Regel bei 8- oder 10fach. Schon auf Grund der geringen Austrittspupillen (2 bis 3 mm in der Regel) sind die Taschenferngläser nur für Tageslicht geeignet. Man kann sie nur bedingt in der beginnenden Dämmerung einsetzen. Der Vorteil dieser Gläser liegt weniger in der optischen Leistung als vielmehr beim leichten Gewicht und der handlichen Größe. Man setzt sie dort ein, wo jedes Gramm an Gewicht zur Last wird, beispielsweise im Gebirge, beim Skifahren oder extremen Trekkingtouren, aber auch auf Safaris in Afrika sind sie beliebt, da dort das Wild fast

Swarovski-Taschenglas 10x25B

Zeiss Taschenglas Victory 10x25BT

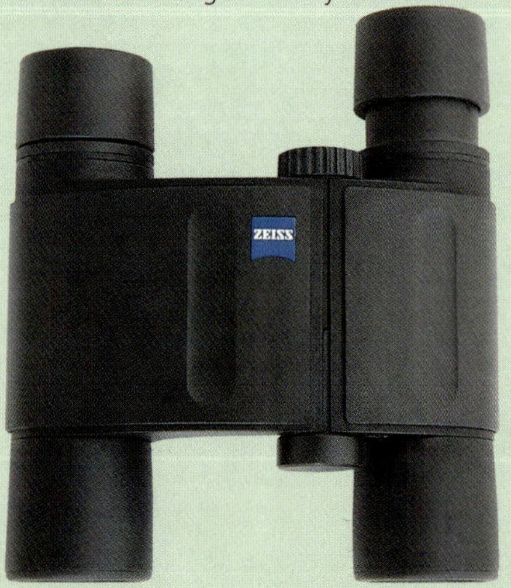

ausschließlich bei Tageslicht beobachtet wird. Bei Spaziergängen können sie „unbemerkt“ in der Jackentasche mitgeführt werden. In der Praxis zeigten die Taschengläser einige Schwächen gegenüber den Pirschgläsern. Beim Führen haben sie sich schnell verstellt. Wenn man sie braucht, müssen sie wieder von Neuem einjustiert werden. Es „verdrücken“ sich die beiden Hälften recht leicht. Auf Grund der zierlichen Maße ist der Bedienkomfort – etwa beim Fokussieren – gering. Kleine Fokussierräder erfordern oft Fingerspitzengefühl und lassen sich mit dicken Winterhandschuhen nur schwer handhaben.

Bei vielen Pocketgläsern ist die optische Leistung nur mäßig. Die geringen Okulare und Austrittspupillen bieten wenig Komfort und sind bei schwindendem Licht schlichtweg unbrauchbar. Wegen der geringen Austrittspupillen muss die Augenpupille sehr genau zentriert werden. Ein ungenaues Zentrieren oder Wackeln wird mit Bildfehlern wie „Abschattungen“ bestraft. Wer sich ein Faltglas zulegt, sollte gerade hier auf hohe Qualität Wert legen, damit er noch Freude und Sehkomfort beim Beobachten genießen kann. Vor allem im hohen Preissegment kann man von qualitativ brauchbaren Faltgläsern sprechen. Bei vielen billigen Pocketgläsern ist von Sehkomfort kaum zu sprechen. Beobachtungen bei Gegenlicht sind kaum möglich. Dagegen bieten qualitativ gute Taschengläser erstaunlich viel an Leistung. Reicht das Licht, dann hat man eine sehr hohe Auflösung, zu der gestochene Schärfe und hohe Bildbrillanz kommen, die sich in geringem Falschlicht, hoher Farbtreue und sehr gutem Kontrast ausdrückt. Eine hohe Lichttransmission ergibt ein helles Bild. Einbußen hat man sicherlich beim Sehfeld gegenüber größeren Ferngläsern.

Schnitt durch Zeiss Fernglas Victory

Taschengläser basieren üblicherweise auf Dachkantprismen-Umkehrsystem. Man verwendet Schmidt-Pechan Dachkantprismen, da sie eine niedrige Bauhöhe aufweisen. Selbstverständlich sollte ein P-Belag für eine Phasenkorrektur vorhanden sein. Nur dadurch ergeben die Dachkantprismen beim Lichtdurchgang keine Phasenverschiebung und Interferenzeffekte werden vermieden. Man sieht die Objekte erst dann unverzerrt und natürlich. Lichtspiegelungen und Lichtschweife werden vermieden. Ideal ist noch, wenn der Spiegel nicht lediglich eine Silberschicht aufweist. Viele dielektrische Schichten erhöhen die Bildbrillanz enorm und sorgen für extreme Farbtreue. Natürlich muss die gesamte Optik an allen Glas-/Luftflächen mehrfach vergütet sein. Die Außenflächen von Objektiv und Okular müssen eine abrieb- und kratzfeste Vergütung erhalten.

Ganz wichtig ist eine solide, stabile und verwindungsfeste Brücke, die beide Fernglashälften dauerhaft miteinander parallel verbindet. Gerade beim Führen in Kleidungstaschen darf sich nichts verdrücken lassen. Nur Parallelität gewährleistet vernünftiges Beobachten, ohne dass Kopfschmerzen auftreten oder dieses übermäßig anstrengt. Ganz wichtig ist also ein sehr stabiles Gehäuse (Aluminium, Magnesium oder faserverstärktes Polyamid), das auch schon mal einen Schlag verdaut. Es sollte selbstverständlich gummiarmiert sein. Das verleiht Griffigkeit und „Wärme". Ferner sorgt es für Geräuscharmut und Dämpfung.

Keinesfalls sollte man bei Taschengläsern auf hohen Komfort verzichten. Sie sollten echte Brillenträgerokulare haben, damit Brillenträger wirklich das gesamte Sehfeld nutzen können. Gerade bei Taschengläsern erwiesen sich Stülpaugenmuscheln als umständlich. Drehaugenmuscheln (oder ausziehbare Augenmuscheln), die sich ausgefahren ordentlich fest arretieren lassen, sollten Standard sein. Die Fokussierwalze sollte nicht nur winzig aus der Brücke ragen. Sie sollte möglichst frei in der Mitte dastehen und ausreichend stark sein. Eine gerippte Gummiarmierung erhöht die Griffigkeit. Die Fokussierwalze sollte auch mit Handschuhen bequem bedienbar sein. Sie muss weich und geschmeidig laufen. Leider verstellt sich die eingestellte Schärfe beim Führen der Gläser sehr schnell, sodass stets von Neuem scharf gestellt werden muss.

Leica Ultravid 8x20

Ein Kombiknopf für Fokussierung und Dioptrienausgleich ist auch bei Taschengläsern vorteilhaft. Auf jeden Fall sollte ein Taschenfernglas wasser- und staubdicht sein. Gegen Innenbeschlag ist eine Stickstofffüllung erforderlich, damit bei der Herstellung keine Feuchtigkeit eingebaut wird. Dichtheit wird auf Dauer nur gewährleistet, wenn eine echte Innenfokussierung vorhanden ist. Es dürfen sich beim Fokussieren aber auch beim Dioptrienausgleich keine Außenlinsen im Okular oder gar das Okular selbst verschieben. Erst ein hochwertiges Taschenglas ist von praktischem Nutzen. Schließlich will man Objekte scharf, klar, farbtreu und kontrastreich erkennen. Vielfach ist bei Billigprodukten das Bild im wahrsten Sinne des Wortes getrübt. Das sollte keinesfalls der Fall sein.

Auf Grund ihrer Kürze und Leichtigkeit liegen Taschengläser nicht so ruhig und ausbalanciert in der Hand. Die meisten Benutzer werden bei Freihandbeobachtung etwas wackeln. Das macht sich gerade auch wegen der geringen Austrittspupillen in Schärfe und Bildqualität negativ bemerkbar. Sicherlich kann man Details mit 10facher Vergrößerung besser erkennen als mit 8facher. Dieser Vorteil der 10fachen Vergrößerung wird aber durch Handunruhe schnell zunichte gemacht. Oft ist für das volle Ausnutzen der 10fachen Vergrößerung eine Armabstützung erforderlich. Ferner hat man eine sehr geringe Austrittspupille. Sehr universell ist dagegen die 8fache Vergrößerung. Sie gewährleistet bestes Beobachten aus freier Hand und hat noch den Vorteil der stärkeren Austrittspupille.

Qualitativ hochwertige Taschengläser benutze ich vor allem bei Touren in schwierigem Gelände wie dem Hochgebirge, wo es gilt, jedes Gramm an Gewicht zu sparen, aber auch bei Fotosafaris, etwa in Afrika. Man hat da eine größere Kamera zu handhaben und kann nicht noch ein schweres Fernglas auf der Brust herumbaumeln lassen. Aber auch beim Familienspaziergang führe ich oft ein Taschenglas mit. Es gibt immer wieder Gelegenheiten zur Beobachtung, etwa einen eifrigen Specht oder das scheue Reh am Waldrand.

Sicherlich ist das Pocketglas ein typisches Zweitglas. Es ergänzt in idealer Weise ein größeres Pirsch- oder Nachtglas. Für bestimmte Aufgaben ist das Pocketglas prädestiniert und dann eben von erheblichem Vorteil gegenüber größeren Ferngläsern. Die Pocketgläser ergänzen die Beobachtungsoptik. Um wirklich praktischen Nutzen und Freude daran zu haben, sollte man nur ein Pocketglas von hoher Qualität kaufen. Gerade bei diesen Gläsern gibt es viel Schund, mit dem Beobachten zur Last wird.

Im Folgenden werden einzelne Taschen- oder Pocketferngläser vorgestellt, die ich in der Praxis benutzte. Es handelt sich ausschließlich um Dachkantprismengläser.

Eschenbach Farblux F8x24B

Das Eschenbach Farblux F 8x24 B Allwetter ist ein superkompaktes Faltglas. Es ist voll gummiarmiert und weist einen gut bedienbaren Mitteltrieb in der Brücke auf. Die Fokussierung läuft gleichmäßig und geschmeidig, auch bei großer Kälte. Es handelt sich um eine Innenfokussierung. An beiden Okularen lassen sich die Dioptrien einstellen. Als Dioptrienausgleich dient wohl die leichtgängigere Verstellung am rechten Okular mit Skala. Die Brillenträgerokulare sind mit Drehaugenmuscheln ausgestattet. Die Optik mit BaK-4 Dachkantprismen ist mit Phasenkorrektur ausgestattet und weist eine Mehrschichtvergütung auf. Gegen Innenbeschlag wurde das wasserdichte Glas mit Stickstoff gefüllt. Die optische Leistung konnte durchaus überzeugen. Es wird ein helles und scharfes Bild geboten. Eine leichte Unschärfe zum Rand hin ist erkennbar. Der Kontrast ist gut und die Farbtreue hoch. Eine sehr gute Optik.

Swarovski Habicht 10x25B

Ein sehr handliches Taschenglas. Die beiden „Fernglasmonokulare" lassen sich unter die stabile Aluminium-Brücke falten. Die Brücke wurde mit grünem Kunststoff verkleidet und der Mittelteil der Rohre ist gummiarmiert. Von Vorteil sind die echten Brillenträgerokulare und Drehaugenmuscheln. Positives Handling ist dank Fokussierrad am unteren Brückenrand gegeben. Eine hervorragende Optik mit P-Belag wird genauso geboten wie echte Innenfokussierung. Ein hervorragendes, sehr stabiles Glas, das sich in der Praxis bestens bewährte.

Leica Ultravid 8x20

Ein Pocketglas der Spitzenklasse mit Dachkantprismen. Die Reflektionsfläche erhielt eine Vielzahl dielektrischer Schichten, sodass eine außergewöhnlich hohe Farbtreue und Bildbrillanz erzeugt wird. Selbstverständlich sind da P-Belag, Wasserdichtheit, Stickstofffüllung, ausziehbare sowie gut arretierbare Augenmuscheln und Vollgummiarmierung. Das Glas hat ein Magnesiumgehäuse, ist niedrig und leicht. Der griffige Kombiknopf in der Mitte lässt sich leicht drehen. Zum Dioptrienausgleich drückt man auf der Brückenunterseite einen Knopf und kann dann die Dioptrien mit dem Fokussierrad ausgleichen. Auf der Fokussierradoberseite befindet sich eine Skala. Die voll vergütete (kratz- und abriebfeste) Optik weist eine hervorragende Bildgüte auf. Das außergewöhnlich brillante, farbtreue Bild ist gestochen scharf, hell und sehr kontrastreich. Ein robustes, führiges Glas, das sich im Gebrauch bestens bewährte.

Leica Trinovid 8x20BCA

Beim sehr kurzen und kompakten Leica Faltglas lassen sich auch die beiden Rohre unter die Brücke falten. Echte Innenfokussierung wird genauso geboten wie Brillenträgerokulare und Drehaugenmuscheln. Ein extrem kompaktes Glas mit hervorragender Optik, die ein gestochen scharfes und brillantes Bild gibt. Das Glas wurde gummiarmiert. Selbstverständlich sind P-Belag und Wasserdichtheit sowie Stickstofffüllung.

Zeiss Victory 10x25BT*

Moderne Kunststofftechnik macht das stabile, gewichtsparende sowie faserverstärkte Kunststoffgehäuse möglich. Zwar lässt sich die eine Hälfte ebenfalls „einfalten", doch fällt es wegen großer Brücke etwas volumiger aus als das Swarovski oder Leica. Im Mitteltrieb ist es gummiarmiert. Es besitzt Brillenträgerokulare, Innenfokussierung, P-Belag und Drehaugenmuscheln. Das oben liegende Fokussierrad ist besser bedien- und erreichbar als beim Leica Pocketglas. Die helle Optik ist hervorragend. Das brillante Bild gestochen scharf, kontrastreich und farbtreu. Es lässt keine Wünsche offen. Das stabile Glas bewährte sich in hartem Gebrauch bestens.

Weaver 10x28

Das Weaver ist ein kompaktes Faltglas mit Gummiarmierung. Es ist etwas volumiger als das Swarovski oder Leica. Der gut erreichbare Mitteltrieb befindet ich in Brückenmitte. Der Dioptrienausgleich ließ sich kaum bewegen. Das Glas mit Stülpaugenmuscheln und Innenfokussierung besitzt eine gute, brauchbare Optik mit scharfer und kontrastreicher Abbildung. Brillenträger haben starke Sehfeldeinbußen.

Nikon 8x20 DCF High Grade Light

Ein handliches, sehr leichtes Faltglas, das eine Phasenkorrektur hat. Das führige Glas hat am vorderen Brückenrand das Fokussierrad, was ein sehr bequemes Fokussieren auch mit Schirmmütze ermöglicht. Es ist wasserdicht und erwies sich als robust. Es ist ferner mit Brillenträgerokularen und Drehaugenmuscheln ausgestattet. Die voll vergütete Optik liefert ein helles, gestochen scharfes und farbtreues Bild mit hohem Kontrast. Ein sehr gutes Glas, das sich in der Praxis bewährte.

Optolyth Sporting 8x24

Ein sehr handliches, gummiarmiertes Taschenglas mit Mittelfokussierung per Rad in der Brücke. Das Glas hat echte Innenfokussierung sowie Stülpaugenmuscheln. Echte Brillenträgerokulare und Wasserdichtheit sind selbstverständlich. Die Dachkantprismen haben einen P-Belag. Die voll vergütete Optik liefert ein gestochen scharfes Bild mit noch gutem Kontrast und guter Farbtreue. Ein brauchbares Pocketglas mit guter Optik, das sich in der Praxis bewährte und robust ist.

Minox 8x24BR A

Ein führiges Faltglas mit integriertem Höhenmesser, Thermometer, einer Uhr und Stoppuhr. Die Daten werden digital auf einem Display auf der Brücke angezeigt. Das gummiarmierte Glas hat ein Aluminiumgehäuse und Drehaugenmuscheln. Es besitzt einen Mittelfokus in der Brücke und Dioptrienausgleich am Okular. Das spritzwasserdichte Glas bietet eine noch gute Optik mit gestochen scharfem Bild bei brauchbarem Kontrast. Ein Glas, das in der Praxis durchaus gut zu gebrauchen ist.

Steiner Wildlife 8x24

Ein wasserdichtes, voll gummiarmiertes Glas mit Mittelfokussierung. An den Brillenträgerokularen befinden sich Stülpaugenmuscheln. Geboten wird ein scharfes Bild mit gutem Kontrast und guter Farbtreue. Ein robustes, praxisbewährtes Taschenglas mit guter Optik und bequemem Handling.

Nikon Sportstar III 8x25DCF

Ein Glas im Silber- oder Schwarz-Metallic-Look. Ein einfaches Faltglas mit Mittelfokussierung und Dioptrienausgleich am rechten Okular. Es bietet ein scharfes Bild mit brauchbarem Kontrast. Das Fernglas ist spritzwassergeschützt.

Nikon 8x25

Auf einen Blick Pocketgläser

	Swarovski Pocket 10x25B	Swarovski Pocket 8x20B	Zeiss Victory 8x20BT*	Zeiss Victory 10x25BT*	Zeiss Classic Comp. 8x20BT*	Zeiss Classic Comp. 10x25BT*	Leica 8x20BC	Leica 10x25BC	Docter 8x22CSP	Docter 10x25 CSP
Vergrößerung	10x	8x	8x	10x	8x	10x	8x	10x	8x	10x
ObjektivØ in mm	25	20	20	25	20	25	20	25	22	25
AustrittspupillenØ in mm	2,5	2,5	2,5	2,5	2,5	2,5	2,5	2,5	2,75	2,5
Dämmerungszahl	15,8	12,6	12,6	15,8	12,6	15,8	12,6	15,8	13,3	15,8
Sehfeld auf 1000 m in m	95	115	117	95	110	88	115	95	120	100
Kürzeste Einstellentfernung m	5,0	4,0	3,3	5,5	3,0	5,0	3,0	5,0	2,0	3,5
Dioptrienausgleich (dpt)	+/-5	+/-5	n. a.	n. a.	n. a.	n. a.	+/-3,5	+/-3,5	n. a.	n. a.
Höhe in mm (ca.)	116	101	102	120	102	119	92	110	105	105
Breite in mm (ca.)	93	93	97	97	93	97	60	60	95	95
Gewicht in g	230	215	225	245	185	200	225	245	270	305
Prismensystem	Dk/pk	Dk/pk	Dk/pk	Dk/pk	Dk/pk	Dk/pk	Dk/pk	Dk/pk	Dk/pk	Dk/pk

Auf einen Blick Pocketgläser

	Leupold Windriver 10x25	Eschenbach Farblux F8x24B	Eschenbach Farblux10x25B	Steiner Wildlife 8x24	Steiner Safari 8x22	Bushnell Power View 10x25	Bushnell Legacy 8x25	Bushnell Legacy 10x25	Luger Falt LD 8x22	Luger Falt LW 10x25
Vergrößerung	10x	8x	10x	8x	8x	10x	8x	10x	8x	10x
ObjektivØ in mm	25	24	28	24	22	25	25	25	22	25
AustrittspupillenØ in mm	2,5	3,0	2,8	3,0	2,8	2,5	3,1	2,5	2,75	2,5
Dämmerungszahl	5	13,9	16,7	13,9	13,3	15,8	14,1	15,8	13,3	15,8
Sehfeld auf 1000 m in m	7	109	86	112	123	100	130	92	142	108
Kürzeste Einstellentfernung m	3,0	3,0	4,0	2,9	3,5	n. a.	n. a.	n. a.	n. a.	n. a.
Dioptrienausgleich (dpt)	n. a.	n. a.	n. a.	5	5	n. a.	n. a.	n. a.	n. a.	n. a.
Höhe in mm	124	98	109	115	94	109	102	102	100	108
Breite in mm	n. a.	n. a.	n. a.	85	80	64	64	64	66	66
Gewicht	420	250	260	290	210	242	270	270	226	3
Prismensystem	Dk	Dk/pk	Dk/pk	Dk/pk	Dk	Dk	Dk	Dk	Dk	Dk

	Minox BD 8x24BR A	Minox BD 10x25BR A	Weaver 8x24	Nikon 8x20DCF High Grade	Nikon 10x25 DCF High Grade	Nikon 8x25 DCF Sportstar III	Nikon 10x25 DCF Sportstar III	Optolyth 8x24 BGA	Optolyth 10x28 BGA	Leupold Windriver 8x25
Vergrößerung	8x	10x	8x	8x	10x	8x	10x	8x	10x	8x
ObjektivØ in mm	24	25	24	20	25	25	25	24	28	25
AustrittspupillenØ in mm	3,0	2,5	3	2,5	2,5	3,1	2,5	3,0	2,8	3,1
Dämmerungszahl	13,9	15,8	13,9	12,6	15,8	14,1	15,8	13,1	16,7	14,1
Sehfeld auf 1000 m in m	91	87	96	119	94	110	114	110	88	91
Kürzeste Einstellentfernung m	3,0	2,9	n. a.	2,4	3,2	3,0	3,5	2,4	2,8	2,5
Dioptrienausgleich (dpt)	+/-3	+/-3	n. a.	n. a.	n.a.	n. a.	n. a.	n. a.	n. a.	n. a.
Höhe in mm (ca.)	112	112	108	96	112	115	103	103	114	124
Breite in mm (ca.)	65	65	102	109	109	118	116	100	100	n. a.
Gewicht in g	297	291	224	270	300	255	300	220	245	420
Prismensystem	Dk/pk	Dk/pk	Dk	Dk/pk	Dk/pk	Dk	Dk	Dk	Dk	Dk

Auf einen Blick
Pocketgläser

	Tasco Amphibian 8x25	Tasco Amphibian 10x25	Norconia New Classic 10x25	Nikon Premier LX 8x20	Nikon Premier LX 10x20	Bushnell Legend 9x25	Pentx 8x25 DCFMCII	Simmons 8x25
Vergrößerung	8x	10x	10x	8x	10x	9x	8x	8x
ObjektivØ in mm	25	25	25	20	25	25	25	25
AustrittspupillenØ in mm	3,1	2,5	2,5	2,5	2,5	2,8	3,1	3,1
Dämmerungszahl	14,1	15,8	15,8	12,6	15,8	15,0	14,1	15,8
Sehfeld auf 1000 m in m	115	95	96	108	85	94	87	103
Kürzeste Einstellentfernung m	n. a.	n. a.	n. a.	2,4	3,2	1,7	n. a.	5,6
Dioptrienausgleich (dpt)	n. a.	n. a.	n. a.	n. a.	n. a.	n. a.	n. a.	n. a.
Höhe in mm (ca.)	n. a.	n. a.	115	96	112	n. a.	109	108
Breite in mm (ca.)	n. a.	n. a.	65	109	109	n. a.	104	n. a.
Gewicht	380	371	235	270	300	436	309	405
Prismensystem	Dk	Dk	Dk	Dk	Dk	Dk	Dk	Dk

Dk = Dachkant, pk = phasenkorrigiert, n. a. = nicht angegeben

Pirschgläser

Die so genannten Pirschgläser mit Objektivdurchmessern von 30 bis 42 mm sind Allroundferngläser für den universellen Einsatz bei Natur- und Wildbeobachtung sowie Birdwatching bis hin zum Reisefernglas. Für den Praxiswert entscheiden in erster Linie Qualitätskriterien.

Neben den so genannten Taschen-, Pocket- oder Faltgläsern gibt es die klassischen Pirschgläser mit Objektivdurchmessern von etwa 30 bis 42 Millimetern. Sie werden bei Tageslicht bis in die Dämmerung hinein eingesetzt. Der Vorteil gegenüber reinen Taschengläsern liegt im höheren Bedien- und Sehkomfort. Die Pirschgläser meistern auch schwierige Lichtsituationen wie Gegenlicht oder geringes Licht in der Dämmerung. Ferner sind sie sehr führig und können überall bequem mit hingenommen werden. Der optische Komfort, wie großes Sehfeld, hohe Lichtleistung, große Austrittspupille und brillantes Bild, ist hoch. Im Gebirge werden vorwiegend Pirschgläser eingesetzt, da sie viel Leistung bringen und wenig wiegen. Aber auch bei den Auslandsreisen in Asien, Afrika, Australien/Neuseeland oder Nordamerika sind die Pirschgläser ideale Begleiter. Es sei angemerkt, dass selbst in unberührten Wildnisgebieten hirschartiges Wild wie Wapiti oder Elch die höchste Aktivität in der Dämmerung oder den frühen Morgen- oder späten Abendstunden entwickelt. Etwas lichtstärkere Gläser haben da ihren Vorteil. Ein 40- oder 42-mm-Objektiv bietet vor allem bei schwindendem Licht Vorteile.

Um ein Pirschglas universell einsetzen zu können, greifen viele professionelle Benutzer zu Ferngläsern 7x42, 8x40, 8,5x42 oder 10x40(42). Sie sind noch führig, nicht zu schwer und leisten selbst in der Dämmerung Erstaunliches, falls die optische Qualität stimmt. Für die Dämmerung ist eine Austrittspupille von rund 5 Millimetern wünschenswert. Ferngläser 8x30(32) sind ideale Pirschgläser für Tageslicht. Die Sehfelder und die Vergrößerung sind groß und ausreichend. Sie kann man sowohl im Gebirge als auch in Savanne oder Steppe bestens einsetzen. Ein 8x30 (oder ähnliche Gläser mit rund 30-Millimeter-Objektiv) kann man auch noch in der beginnenden Dämmerung gebrauchen.

Noch ein Wort zu den Zoomferngläsern. Bisher gab es Ferngläser mit mehreren Vergrößerungen nur mit Porroprismen. Die optische Qualität war meist mies. Ferner bewährte sich ein Zoom nicht, da bei getrennter Einstellung an jedem Okular exakt die genau gleiche Vergrößerung eingestellt werden muss, was kaum gelingt. Eine Wende bringen die neuen Leica Duovids 8+12x42 und 10+15x50 (siehe späteres Kapitel). Sie bieten eine hervorragende, brillante Bildqualität.

Leica Ultravid 8x32

Der Nutzen und die Brauchbarkeit eines Fernglases macht dessen Qualität aus. Die rechnerischen Werte wie die Dämmerungszahl sowie die Kenndaten Vergrößerung und Objektivdurchmesser geben lediglich einen Anhaltspunkt für die Verwendbarkeit und das Einsatzgebiet des Glases. Beim Vergleich von Ferngläsern mit denselben optischen Daten konnte ich einen Unterschied wie von Tag und Nacht feststellen. Während man mit dem einen Fernglas bei geringem Licht zum Beispiel schon gar kein Wild mehr erkennt, kann man mit einem anderen Glas mit derselben Dämmerungszahl noch klar die Konturen und Bewegungen des Wildes erkennen. Neben der optischen Qualität ist aber auch eine sehr gute Mechanik wichtig. Daneben gibt es noch Unterschiede im Handling, dem Bedienungskomfort. Nur wenn Optik, Mechanik und Handling hervorragend sind, kann man von hochwertiger Spitzenoptik sprechen. Wer lange mit einem Fernglas beobachtet, ist auf hohe Qualität angewiesen, damit er nicht schnell ermüdet oder Kopfschmerzen bekommt.

Mechanik und „Verpackung"

Die Gehäuse für die Optik müssen stabil sein. Sie müssen in der Praxis einiges aushalten, egal, ob dies Rütteln im Geländewagen, Anstoßen an Hochsitzsprossen oder klimatische Einflüsse (Hitze/Kälte) sind. Nur stabile dickwandige Rohre schützen die Optik. Hohe Stabilität haben Aluminium-Druckguss und dickwandige Gehäuse. Es wird hier vor zu dünnwandigen Objektivtubussen aus Aluminium gewarnt. Von den hochwertigen Qualitätsferngläsern haben die neuen Zeiss Victory FL-Ferngläser ein faserverstärktes Kunststoffgehäuse mit Objektivtubussen aus Magnesiumdruckguss, um Gewicht zu sparen. Sehr stabil ist auch das Magnesiumgehäuse, das Swarovski bei den EL-Gläsern sowie Leica bei den Ultravids verwenden. Es spart ebenfalls an Gewicht. Eine säureresistente (Handschweiß!) Gummiarmierung sollte nicht fehlen. Sie sorgt für Rutschsicherheit und angenehmes Feeling bei Hitze und Kälte.

Natürlich sollten die Bedienelemente (Fokussierung und Dioptrienausgleich) gut erreichbar sein. Ideal ist ein Fokussierrad, das möglichst weit vorne liegt, dann stören Schirmmützen beim Fokussieren nicht. Gut geeignet für den Dioptrienausgleich sind Kombiknöpfe (Fokussierung und Dioptrienausgleich in einem Bedienelement). Allerdings sollte der Dioptrienausgleich bequem in Beobachtungsstellung möglich sein. Zumindest der Dioptrienausgleich muss arretierbar sein, sodass er sich nicht unbeabsichtigt verstellen kann. Auch das Fokussierrad sollte möglichst beim Tragen seine Stellung nicht ändern. Zeitgemäß ist heute eine Innenfokussierung. Nur mit ihr kann auf Dauer Dichtheit gewährleistet werden. Sie bedingt zwar mehr optische Bauteile und „schluckt" etwas Licht. In der Praxis ist aber Dichtheit ein hohes Gut.

Optolyth Porro-Pirschglas 10x42

Natürlich sollte ein Fernglas echte Brillenträgerokulare (vergrößerter Austrittspupillenabstand) haben. Ideal ist es, wenn Brillenträger das gesamte Sehfeld ohne Abstriche sehen können. Das ist selbst bei echten Brillenträgerokularen oft nicht der Fall. Eine Sehfeldeinbuße bis rund 5 Prozent ist kaum merkbar und bis zu 10 Prozent kann man sie tolerieren. Stülpaugenmuscheln ermöglichen Nichtbrillenträgern exzellentes Sehen, ohne viel Seitenlichteinfall. Brillenträger stülpen sie um. Der Verschleiß beim Umstülpen ist allerdings hoch. Vor allem für Brillenträger sind Drehaugenmuscheln der Idealfall. Ausgefahren sollten sie gut arretiert sein und sich nicht beim Beobachten von selbst einschieben. Es ist ideal, wenn man zum Reinigen diese Augenmuscheln ganz herausschrauben kann.

Besonders wichtig ist eine stabile Brücke, die beide Fernglashälften verbindet. Sie muss sehr stabil sein, um eine Dejustierung bei hartem Gebrauch zu verhindern. Hochwertige Stahl- oder Titaniumachsen sind ideal und sehr haltbar. Qualitativ hochwertige, stabile Brücken garantieren lange eine Parallelität beider Fernglashälften. Die Bedienelemente sollten auch bei großer Kälte gut laufen.

Eine exakte, feine Fokussierung muss gewährleistet sein. Bei Einzelokularfokussierung sind die überstehenden und empfindlichen Okulare zu nennen. Sie sind anfälliger gegenüber Stößen als Okulare bei Ferngläsern mit Innenfokussierung. Eine Einzelokularfokussierung ist vor allem bei schwindendem Licht und auf kurzen Entfernungen von Nachteil. Das Fokussieren an beiden Okularen geht umständlich und ist zeitraubend. Bei gutem Licht leistet das Auge durch die Akkomodation das Fokussieren. Bei langem Beobachten auf oft wechselnde Entfernungen kann das sehr anstrengend sein. Junge Menschen können viel mehr Dioptrien ausgleichen, zudem erfolgt die Akkomodation schnell und problemlos. Im Alter (ab 50) kann das schnell anders sein und man benötigt mehr Zeit für das augenseitige Scharfstellen. Jede Fokussierung (Mitteltrieb) sollte einen ausreichenden Überhub haben. Das heißt, bei Scharfstellung auf eine weite Entfernung darf das Fokussierrad nicht bereits anschlagen.

Beim Zubehör sollte man auf gut handhabbare Okulardeckel sowie dem Gewicht des Fernglases entsprechende Trageriemen achten. Trageriemen mit leicht verbreitertem und gepolstertem Nackenteil sind ideal. Die Riemenbefestigung am Fernglas sollte keinesfalls einem bequemen Griff abträglich sein.

Hochwertige Optik

Ohne hochwertige Mechanik nützt einem auch die beste Optik nichts. Die optischen Baugruppen müssen sicher befestigt sein und dürfen sich auch bei starker Belastung nicht dejustieren. Bei der Optik ist neben optimaler Berechnung natürlich auch die Wahl und Abstimmung der Glassorten und Vergütung

Bushnell Elite 10x40

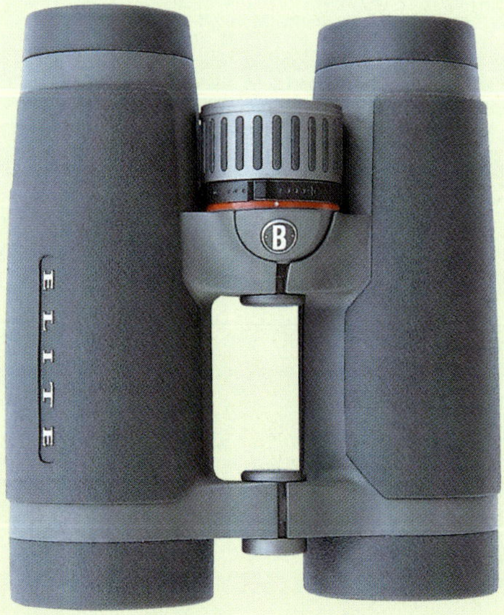

zueinander entscheidend. Grundsätzlich gibt es zwei Bauarten von Ferngläsern, die sich im Umkehrsystem unterscheiden. Man kennt Porroprismen und Dachkantprismen. Die Porroprismen bedingen eine bauchige Form, da die Prismen seitlich versetzt aneinander gereiht werden. Das ergibt eine breitere, bauchigere Form (größerer Objektivabstand). Allerdings ist die Bauhöhe kürzer als bei Dachkantprismen. Mit Porroprismen kann man aber einfacher eine etwas höhere Transmission des Lichtes erzielen. Eine Phasenverschiebung tritt bei Porroprismen nicht auf. Auflösung und Kontrast werden damit nicht durch Interferenzmuster beeinträchtigt. Feldstecher mit Porroprismen können durchaus eine hervorragende Optik aufweisen, eben Brillanz durch hohen Kontrast, Farbtreue, helles Bild sowie gestochene Schärfe. Porroprismen Pirschgläser wie ein 8x30 können sehr handlich sein. Die niedrige Bauweise macht das Tragen bequem. Es sind ideale Reisegläser, die leicht und führig sind. Im oberen Qualitätsbereich bringen sie eine sehr gute Bildbrillanz.

Zeiss Victory 8x42

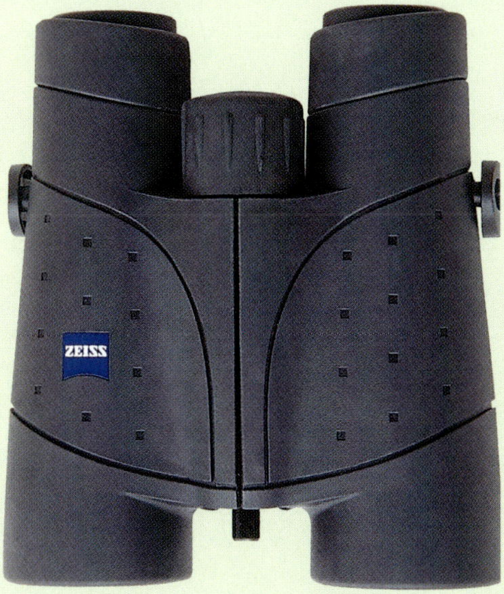

Wohl wegen der schlankeren Form, wenn auch geringfügig höher, sind bei Pirschgläsern heute Dachkantprismensysteme beliebt. Ein 8x30 Dachkantglas neuester Generation ist extrem leicht und führig. Die neuesten Modelle sind auch extrem niedrig. Es sind Gläser, die sich sehr bequem tragen lassen und sehr hohen Komfort bieten.

Standard ist bei Dachkantprismen ein P-Belag. Dieser verhindert ohne Lichtverlust eine Phasenverschiebung bei der Totalreflexion des Lichtes. Durch die Phasenkorrektur wird an der Grenzfläche eine Phasenverschiebung verhindert und so der Interferenzeffekt vermieden. Nur mit dem P-Belag können Dachkantprismengläser höchste Bildqualität hinsichtlich Auflösung und Kontrast erbringen. Es werden störende Reflexe und Bildstrahlungen verhindert.

Eine Mehrschichtvergütung an allen Glas-/Luftflächen sollte eine Selbstverständlichkeit sein. An den Außenflächen von Okular und Objektiv sollte die aufgebrachte Vergütung extrem kratz- und abriebfest sein. Schließlich bringt es nichts, wenn sich durch Reinigung die Vergütung schnell abreibt. Die Dünnschichttechnologie (Vergütung) wurde immer weiter entwickelt. Wichtig ist eine Mehrschichtvergütung, die über den gesamten sichtbaren Spektralbereich wirkt und hohe Lichttransmission über den gesamten sichtbaren Farbbereich sicherstellt, dadurch wird die Farbtreue extrem hoch, aber auch exzellenter Kontrast und hohe Schärfe sind gewährleistet. Bei Spitzenvergütungen wird das Bild nicht nur hell, sondern extrem farbtreu. Man sieht Farben wie mit bloßem Auge. Das ist besonders beim Birdwatching sehr wichtig.

Porroprismen ergeben eine hohe Lichttransmission (teils über 90% im gesamten optischen System). Wichtig dabei ist eine hervorragende Vergütung aller Glas-/Luftflächen. Auch Zeiss erzielt bei seinen Victory FL Ferngläsern mit Abbe-König Dachkantprismen eine deutlich über 90% liegende Lichttransmission. Dank hochwertiger Fluoridgläser in den Objektiven und der hervorragenden Vergütung ergibt sich ein extrem farbtreues, gestochen scharfes Bild. Da es außergewöhnlich hell ist, ist die Detailerkennbarkeit auch bei schwierigem (Rest-)Licht außergewöhnlich hoch. Abbe-König-Dachkantprismen haben keine Spiegelschicht aber P-Belag (Phasenkorrektur). Mit den meist verwendeten Schmidt-Pechan-Dachkantprismen erzielen Spitzenhersteller eine Lichttransmission von rund 82 bis 83%. Zeiss schafft es bei seinen Victory FL 8x32 BT* auf über 90% für Tageslicht, der Nachtwert erreicht mindestens 89%. Dabei liegt der Falschlichtanteil bei etwa 1 bis 1,2%. Bei den Schmidt-Pechan Dachkantprismen wird das Licht an einem Spiegel umgeleitet. Meist handelt es sich um einen Silberspiegel. Leica, Swarovski und Zeiss haben eine neue Dünnschichttechnologie entwickelt. Auf den Spiegel werden bis zu über 60 Vergütungsschichten aufgetragen, dadurch bleibt das Bild extrem farbtreu, sehr plastisch und natürlich. Es wird ein außergewöhnlich brillantes Bild geboten. Bei den 32er Zeiss Victory FL Ferngläsern sind es 76 dielektrische Schichten, die aufgetragen werden.

Der Kontrast ist entscheidend

Bei der Bildbrillanz kommt es vor allem auf gestochene Schärfe (einschließlich hoher Randschärfe), besten Kontrast, hohe Lichttransmission und Farbtreue an. Dabei ist ein schmaler Grat zwischen hellem Bild (Lichttransmission) und hohem Kontrast zu gehen. Ein nur helles Bild mit mehr Lichttransmission nützt einem in der späten Dämmerung und bei schwierigen Lichtverhältnissen gar nichts, wenn nicht auch hoher Kontrast vorhanden und der Falschlichtanteil extrem niedrig (1 bis 1,5%) ist. Der Kontrast ist besonders bei schwierigem Licht sehr wichtig. Der Falschlichtanteil sollte besonders gering sein, denn Reflexionen mindern den Kontrast enorm.

Nach meinen Erfahrungen liegen in der Spitzenklasse Leica, Swarovski und Zeiss Ferngläser mit Dackantprismen. Bei Porroprismen sind Steiner Ferngläser gut. Natürlich gibt es unter ihnen Unterschiede, die hinsichtlich der oder jener Bedienung besser oder schlechter sind. Die Ferngläser sind aber in der Praxis universell und praxisgerecht einsetzbar. Dabei sollte jeder für sich entscheiden, was er möchte und vor dem Kauf die in Frage kommenden Gläser in der Praxis unter schwierigen Lichtverhältnissen ausprobieren. Man sollte dazu verschiedene Objekte, auch Vögel, in unterschiedlichen Entfernungen sowie in verschiedenen Lichtsituationen beobachten. Auch das Beobachten im Gegenlicht gehört dazu. Ein großes Sehfeld ist wünschenswert. Natürlich bedingen große Sehfelder mehr Randunschärfe und sind hinsichtlich Bildbrillanz mehr problematisch. Nikon bietet hervorragende Bildbrillanz in seinen Spitzengläsern, hat allerdings weniger Sehfeld als die mitteleuropäischen Konkurrenten.

In der Mittelklasse tummeln sich viele Hersteller. Mittelklassige Ferngläser sind deutlich preiswerter und ebenfalls praxisgerecht. In extremen Situationen bieten sie merkbar weniger an Seh- und Beobachtungsleistung sowie Sehkomfort als Spitzenoptik. Ferner gibt es bei ihnen auch oft geringeren Bedienkomfort wie Einzelokularjustierung oder fehlende Innenfokussierung. Von billiger und einfacher Beobachtungsoptik rate ich ab. Sie genügt den meisten Anforderungen nicht, auch wenn man

bei gutem Licht noch ein brauchbares Bild erhält. Auf Dauer wird man mit ihr nicht glücklich.
Aus dem riesigen Angebot habe ich einige Pirschgläser ausgewählt. Folgend eine Kurzbeschreibung mit praxisorientierter Beurteilung (technischen Daten in der Tabelle auf den Seiten 76 – 78).

„Echte" Pirschgläser mit rund 30-mm-ObjektivØ

Porroprismen-Fernglas Steiner Night Hunter XP 8x30

Ein kompaktes Porroprismenglas mit Makralongehäuse und Gummiarmierung. Trotz Stülpaugenmuscheln und Brillenträgerokularen können Brillenträger nicht ganz das gesamte Sehfeld überblicken. Das Glas hat Einzelokularfokussierung an beiden Okularen. Man setzt bei unterschiedlichen Entfernungen auf die Augenakkomodation. Bei schwindendem Licht und im Nahbereich kann ein Nachfokussieren nötig werden, was dann umständlich und zeitraubend ist. Das Glas mit guter Optik weist ein scharfes, kontrastreiches sowie helles Bild auf. Niedrige Bauhöhe und leichtes Gewicht lassen es bequem führen. Ein praxisbewährtes, sehr gutes Porroglas.

Steiner Night Hunter 8x30

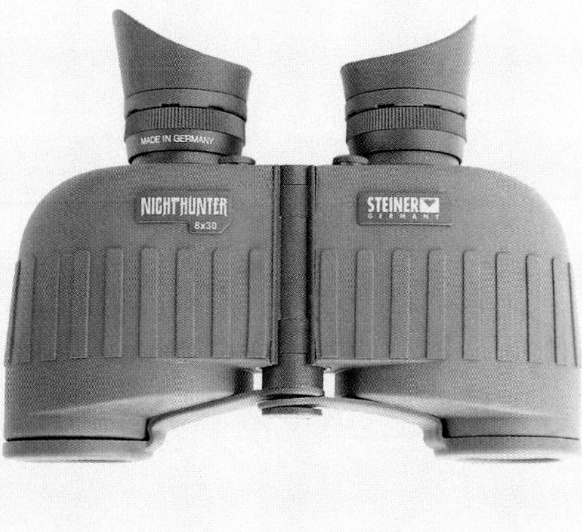

Dachkantprismen-Ferngläser

Zeiss Victory FL 8x32 BT*

Ein sehr leichtes Fernglas mit faserverstärktem Kunststoffgehäuse. Es arbeitet mit Schmidt-Pechan Dachkantprismen. Das Fernglas ist sehr führig. Es bietet dank Drehaugenmuscheln, Kombiknopf für Fokussierung und Dioptrienausgleich sowie sehr guter Handlage einen hohen Komfort. Leichtes Gewicht und sehr niedrige Bauweise machen es sehr führig. Die hochwertige Optik kann sich sehen lassen. Geboten wird ein sehr helles Bild (Lichttransmission 90%) mit gestochener Schärfe sowie sehr hoher Randschärfe und hervorragendem Kontrast. Es ist auch ideal für schwieriges Gelände wie das Hochgebirge. Die Fluorid-Objektive bewirken mit ein brillantes Bild mit außergewöhnlich hoher Farbtreue. Selbstverständlich sind Dichtheit, P-Belag, abriebfeste Vergütung, Stickstofffüllung und Innenfokussierung. Der Spiegel zur Lichtreflektion an den Dachkantprismen hat 76 dielektrische Schichten. Er sorgte mit dem FL-Objektiv für außergewöhnliche Bildbrillanz mit höchster Farbtreue. Der Falschlichtanteil liegt bei 1 Prozent und der Kontrast ist hervorragend. Die Lichttransmission von rund 90% wird nach meinem Wissen von keinem Hersteller solcher Pirschgläser erzielt, ein Glas mit herausragendem Gebrauchswert. Hervorzuheben ist die schnelle Fokussierung. Von 2 m bis unendlich hat man gerade mal eine Umdrehung.

Minox 8x32 BR asph.

Ein Dachkantprismenglas mit P-Belag, stabilem Gehäuse, Gummiarmierung, echter Innenfokussierung und Drehaugenmuscheln. Das sehr kompakte Glas kann äußerst bequem geführt werden. Die griffige Fokussierwalze kann sehr bequem bedient

Minox 8x32

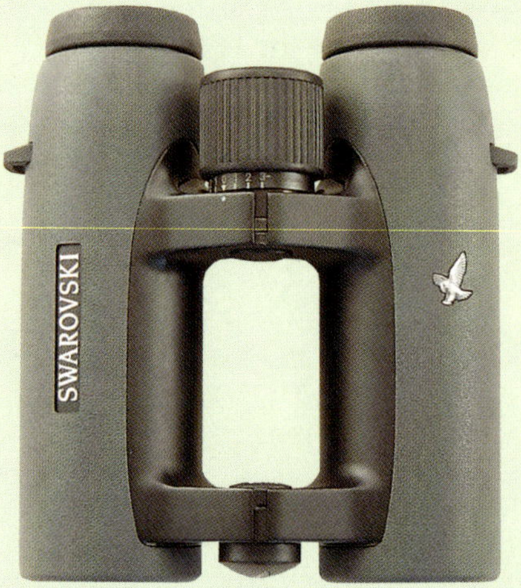

Swarovski EL 8x32

werden. Brillenträgerokulare lassen Brillenträger das gesamte Sehfeld überblicken. Die sehr gute Optik bildet scharf und kontrastreich ab. Das Bild erscheint hell. Ich führte dieses Glas unter anderem auch in der Arktis bei -42 Grad Celsius. Es bietet ein hervorragendes Preis-/Leistungsverhältnis. Im Okular werden Asphären verwendet (siehe Ferngläser für schwierige Lichtsituationenen, Seite 81).

Kahles 8x32

Ein ebenfalls sehr kompaktes Dachkantprismenglas mit Phasenkorrektur und Innenfokussierung. Das führige Glas besitzt wirkungsvolle Brillenträgerokulare sowie Drehaugenmuscheln und ist gummiarmiert. Die große, griffige Fokussierwalze ist sehr gut erreichbar. Die Optik bildet gestochen scharf, hell und kontrastreich ab. Es bewährte sich in der Praxis bestens.

Leica Trinovid 8x32BN

Ein nicht allzu leichtes, aber kompaktes Spitzenglas mit sehr guter Optik. Das robuste, gummiarmierte Fernglas besitzt Innenfokussierung, Drehaugenmuscheln und Brillenträgerokulare. Die griffige Kombiwalze enthält Fokussierung und Dioptrienausgleich mit Skala. Das Glas liegt sehr gut und ruhig in der Hand. Es konnte in der Praxis vollauf überzeugen.

Leica Ultravid 8x32

Ein extrem handliches, fast nur handgroßes Glas der Spitzenklasse in Kurzbauweise. Das Magnesiumgehäuse sorgt für hohe Stabilität. Die Achse besteht aus Titanium. Das gummiarmierte Glas hat einen hohen Handhabungskomfort dank mehrfach arretierbarer und zum Reinigen abnehmbarer Drehaugenmuscheln, echte Brillenträgerokulare und Kombiknopf fürs Fokussieren und den Dioptrienausgleich durch Hochziehen der Fokussierwalze. Der Dioptrienausgleich lässt sich auf dem Kombiknopf mittels Skala ablesen. Das sehr führige und niedrige Glas bietet ein hervorragendes, außergewöhnlich brillantes Bild mit ausgezeichneter Farbtreue, bestem Kontrast und gestochener Schärfe bis in den Randbereich. Ein Fernglas, das sich in der Praxis überaus bewährte.

Swarovski SLC 8x30WB

Ein kompaktes Spitzenglas mit geschmackvoller, dicker Gummiarmierung und Daumenmulden. Selbstverständlich sind Innenfokussierung, Drehaugenmuscheln (abnehmbar) und echte Brillenträgerokulare. Der arretierbare Dioptrienausgleich schließt unbeabsichtigte Dejustierung aus. Die Fokussierwalze liegt griffgünstig am unteren Brückenrand. Ein Glas mit hervorragender Optik. Es ist leicht und sehr führig.

Swarovski EL 8x32

Ein sehr führiges Hochleistungsglas mit Durchgriff. Die Fernglashälften werden durch zwei Brückenstege gehalten. In der Mitte können die Finger durchgreifen. Trotzdem ist echte Innenfokussierung gegeben. Das Gehäuse besteht aus stabilem Magnesiumdruckguss. Selbstverständlich sind P-Belag auf Dachkantprismen, Wasserdichtheit, abrieb- und kratzfeste Vergütung, abnehmbare Drehaugenmuscheln, Brillenträgerokulare und Gummiarmierung. Der große Kombiknopf kann bestens erreicht werden. Der Spiegel der Dachkantprismen ist mit Swarobright ausgerüstet, das sind rund 30 Vergütungsschichten. Das Bild ist extrem brillant und bis in den Randbereich gestochen scharf. Dank Swarobright wird eine hervorragende Farbtreue über den gesamten sichtbaren Spektralbereich erzielt. Das Glas ist sehr leicht und führig. Es ist höher als andere 32er Pirschgläser.

Allround-Pirschgläser mit rund 40-mm-ObjektivØ

Porroprismen-Fernglas Minox Porro Pirschglas BD 8x44BP

Das Minox Pirschglas BD 8x44 BP basiert auf einem Porro-Prismen-Umkehrsystem. Folgedessen baut es in die Breite und ist niedrig.

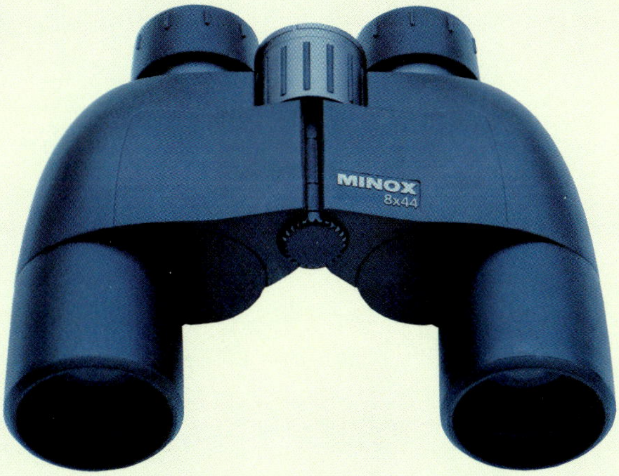

Minox 8x44

So ist das Glas nur 12,6 cm hoch, aber 18,3 cm breit bei einem Gewicht von 690 g. Das Glas ist sehr führig und mit einer samtmatten Gummiarmierung versehen. Das robuste Gehäuse ist aus Aluminium.

Das Glas kann am Riemen mit gepolstertem Schulterteil sehr bequem geführt werden. Mein Finger kann die mit Gummirippen versehene große Fokussierwalze gerade noch gut erreichen. Die Fokussierwalze ist ein Kombiknopf, die den Dioptrienausgleich mit beinhaltet. Die Fokussierwalze läuft leicht.

Das Sehfeld von 111,7 m auf 1000 m können auch Brillenträger voll nutzen. Das Glas hat Drehaugenmuscheln und ist wasserdicht.

Die gemessene Lichttransmission von 94 und 92 Prozent (Tag/Nacht) spricht für sich. Geboten wird ein gestochen scharfes Bild mit guter Randschärfe. Das Bild ist hell mit gutem Kontrast. Beim Kontrast ist aber der Unterschied zu hochwertigen Dachkantprismengläsern erkennbar. Geboten wird eine gute Bildqualtität.

Dachkantprismen-Ferngläser

Bushnell Trophy 8x42

Ein grün gummiarmiertes Dachkantglas zum günstigen Preis. Es besitzt eine große, griffige Fokussierwalze und hat eine Innenfokussierung, jedoch keine Innenverstellung für den Dioptrienausgleich, der am rechten Okular vorgenommen werden kann. Beim Verstellen der Dioptrien wird das Okular außen auf und ab bewegt, ein Manko für dauerhafte Dichtheit. Das Fernglas hat echte Brillenträgerokulare und Drehaugenmuscheln. Die Objektivschutzkappen wurden an der Mittelachse befestigt. Sie lassen sich geräuschlos handhaben. Das Glas liegt ausgewogen in der Hand. Für den Preis wird eine überraschend gute Optik geboten. Das Bild ist sehr scharf, der Kontrast und die Farbtreue sind gut. Es wird zudem ein helles Bild geboten. Ein sehr gutes Preis-/Leistungsverhältnis ist gegeben. Ein Allroundglas, das sich vielfach einsetzen lässt.

Eschenbach 7x42B

Mit dem Trophy AS/D Allwetter 7x42B bietet Eschenbach ein durchaus gutes und universell einzusetzendes Pirschglas. Es handelt sich um ein schlankes und mit 140 mm Höhe auch kurzes Dachkantprismenglas, mit 680 g ist es zudem leicht. Es hat eine Innenfokussierung, die Dichtheit gewährleistet. Außerdem ist es wasserdicht und gegen Innenbeschlag mit Stickstoff gefüllt. Die große, gerippte Fokussierwalze ist sehr gut erreichbar. Das gesamte Glas, einschließlich der Augenmuscheln, ist mattgrau gummiarmiert. Die Augenmuscheln sind herausziehbar, jedoch ausgefahren nicht arretierbar. Zu starken Anpressdruck sollte man deshalb vermeiden. Der Dioptrienausgleich befindet sich am rechten Okular. Das Dachkantprismensystem hat BaK-4-Prismen. Die Optik wurde mehrschichtvergütet. Brillenträger können das gesamte Sehfeld nutzen. Geboten wird ein sehr scharfes, noch farbtreues und helles Bild bei guter Randschärfe. In der Praxis konnte die Bildqualität überzeugen.

Leica Ultravid 10x42

Ein Allroundglas für höchste Ansprüche. Dank spezieller Spiegelbeschichtung am Dachkantprisma wird eine sehr hohe Farbtreue erzielt. Das Bild ist ausgesprochen brillant mit hervorragender Schärfe und hoher Randschärfe. Das Glas lässt sich zudem leicht ruhig halten. Es hat eine hervorragende Balance und liegt gut in der Hand. Ein führiges, leichtes Allroundglas mit stabilem Magnesiumgehäuse. Es hat zudem ein helles Bild mit bestem Kontrast. Ein Fernglas für nahezu jeden Zweck von der Vogelbeobachtung bis hin zur Safari in Afrika. Es lässt keine Wünsche offen, weder im Komfort noch in der Abbildungsleistung. Selbstverständlich sind P-Belag, besonders Spiegelbeschichtung, voll vergütete Optik, mehrfach arretierbare Augenmuscheln, Dichtheit und stabiles Gehäuse.

Kahles 8x42

Das nur 740 g schwere Glas ist äußerst führig und liegt sehr ausgewogen in der Hand. Das gesamte Fernglas ist mit einer mattgrauen, „warmen" Gummiarmierung versehen. Im vorderen Brückenbereich sorgen starke Rippen für zusätzliche Rutschsicherheit. Am rechten Okular befindet sich ein gut handhabbarer Gummiring für den Dioptrienausgleich. Die Brillenträgerokulare wurden mit gebrauchsfreundlichen Drehaugenmuscheln ausgestattet. Der Gebrauch erfolgt geräuschlos. Im ausgefahrenen Zustand blieben die Augenmuscheln in ihrer Stellung arretiert. Hier ließ sich Kahles etwas Besonde-

Kahles 8x42

res einfallen. Die bündig mit dem Drehokularteil abschließenden Gummiaugenmuscheln können einfach abgezogen und gegen andere Gummiaugenmuscheln mit seitlichem Blendschutz getauscht werden. So können Brillenträger die bündig abschließenden Augenmuscheln wählen und Nichtbrillenträger das Eindringen von störendem Seitenlicht verhindern. Die Fokussierung erfolgt am breiten, gummiarmierten (mit Fischhaut) Fokussierrad auf der Brücke. Es handelt sich um eine Innenfokussierung. Als Brillenträger konnte ich tatsächlich das gesamte Sehfeld von 110 Meter auf 1000 Meter Entfernung nutzen. Die Schärfeleistung ist hervorragend und die Randschärfe sehr hoch. Neben gestochener Schärfe werden aber auch sehr guter Kontrast, dank hoher Lichttransmission ein helles Bild und hohe Farbtreue geboten. Das schlanke Dachkantprismensystem wurde mit P-Belag versehen. Das Kahles 8x42 ist ein sehr gutes Allroundglas von bester Qualität.

Minox 10x42BR asph.

Ein sehr führiges Fernglas mit echter Innenfokussierung. Es ist leicht und bietet einen hohen Handhabungskomfort. Selbstverständlich ist ein P-Belag auf den Dachkantprismen. Die Gummiarmierung sorgt für rutschsicheren Griff auch bei Nässe. Für Brillenträger sind die echten Brillenträgerokulare und Drehaugenmuscheln von Vorteil. In den Okularen steckt eine Asphäre. Sie ist mitverantwortlich für die gestochene Schärfe bis in den Randbereich. Geboten wird ferner ein helles und brillantes Bild mit sehr gutem Kontrast. Ein Fernglas, das sich universell einsetzen lässt und sich bestens in der Praxis bewährte. Es bietet ein hervorragendes Preis-/Leistungsverhältnis.

Optolyth Alpin 10x40

Ein sehr einfaches, preiswertes, führiges und gummiarmiertes Porroprismenglas mit Mitteltrieb ohne Innenfokussierung. Trotz Brillenträgerokularen haben Brillenträger eine Sehfeldeinbuße. Die brauchbare, mittelmäßige Optik bildet scharf und hell ab.

Weaver Grand Slam 10,5x45

Ein schweres, gummiarmiertes Dachkantprismenglas mit Innenfokussierung, Brillenträgerokularen und Drehaugenmuscheln. Die nicht arretierbaren Augenmuscheln lassen sich sehr leicht eindrücken Die große Fokussierwalze ist gut bedienbar. Die Optik ist noch gut bei scharfer Abbildung.

Docter 7x40

Ein Dachkantprismenglas mit Einzelfokussierung. Das volumige Glas ist gummiarmiert. Brillenträger können trotz eindrückbarer Gummiaugenmuscheln nicht das gesamte Sehfeld überblicken. Eine Schärfejustierung ist umständlich. Das Glas hat eine gute Optik, die sehr scharf abbildet.

Nikon 10x42

Ein teures Spitzenglas mit phasenkorrigierten Dachkantprismen, Innenfokussierung, Brillenträgerokularen und Drehaugenmuscheln. Das ergonomisch gestaltete Glas ist sehr griffig und gummiarmiert. Die raue Unterseite erhöht die Rutschsicherheit. Die Fokussierwalze kann gut erreicht werden. Die hervorragende Optik erzeugt ein brillantes Bild mit extrem hoher Randschärfe. Zu vergleichbaren Gläsern aus Mitteleuropa ist aber das Sehfeld etwas geringer. Ein führiges Glas, das universellen Anforderungen voll entspricht. In der gesamten Leistung steht es etwas hinter den neuesten Generationen von Zeiss (Victory FL), Swarovski (EL) und Leica (Ultravid) zurück.

Nikon 10x42

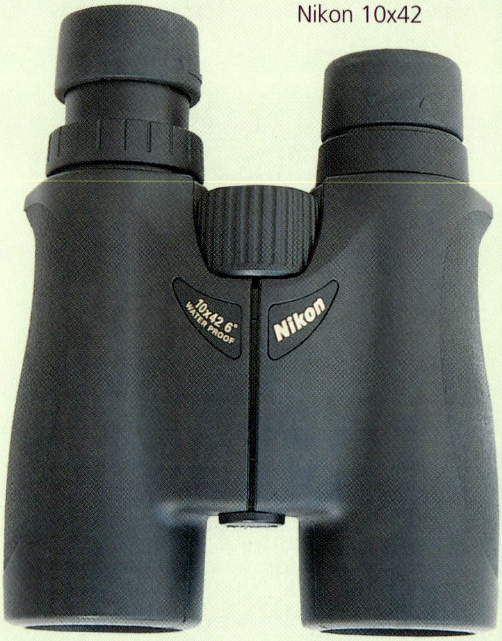

Nikon Monarch 8x42

Das Nikon Fernglas Monarch 8x42 sieht nicht nur schick aus, sondern ist auch sehr führig. Das gesamte Gehäuse einschließlich der arretierbaren Drehaugenmuscheln ist mit eleganter, grauschwarzer Gummiarmierung versehen. Auf der Rückseite befinden sich „angedeutete" Daumenmulden. Die durchgehende Brücke erwies sich als stabil. Das große, griffige Fokussierrad läuft leicht und gleichmäßig. Der Dioptrienausgleich am rechten Okular geht dagegen schwer. Die Drehaugenmuscheln arretieren ausgefahren sicher. Das Glas hat eine echte Innenfokussierung. Das Innere des Aluminiumgehäuses wurde gegen Innenbeschlag mit Stickstoff gefüllt. Die Optik überraschte für ein Fernglas dieser Preisklasse. Es wurde ein helles, sehr scharfes Bild geboten. Verzeichnungen waren gering und die Farbtreue hoch. Das Glas basiert auf phasenkorrigiertem Dachkantprismensystem. Eine gelungene Optik, die sich sehen lassen kann und mit der man auch etwas erkennt.

Zeiss Victory FL 8x42BT*

Ein Allroundglas für alle Zwecke. Es hat ein Kunststoffgehäuse mit Magnesiumdruckgusstubussen. Dank Flourid-Objektiven und hervorragend vergüteter Optik ergibt es eine sehr hohe Farbtreue und ein brillantes Bild. Es ist bis in den Randbereich gestochen scharf. Die Lichttransmission ist mit deutlich über 90% Spitze. Das Glas eignet sich auch für schwierige Lichtsituationen in der Dämmerung bestens. Ein Fernglas, das sehr führig und leicht ist und alle Wünsche befriedet. Es arbeitet mit Abbe-König Dachkantprismen.

Zeiss Conquest 8x40T*

Ein sehr handliches und stabiles Fernglas mit Gehäuse aus glasfaserverstärktem Polyamid. Das Gehäuse wurde voll gummiarmiert. Es ist sehr griffig. Das gut ausbalancierte Glas liegt ruhig in der

Hand. Selbstverständlich sind P-Belag bei Abbe-König Dachkantprismen (kein Lichtverlust) und vollvergütete Optik. Die Gläser haben mehrfach arretierbare Drehaugenmuscheln, echte Brillenträgerokulare, sind wasserdicht und mit Stickstoff gefüllt. Der griffige Mitteltrieb für die Innenfokussierung ist bequem erreich- und bedienbar. Er hat eine fühlbare Unendlichkeitsstellung. Die Optik kann sich sehen lassen. Sie erreicht nicht die Spitzenstellung der Zeiss Victory Gläser, ist aber trotzdem brillant und liefert ein gestochen scharfes Bild mit gutem Kontrast. Ein praxisgerechtes Fernglas mit hervorragendem Preis-/Leistungsverhältnis.

Swarovski SLC 7x42B

Ein schweres Spitzenglas mit starker Gummiarmierung, Daumenmulden und stabilem Aluminiumgehäuse. Das Glas besitzt echte Innenfokussierung, Dachkantprismen mit Phasenkorrektur, Brillenträgerokulare und Drehaugenmuscheln (herausnehmbar). Die griffige Fokussierwalze lässt sich bequem bedienen. Der Dioptrienausgleich auf der Fokussierwalze wird gegen Dejustierung arretiert. Die brillante, hervorragende Optik entspricht allen Anforderungen.

Swarovski EL 8,5x42

Es ist in der Summe aller Eigenschaften ein „Spitzenglas" mit herausragender Technik, leicht und führig. Die Optik ist in einem Magnesiumdruckgussgehäuse untergebracht. Trotz Innenfokussierung kommt es mit nur zwei schmalen Brücken aus (bisher einzigartig), was einen Fingerdurchgriff in der Mitte erlaubt. Der große, griffige Kombiknopf für Fokussierung und Dioptrienausgleich ist sehr gut erreich- und bedienbar. Selbstverständlich sind Brillenträgerokulare und Drehaugenmuscheln. Die rutschsichere matte Gummiarmierung vermittelt „Wärme". Auf der Unterseite findet man Daumenmulden. Die exzellente Optik mit großem Sehfeld ist brillant. Sie ist gestochen scharf und sehr farbtreu. Die Abbildungsqualität lässt keine Wünsche offen. Das Glas arbeitet mit Schmidt-Pechan Dachkantprismen, hat P-Belag und über 30 Schichten (Swarobright) auf dem Spiegel. Das ergibt eine hervorragende Farbtreue, geringen Falschlichtanteil und besten Kontrast. Das Bild ist bis in den Rand hinein extrem scharf.

Swarovski EL 8,5x42

Auf einen Blick Klassische Pirschgläser

	Swarovski SLC 8x30	Swarovski EL 8x32	Swarovski EL 10x32	Zeiss Victory FL 8x32T*	Zeiss Victory FL 10x32T*	Steiner Night Hunter XP 8x30	Minox 8x32BR asph.	Leica 8x32 BN	Leica Ultravid 8x32 BN	Leica Ultravid 10x32 BN
Vergrößerung	8x	8x	10x	8x	10x	8x	8x	8x	8	10x
ObjektivØ in mm	30	32	32	32	32	30	32	32	32	32
AustrittspupillenØ in mm	3,8	4,0	3,2	4,0	3,2	3,8	4,0	4,0	4,0	3,2
Dämmerungszahl	15,5	16,0	18,0	16,0	17,9	15,5	16,0	16,0	16,0	17,9
Sehfeld auf 1000 m in m	136	140	120	140	120	130	133	135	135	120
kürzeste Einstellentfernung m	4	2,1	2,0	2	2	n. a.	1,6	2,2	2,2	2,10
Dioptrienausgleich (dpt)	+/-5	+/-3 dpt	+/- 3 dpt	+/- 4 dpt	+/- 4 dpt	n. a.	+/-3	+/-4	+/- 4 dpt	+/- 4 dpt
Höhe in mm	141	138	136	129	129	127	125	112	117	117
Breite in mm	110	114	114	116	116	170	108	120	119	119
Gewicht	590	610	600	590	590	528	620	625	560	595
Prismensystem	Dk/pk	Dk/pk	Dk/pk	Dk/pk	Dk/pk	Porro	Dk/pk	Dk/pk	Dk/pk	Dk/pk

	Leupold Windriver 8x32	Optolyth Alpin 8x30 NG/BGA	Eschenbach Trophy 8x32 AS/D	Nikon 8x32 DIFWPRA II	Kahles 8x32	Zeiss Conquest 8x30 BT*	Norconia New Classic 8x30	Browning 8x32	Luger ST 8x30	Bushnell Legend 8x32
Vergrößerung	8x	8x	8x	8x	8x	8x	8x	8x	8x	8x
ObjektivØ in mm	32	30	32	30	32	30	3,8	32	30	32
AustrittspupillenØ in mm	4,0	3,8	4,0	3,8	4,0	3,75	3,8	4,0	3,8	4,0
Dämmerungszahl	16,0	15,5	16,0	15,5	16,0	15,5	15,5	16,0	15,4	16,0
Sehfeld auf 1000 m in m	109	130	131	131	133	120	148	132	140	132
kürzeste Einstellentfernung m	3,0	3,0	2,0	11,0	1,5	3,0	n. a.	n. a.	n. a.	n. a.
Dioptrienausgleich (dpt)	n. a.	n. a.	n. a.	n. a.	+/-3	+/- 4 dpt	n. a.	n. a.	n. a.	n. a.
Höhe in mm	150	110	120	129	120	142	125	127	125	122
Breite in mm	n. a.	160	n. a.	131	115	115	150	118	170	121
Gewicht	666	475	610	610	610	495	480	676	585	676
Prismensystem	Dk/pk	Porro	Dk/pk	Dk/pk	Dk/pk	Dk/pk	Porro	Dk/pk	Porro	Dk/pk

Auf einen Blick Universelle Pirschgläser

	Zeiss Victory FL 7x42 BT*	Zeiss Victory FL 8x42 BT*	Zeiss Victory FL 10x42 BT*	Swarovski SLC 7x42 B	Swarovski SLC 10x42 WB	Swarovski EL 8,5x42 WB	Swarovski EL 10x42 WB	Kahles 8x42	Kahles 10x42	Leica 8x42 BN Trinovid
Vergrößerung	7	8x	10x	7x	10x	8,5x	10x	8x	10x	8x
ObjektivØ in mm	42	42	42	42	42	42	42	42	42	42
AustrittspupillenØ in mm	6,0	5,25	4,2	6	4,2	4,9	4,2	5,25	5,25	6
Dämmerungszahl	17,1	18,3	20,5	17,1	20,5	19	10,5	18,3	20,5	18,3
Sehfeld auf 1000 m in m	150	135	110	140	110	130	110	110	105	130
kürzeste Einstellentfernung m	2,0	2,0	2,0	4	4	2,5	2,5	2,5	2,3	3,1
Dioptrienausgleich (dpt)	+/- 4 dpt	+/- 4 dpt	+/- 4 dpt	+/-3	+/-5	+/-3	+/-3	+/-3	+/-4	+/-4
Höhe in mm	164	173	173	164	147	165	158	143	140	141
Breite in mm	138	138	138	122	122	123	123	120	120	130
Gewicht	755	775	710	950	870	820	780	740	740	890
Prismensystem	Dk/pk	Dk/pk	Dk/pk	Dk/pk	Dk/pk	Dk/pk	Dk/pk	Dk/pk	Dk/pk	Dk/pk

	Leica 10x42 BN Trinovid	Minox BD 8x44 BP	Minox BD 8,5x42 BR	Minox BD 10x42 BR asph.	Asph. Weaver 8,5x45	Weaver 10,5x45	Nikon 8x42 HG DCF WP	Nikon 10x42 HG DCF WP	Leupold 10x42	Optolyth Alpin 8x40 NG/BGA
Vergrößerung	10x	8x	8,5x	10x	8,5	10,5	8x	10x	10x	8x
ObjektivØ in mm	42	44	42	42	45	45	42	42	42	40
AustrittspupillenØ in mm	4,2	5,2	4,4	4,2	5,3	4,3	5,3	4,2	4,2	5,0
Dämmerungszahl	20,5	18,3	18,9	20,5	19,6	21,7	18,3	20,5	20,5	17,9
Sehfeld auf 1000 m in m	110	111,7	105	106	95	91	122	105	87	110
kürzeste Einstellentfernung m	2,85	4,0	3,0	2,5	n. a.	n. a.	3,0	3,0	3,0	3,0
Dioptrienausgleich (dpt)	+/-4	+/-2	+/-3	+/-4	n. a.	n. a.	n. a.	n. a.	n. a.	n. a.
Höhe in mm	141	126	146	143	158	152	157	157	150	150
Breite in mm	120	183	127	110	130	130	139	139	n. a.	160
Gewicht	890	690	785	760	822	794	795	790	723	585
Prismensystem	Dk/pk	Porro	Dk/pk	Dk/pk	Dk	Dk	Dk/pk	Dk/pk	Dk	Porro

Auf einen Blick Universelle Pirschgläser

	Optolyth Alpin 10x40 NG/BA	Eschenbach Trophy 7x42 AS/D	Browning 8x42	Leica Ultravid 7x42	Leica Ultravid 8x42	Leica Ultravid 10x42	Bushnell Legend 10x42
Vergrößerung	10x	7x	8x	7x	8x	10x	10x
ObjektivØ in mm	40	42	42	42	42	42	42
AustrittspupillenØ in mm	4,0	6,0	4,2	6	5,25	4,2	4,2
Dämmerungszahl	20,0	17,1	20,5	17,1	18,3	20,5	20,4
Sehfeld auf 1000 m in m	102	114	105	140	130	110	105
kürzeste Einstellentfernung in m	3,0	2,5	n. a.	3,3	3,1	2,95	n. a.
Dioptrienausgleich (dpt)	n. a.	n. a.	n. a.	+/- 4 dpt	+/- 4 dpt	+/- 4 dpt	n. a.
Höhe in mm	150	n. a.	146	142	142	147	147
Breite in mm	160	n. a.	122	121	121	121	127
Gewicht	590	680	844	761	786	761	844
Prismensystem	Porro	Dk	Dk/pk	Dk/pk	Dk/pk	Dk/pk	Dk/pk

n. a. = nicht angegeben, Dk = Dachkant, pk = phasenkorrigiert

Ferngläser für schwierige Lichtsituationen

Ferngläser für die Dämmerungs- und Nachtjagd müssen nicht nur „lichtstark" sein. In erster Linie entscheidet die Qualität über die Brauchbarkeit in schwierigen Lichtsituationen.

Bewegt sich da nicht etwas am Dickungsrand? Es ist gerade der Übergang vom letzten Dämmerungs- zum Nachtlicht durch den zunehmenden Mond. Wild bewegt sich im „Schatten" einer dunklen Dickung. Da ist nicht viel zu erkennen. Doch die hochwertige Qualitätsoptik schafft fast „Wunder". Dank hoher Lichttransmission und exzellentem Kontrast kann man die zwei schwachen Überläufer ausmachen. Bei geringem Licht sollte der Objektivdurchmesser mindestens 50 Millimeter betragen. Auch ein 56-mm-Objektiv ist nicht zu groß. Die Vergrößerung sollte von 7- bis 10fach reichen. Von Vorteil ist eine starke Austrittspupille. Sie sollte mindestens 5,5 Millimeter betragen. Ideale Werte liegen zwischen 6 und 7 Millimetern. Neben Ferngläsern 7x50, 8x50, 8x56, 9x63 oder 10x56 kann man als Kompromiss auch ein 7x45(42) verwenden.

Der Nutzen und die Brauchbarkeit eines Fernglases macht dessen Qualität aus. Die rechnerischen Werte wie die Dämmerungszahl sowie die Kenndaten Vergrößerung und Objektivdurchmesser geben lediglich einen Anhaltspunkt für die Verwendbarkeit und das Einsatzgebiet des Glases.

Der Kontrast ist entscheidend

Bei der Bildbrillanz kommt es vor allem auf gestochene Schärfe (einschließlich hoher Randschärfe), besten Kontrast, hohe Lichttransmission und Farbtreue an. Dabei ist ein schmaler Grat zwischen hellem Bild (Lichttransmission) und hohem Kontrast zu gehen. Ein nur helles Bild mit mehr Lichttransmission nützt einem in der späten Dämmerung und bei schwierigen Lichtverhältnissen gar nichts, wenn nicht auch hoher Kontrast vorhanden ist. Der Kontrast ist besonders bei schwierigem Licht sehr wichtig. Es gilt:

Zeiss Classic 8x56

Lieber etwas weniger Transmission und dafür höheren Kontrast. Man wird dann selbst nachts mehr erkennen. Der Falschlichtanteil sollte besonders gering sein, denn Reflexionen mindern den Kontrast enorm. Ein Jagdglas muss wasserdicht sein und gegen Innenbeschlag mit Stickstoff gefüllt sein.

Der Jäger wünscht ein großes Sehfeld. Natürlich bedingen große Sehfelder mehr Randunschärfe und sind hinsichtlich Bildbrillanz mehr problematisch. Von billiger und einfacher Beobachtungsoptik rate ich ab. Sie genügt den jagdlichen Anforderungen nicht, auch wenn man den Rehbock bei gutem Licht ansprechen kann. Auf Dauer wird man mit ihr nicht glücklich. Nach meinen Erfahrungen gibt es sehr gute, preiswerte Jagdwaffen aber keine brauchbare billige Optik.

Welche Kenndaten sind geeignet?

Man stellt sich beim Neukauf die Frage, welchen Objektivdurchmesser und welche Vergrößerung sollte mein Nachtglas haben. Dabei ist zunächst anzumerken, dass Bildunruhe erheblich die Bildqualität und Detailerkennbarkeit mindert. Wer sich schwer tut, ein Glas sehr ruhig zu halten, ist mit 10facher Vergrößerung schlecht beraten. Beim Ansitz kann Armabstützung helfen. Ein 10faches Glas muss unbedingt 56 Millimeter oder mehr Objektivdurchmesser haben. Ob es mehr bringt als das klassische Nachtglas 8x56, vermag ich nicht zu beurteilen. Es ist dabei viel Glaubenssache. Je nach Beobachtungssituation kann es von Vorteil, aber auch Nachteil sein. Ein 10x56 ist bestimmt ein exzellentes Nachtglas. In vielen Situationen kann man mit der höheren Vergrößerung etwas mehr oder mehr Details erkennen. Nach wie vor ist man mit einem 8x56 bestens für die Jagd bei schwierigem Licht gerüstet. Es ist ein Allroundglas für Ansitz und

Pirsch in Dämmerung oder der Nacht. Gläser mit 50-Millimeter-Objektiven können je nach Modell etwas leichter und führiger sein. Bei 50er-Objektiven kommen nur Vergrößerungen von 7- oder 8fach in Frage, damit noch eine möglichst starke Austrittspupille erreicht wird. Sicherlich ist ein 7x50 oder 8x50 ebenfalls bestens in der späten Dämmerung oder Nacht zu gebrauchen. Die Differenz zu den 56er Objektiven ist äußerst gering. Man erkennt im letzten Licht mit einem 8x56 oft nur zwei oder drei Minuten länger Details vom Wild. In der Praxis ergeben sich kaum relevante Unterschiede. Es kommt viel mehr auf die optische Qualität an als auf die optischen Kenndaten. Ferngläser wie 15x63 mit über 10facher Vergrößerung eignen sich nicht als Universalferngläser. Sie sind Spezialzwecken vorbehalten. Dagegen stellt ein 7x42(45) einen Kompromiss dar. Man kann es zwar nachts gut einsetzen, jedoch mit Abstrichen zu den lichtstärkeren Dämmerungs- und Nachtgläsern.
Im Einzelnen seien einige Gläser kurz besprochen:

Porrogläser

Steiner Night Hunter 8x56

Sicherlich gehört das Night Hunter 8x56 zu den Spitzengläser bei den Porrogläsern. Es besitzt ein Markolongehäuse mit Einzelokularfokussierung sowie mehrfach stülpbare (verschiedener Augenabstand) Augenmuscheln (ErgoFlex) für die Brillenträgerokulare. Hervorzuheben die ClicLoc Gurtanbindung mit der Möglichkeit der schnellen Abnahme. Bei einem Glas wurden 92% Lichttransmission (D65 Vlambda) gemessen, was einen Spitzenwert darstellt. Die sehr helle, gestochen scharfe Optik hat einen guten Kontrast. Das Memory-Okular erhöht den Komfort bei der Einzelokulareinstellung. Man kann so eine Einstellung auf kurze Kirrungsentfernung vormerken. Zwar setzt man auf die Pupillen-Akkommodation, jedoch machen unter Umständen schwindendes Licht und/oder kurze Entfernungen ein Nachjustieren nötig. Es kann durchaus sein, dass man in jungen Jahren mit der Akkommodation schnell 5 Dioptrien ausgleichen kann. Im Alter aber gerade noch eine Dioptrie schnell genug schafft. Das Steiner Night Hunter Glas ist ein praxisgerechtes Glas mit sehr hellem Bild.

Dachkantprismengläser

Zeiss Victory 8x56 T*P*

Ein kurzes und leichtes Nachtglas mit faserverstärktem Kunststoffgehäuse auf dem derzeitigen Stand der Technik. Großes Sehfeld, hoher Bedienungskomfort einschließlich arretierbarer „Drehaugenmuscheln" zeichnen dieses Glas aus. Die Optik ergibt ein sehr helles, gestochen scharfes und kontrastreiches Bild, das allen Praxisanforderungen voll gerecht wird. Ein Qualitätsglas höchster Güte mit auffallend hellem Bild.

Zeiss Victory 8x56

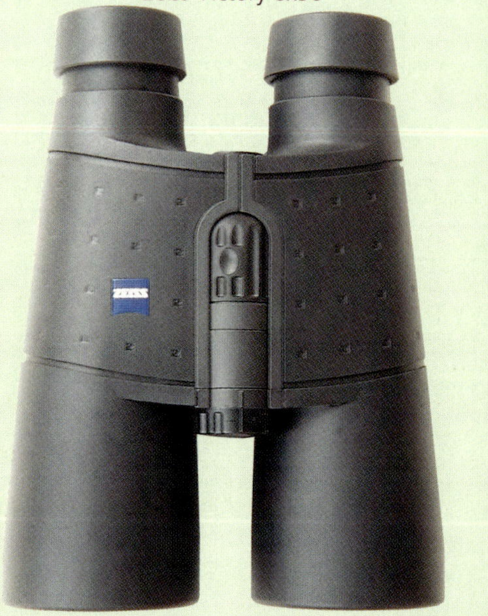

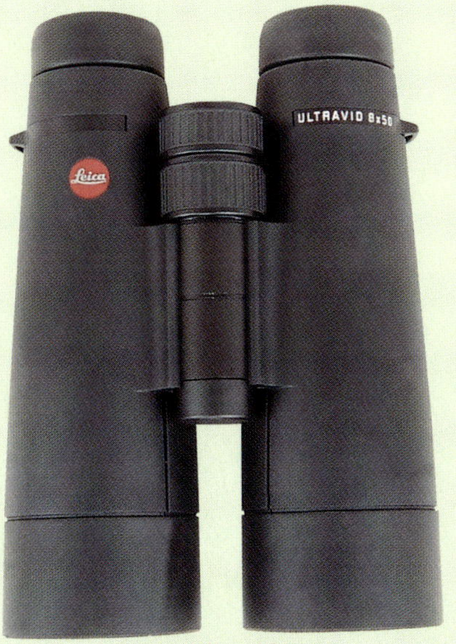

Leica Ultravid 8x50

Leica Ultravid 8x50 BR

Ein sehr leichtes Glas mit Magnesiumdruckgussgehäuse, Titaniumachse und leichtem Glas mit Drehaugenmuscheln und griffigem Kombiknopf für Fokussierung und Dioptrienausgleich mit Skala. Die sehr randscharfe, hervorragende Optik mit bestem Kontrast lässt keine Wünsche mehr offen. Ein Spitzenglas, das allen Anforderungen gerecht wird. Hervorzuheben ist die extreme Auflösung bei bestem Kontrast und sehr hellem Bild. Der Prismenspiegel mit aufwändiger Dünnschichttechnologie sorgt mit für die extreme Farbtreue.

Swarovski SLC8x50B

Ein sehr gut liegendes, griffiges Fernglas mit starkem Druckgussgehäuse und mehrfach arretierbaren Drehaugenmuscheln sowie Kombiknopf mit rastbarem Dioptrienausgleich. Es bietet eine hervorragende Optik mit exzellentem Kontrast und sehr hoher Schärfe. Ein Glas, das ebenfalls keine Wünsche offen lässt. Hervorzuheben sind die hohe Auflösung bei hervorragendem Kontrast und das sehr helle Bild.

Minox BD 10x58 EDBR

Minox bietet seit kurzem sehr lichtstarke Ferngläser mit 58-mm-Objektiven an. Sie sind mit fluoridhaltigen ED-Gläsern im Objektiv versehen. Diese ergeben eine besonders farbtreue, natürliche Bildwiedergabe und sorgen mit für hohe Schärfe. Das 10x58 ist ein großes, schweres Ansitzglas mit gummiarmiertem Gehäuse mit durchgehender Brücke. Mittige Fokussierwalze und darunter liegender Dioptrienausgleich können gut erreicht und bequem bedient werden. Komfortabel auch die mehrfach arretierbaren Drehaugenmuscheln. Die sehr gute Bildqualität kann sich sehen lassen. Es wird ein gestochen scharfes, farbtreues und kontrastreiches Bild geboten. Die qualitativ hochwertigen Gläser bieten ein hervorragendes Preis-/Leistungsverhältnis.

Minox 8,5x52BR asph.

Das typisch schlanke Dachkantprismenglas BD 8,5x52 asph. von Minox erscheint im grauschwarzen, eleganten Ton und ist voll gummiarmiert. Das Gehäuse besteht aus stabilem Aluminium. Es ist mit Stickstoff gefüllt und wasserdicht. Das 890 g schwere Glas hat P-Belag (Phasenkorrektur) und die Optik eine Mehrfachvergütung. Im Okularbereich wird die Minox Asphärie Lens Technologie mit einer asphärischen (nicht kugelförmigen) Linse angewandt. Bei der Asphäre ändert sich die Krümmung der Linsenfläche zum Rand hin. Am Rand auftretendes Licht wird durch die Krümmung exakt in Richtung der regulären Bildpunkte abgelenkt. Das ergibt auch im Randbereich eine gute Abbildleistung. Es wird ferner Gewicht gespart und eine kurze Bauweise ermöglicht. Die Bildleistung konnte bei hoher Randschärfe überzeugen. Es wird ein gestochen scharfes, helles und kontrastreiches Bild geboten. Die gelungene Optik kann sich zusammen mit dem hervorragenden Preis-/Leistungsverhältnis sehen lassen. Das Fernglas ließ sich bequem handhaben, ist noch führig und zeigte sich in der Praxis robust.

Optolyth Royal 9x63P

Klassisches, hohes aber leichtes Nachtglas ohne Innenfokussierung mit dünnwandigem Aluminiumgehäuse und spezieller, hoher Kunststoffbrücke (rückfedernd bei Stößen) sowie Stülpaugenmuscheln an den Brillenträgerokularen. Bedienkomfort bieten die beiden Fokussierräder an den Brückenenden. Die gute, scharfe, helle und auch kontrastreiche Optik kann den meisten Anforderungen gerecht werden. Ein praxisgerechtes Fernglas mit sehr gutem Preis-/Leistungsverhältnis.

Docter Nobilem 8x56B

Ein volumiges, nicht besonders führiges Porroprismenglas mit Mitteltrieb. Das Fokussierrad ist so angeordnet, dass es nicht gerade leicht mit dem Finger zu erreichen ist. Die helle, gestochen scharfe und kontrastreiche Optik ist praxisgerecht. Unterschiede zu Spitzengläsern sind aber subjektiv erkennbar. Die Brillenträgerokulare haben Stülpaugenmuscheln.

Eschenbach Sektor D8x56B

Das Eschenbach Dachkantprismenglas Sektor wiegt 1600 g und ist 239 mm hoch. Es ist voll gummiarmiert. Das Glas liegt auch bei Nässe rutschsicher in der Hand. Es ist spritzwasserdicht, sodass ein starker Regenschauer nichts ausmacht. Die breite Fokussierwalze kann man mit dem Mittelfinger gut erreichen. Das Glas hat eine Innenfokussierung. Gegen Innenbeschlag ist es mit Stickstoff gefüllt. Die Ausstattung umfasst Drehaugenmuscheln und Dioptrienausgleich am rechten Okular. Es basiert auf einem Dachkantprismensystem mit üblichen BaK4-Prismen. Natürlich darf man keine optische Spitzenleistung erwarten. Es wird ein gestochen scharfes Bild bei akzeptablem Kontrast geboten. Die Optik ist jedoch nicht farbtreu und neigt zum leichten Gelbstich. Auch die Randschärfe ist nicht hoch. Bei wirklich schlechtem Licht, bei Seitenlicht sowie in der Bildbrillanz muss man deutliche Abstriche zu Spitzen- und Mittelklasseprodukten machen.

Eschenbach Trophy AS 8x56B

Eschenbach bietet mit dem Trophy AS8x56B ein sehr einfaches Porroprismenglas, das jedoch nicht spritzwasserdicht ist und auch keine Stickstofffüllung enthält. Das Glas ist mattgrau voll gummiarmiert. Die große Fokussierwalze ist gerade noch gut erreichbar. Am linken Okular befindet sich der Dioptrienausgleich. Die Okulare haben Stülpaugenmuscheln. Umgestülpt können auch Brillenträger das gesamte Sehfeld von 105 m auf 1000 m nutzen. Die Optik mit Porroprismensystem basiert auf BaK-4-Prismen und asphärischen Linsen. Sie bildet gestochen scharf und recht farbtreu ab. Die Randschärfe ist nicht sehr hoch. Für wirklich kritische und schlechte Lichtverhältnisse gibt es sicherlich bessere Fernoptik, jedoch eignen sich die robusten Eschenbach Ferngläser 8x56 auch als Zweitgläser.

Lichter 9x63

Ein hohes, nicht zu schweres Nachtglas in klassischer Bauart. Die Fokussierung liegt zu hoch, geht schwer und läuft nicht gleichmäßig. Die Brillenträgerokulare bieten Brillenträgern ein stark eingeschränktes Sehfeld. Die mittig scharfe Optik weist geringen Kontrast auf und ist leicht „flau" mit auffallendem Falschlichtanteil. Ein Glas, mit dem man in schwierigen Situationen sicherlich Einbußen hinnehmen muss.

Hubertus 8x56

Ein leichtes Fernglas in klassischer Bauart mit zu hoch liegendem Fokussierrad. Brillenträger können fast das gesamte Sehfeld überblicken. Der Falschlichtanteil ist hoch, Reflexionen stören das Bild. Die Schärfe ist auch am Rand sehr gut, allerdings fehlt es an Kontrast. Auch bei diesem Glas muss der Anwender Einbußen hinnehmen.

Auf einen Blick Für schwierige Lichtsituationen

	Leica Ultravid 8x50 BR	Swarovski SLC 7x50 B	Swarovski SLC 8x50 B	Swarovski SLC 8x56 B	Zeiss Dialyth Classic 8x56 B	Zeiss Victory 8x56 B	Zeiss Victory 10x56 B	Zeiss 7x50 B/GAT
Vergrößerung	8x	7x	8x	8x	8x	8x	10x	7x
ObjektivØ in mm	50	50	50	56	56	56	56	50
AustrittspupillenØ in mm	6,3	7,1	6,3	7	7	7	5,6	7,1
Dämmerungszahl	20,0	18,7	20,0	21,2	21,2	21,2	23,7	18,7
Sehfeld auf 1000 m in m	115	124	123	115	110	132	110	130
Kürzeste Einstellentfernung m	3,6	6	6	9	7,5	5	5	6,5
Dioptrienausgleich (dpt)	+/- 4	+/- 3	+/- 3	+/- 2,5	n. a.	n. a.	n. a.	n. a.
Höhe in mm	183	200	198	215	224	200	200	128
Breite in mm	120	126	126	128	143	144	144	215
Gewicht g	1010	1150	1150	1290	1030	1160	1200	1200
Prismensystem	Dk	Dk	Dk	Dk	Dk	Dk	Dk	Porro

	Optolyth Royal 8x56	Optolyth Royal 10x56	Optolyth Royal 9x63	Steiner Night Hunter 8x56	Steiner Night Hunter 7x50	Docter Nobilem 8x56	Minox BD 8x58 BR asph.	Minox BD 10x58 ED BR
Vergrößerung	8x	10x	9x	8x	7x	8x	8x	10x
ObjektivØ in mm	56	56	63	56	50	56	58	58
AustrittspupillenØ in mm	7,0	5,6	7,0	7,0	7,1	7,0	7,3	5,8
Dämmerungszahl	21,2	23,7	23,8	21,2	18,7	21,2	21,5	24,1
Sehfeld auf 1000 m in m	110	105	100	112	125	110	114	109
Kürzeste Einstellentfernung m	n. a.	n. a.	n. a.	n. a.	n. a.	7,1	4,9	4,9
Dioptrienausgleich (dpt)	n. a.	n. a.	n. a.	+/- 5+/- 5	n. a.	+/- 4	+/- 4	
Höhe in mm	235	235	250	212	195	205	225	225
Breite in mm	150	150	150	200	194	214	159	159
Gewicht g	1070	1080	1140	1080	950	1350	1390	1490
Prismensystem	Dk	Dk	Dk	Porro	Porro	Porro	Dk	Dk

Auf einen Blick Für schwierige Lichtsituationen

	Taiga 8x56	Taiga 9x63	Eschenbach 8x56	Norconia 9x63	Lichter 8x56	Lichter 9x63	Pentax 7x50	Luger Standard 8x56	Luger Standard 9x63	Hubertus 8x56
Vergrößerung	8x	9x	8x	9x	8x	9x	7x	8x	9x	8x
ObjektivØ in mm	56	63	56	63	56	63	50	56	63	56
AustrittspupillenØ in mm	7,0	7,0	7,0	7,0	7,0	7,0	7,1	7,0	7,0	7,0
Dämmerungszahl	21,2	23,8	21,2	23,8	21,2	23,8	18,7	21,1	23,8	21,2
Sehfeld auf 1000 m in m	114	108	105	93	114	108	108	110	93	114
Kürzeste Einstellentfernung m	n. a.	n. a.	n. a.	n. a.	n. a.	n. a.	n. a.	n. a.	n. a.	n. a.
Dioptrienausgleich (dpt)	n. a.	n. a.	n. a.	n. a.	n. a.	n. a.	n. a.	n. a.	n. a.	n. a.
Höhe in mm	235	250	180	195	235	250	188	n. a.	n. a.	n. a.
Breite in mm	140	153	185	70	140	153	181	n. a.	n. a.	n. a.
Gewicht g	1100	1160	1020	910	1100	1160	960	1150	1300	1100
Prismensystem	Dk	Dk	Porro	Porro	Dk	Dk	Porro	Dk	Dk	Dk

n. a. = nicht angegeben, Dk = Dachkant, pk = phasenkorrigiert

Sondergläser

Neben den „ganz normalen" Ferngläsern gibt es noch eine Reihe von Sondergläsern, die sich für spezielle Aufgaben und Einsatzgebiete eignen. Sie sind teils mit aufwändiger Technik ausgestattet, damit sie die Anforderungen erfüllen können.

Als Sondergläser kann man Ferngläser bezeichnen, die für bestimmte Aufgaben gebaut werden, die man mit „normalen" Pocket-, Pirsch- oder Nachtgläsern nicht meistern kann. Teils reichen sie in das Gebiet der Optolelektronik. Das heißt, die analoge Optik ist mit Elektronik in den Beoabachtungsgeräten gepaart. Man kann bei den Sondergläsern zwischen folgenden Gläsern unterscheiden:

Ferngläser mit hoher Vergrößerung (über 10fach)
Ferngläser mit mehreren Vergrößerungen
Bildstabilisierte Ferngläser mit hoher Vergrößerung
Binokulare Ferngläser mit Laserentfernungsmesser

Ferngläser mit hoher Vergrößerung

Sicherlich gibt es Bereiche, wo man sich eine höhere Vergrößerung als 10fach im Fernglas wünscht, etwa an Küsten oder in Steppenlandschaften, wo allgemein die Entfernungen größer sind, aber auch beim Birdwatching, wenn es unmöglich ist, näher an die Vögel heranzukommen, sei es, um Störungen zu vermeiden, oder weil die Adler hoch oben in der Felswand sind. Natürlich gilt das auch für Wildbeobachtungen in Savanne oder Steppe, wo das Wild weit entfernt steht. Hohe Vergrößerungen im Fernglas haben den großen Nachteil, dass sich Handunruhe negativ auswirkt. Wackeln macht sehr oft den optischen Vorteil der hohen Vergrößerung zunichte. Wackelt man beim Beobachten, so wird die Auflösung und Schärfe geringer. Man kann dann mit 12- oder gar 15facher Vergrößerung viel weniger erkennen als mit einem 8fachen Glas. Man tut gut daran, mit den hoch vergrößernden Ferngläsern zumindest die Arme abzustützen. Man kann sie jedoch auch auf einem Stativ befestigen und hat dann eine sehr solide Ausgangsbasis. Es gibt Träger für Stative, auf denen die Ferngläser sich mit Gummibändern aufschnallen lassen. Andere Ferngläser haben Stativanschlüsse. Mittels Adapter lassen sie sich dann auf ein Stativ schrauben. Sicherlich handelt es sich bei den hoch vergrößernden Gläsern um Tageslichtgläser. Einige eignen sich bis hinein in die beginnende Dämmerung. Ich denke, 50-mm-Objektive sind ein guter Kompromiss. 56-mm-Objektive sind zwar möglich, machen die Ferngläser aber schwer. Eine etwas größere Austrittspupille ist aber nie verkehrt. Sie erhöht einfach den Sehkomfort, da man die Augenpupille nicht so genau zu platzieren braucht.

Ferngläser mit hohen Vergrößerungen

Seit langem gibt es die so genannten Zoomferngläser. Einfache Porroprismenferngläser, bei denen mittels eines Hebels an den beiden Okularen die Vergrößerung stufenlos in einem gewissen Bereich verstellt werden kann. Die optische Qualität dieser Gläser lässt zu wünschen übrig. Sie erfüllen keine gehobenen Ansprüche an die Optik. Das Zoom stellt ferner keine ideale Vergrößerungswahl dar. Schließlich müssen beide Fernglashälften exakt dieselbe Vergrößerung haben, ansonsten leidet die Beobachtungsqualität. Man bekommt Kopfschmerzen und längeres Beobachten ist kaum möglich. Bei den einfachen Zoomferngläsern bleibt das Einjustieren derselben Vergrößerung je Seite im Zoombereich dem Zufall überlassen. Ferner besitzen diese Gläser keinen automatischen Dioptrienausgleich. Im hochwertigen Bereich kenne ich derzeit nur Leicas Duovids, die mit zwei Vergrößerungen eine exzellente Leistung bieten. Es handelt sich um die Duovids 8+12x42 und 10+15x50. Je nach Bedarf lässt sich hier ohne optische Qualitätseinbußen die eine oder andere Vergrößerung benutzen, etwa für Freihandbeobachtungen die geringere Vergrößerung, und aufgelegt oder abgestützt die höhere Vergrößerung, damit man mehr Details erkennt. Bei Vergrößerungswechsel erfolgt automatisch ein Dioptrienausgleich.

Bildstabilisierte Ferngläser mit hoher Vergrößerung

Bildstabilisierte Ferngläser mit hoher Vergrößerung können zur Freihandbeobachtung verwendet werden. Bei ihnen spielt die Handunruhe und das Wackeln keine Rolle, da es technisch im Fernglas ausgeglichen wird. Diesen Vorteil muss man sich aber mit einigen Nachteilen erkaufen. Die aufwändige Bildstabilisierungstechnik muss im Fernglas untergebracht werden. Das macht das Fernglas wesentlich größer und schwerer. Bildstabilisierte Ferngläser haben größere, eckigere Gehäuse. Die eingebaute Technik hat zudem Masse, was das Gesamtgewicht erhöht. Die bildstabilisierten Ferngläser sind viel weniger führig als vergleichbare „normale“ Ferngläser mit denselben optischen Kenndaten, zudem ist die bildstabilisierende Technik empfindlich. Nur Zeiss hat eine mechanische Bildstabilisierung mit kardanischer Aufhängung, die ohne eine Energiequelle auskommt. Die anderen bildstabilisierten Ferngläser arbeiten mit Elektronik und benötigen Batterien. Man kennt ältere Systeme, die mit Flüssigkeit arbeiten. Schwingungsempfindliche, hochempfindliche Beschleunigungsmesser (Bewegungssensoren) messen dreidimensional jede

Erschütterung. Die Gradmessungen (Ausgleichswinkel +/- 0,7 Grad) werden über einen Microcomputer in Korrektursignale umgewandelt und ein Glaskeil mit Flüssigkeit sehr schnell angesteuert. Dieser Glaskeil (oder die Prismen) verändert blitzschnell seine Stellung und verhindert so das Auswandern des Bildes. Das Bild wird bei Handunruhe stabilisiert und erreicht das Auge scharf. Durch die Flüssigkeit in dem Glaskeil wird das System primär mehr stabilisiert und gedämpft. Der Effekt zur Bildstablisierung auf Grund der Flüssigkeit ist eher gering.

Der Nachteil dieses Systems ist die zusätzliche, bewegliche Optik mit der hoch brechenden Flüssigkeit im Strahlengang. Durch das Hin- und Herbewegen der Prismen leiden natürlich die Bildbrillanz sowie der Kontrast im Vergleich zu einem herkömmlichen Fernglas etwas. Ein weiterer Nachteil ist die Energie-/Batterieabhängigkeit.

Neuere Systeme arbeiten heute wie Bildstabilisatoren in Videocameras. Canon verwendet dazu ein Vari-Angle-Prisma (VAP). Das System hat einen horizontalen und vertikalen Sensor, der die Bewegungen wahrnimmt und an einen Microprozessor leitet, der das variable Prisma zum Ausgleich der unruhigen Bewegungen sich bewegen lässt.

All das funktioniert aber nur mit Batteriestrom. Batterien haben den Nachteil, kälteempfindlich zu sein. Bei großer Kälte können sie sogar ganz versagen. Ferner ist man einfach von ihnen abhängig und benötigt einen neuen Satz, wenn die Batterien im Gerät verbraucht sind. Ich sehe den größten Nachteil der bildstabilisierten Ferngläser jedoch in ihrer Größe, dem Gewicht und der geringen Führigkeit. Bei etlichen Produkten ist auch die optische Leistung nicht sehr hoch. Sie sind ferner keinesfalls sehr robust.

Binokulare Ferngläser mit Laserentfernungsmesser

Laserentfernungsmesser in einem Fernglas ist eine feine Sache. Man kann Entfernungen ausmessen, die einen interessieren. Aber auch für professionelle Zwecke werden solche Ferngläser benutzt. Dabei wird durch ein Objektiv – bei Leica in der Mittelachse integriert – ein Laserstrahl ausgesandt und das vom Objektiv reflektierte Laserlicht vom Objektiv des Fernglases aufgefangen. Ein Strahlenteilerprisma leitet das Laserlicht zu einem Rechner. Aus der benötigten Zeit vom Aussenden des Laserstrahls bis zum Empfang des reflektierten Laserlichts wird die Entfernung berechnet. Die ermittelte Entfernung wird dann im Okular angezeigt. Ohne die Messung per Knopfdruck zu aktivieren, hat man ein normales binokulares Fernglas zur Verfügung. Das hat den Vorteil, zu einem herkömmlichen Fernglas nicht noch einen separaten Laserentfernungsmesser mitführen zu müssen. Mit dem Leica Geovid 8x42 oder 10x42 BRF gibt es Ferngläser mit Laserentfernungsmessung, die eine hervorragende Optik aufweisen und auch noch führig ohne nennenswertes Mehrgewicht sind. Im Folgenden werden einige getestete Produkte kurz vorgestellt:

Ferngläser mit hoher Vergrößerung

Swarovski SLC 15x56WB

Ein Fernglas mit hoher Vergrößerung, das in jeder Beziehung eine Spitzenleistung erbringt. Das robuste Aluminiumgehäuse ist mit einer säurefesten Gummiarmierung versehen, der Handschweiß nichts anhaben kann und die sehr gut dämpft. Selbstverständlich sind da abnehmbare, sehr gut arretierbare Drehaugenmuscheln, Stickstofffüllung gegen Innenbeschlag und Wasserdichtheit. Das Glas erwies sich

Swarovski SLC 15x56

in der Praxis als sehr robust und widerstandsfähig. Alle Glas-/Luftflächen sind mehrschichtvergütet. Die an den Außenflächen der Linsen aufgetragene Swarodur-Vergütung ist kratz- und abriebfest. Die Fokussierwalze ist groß und selbst mit Handschuhen bestens bedienbar. Sie beinhaltet auch den Dioptrienausgleich. Dauerhafte Dichtheit wird durch die Innenfokussierung, einschließlich Dioptrienausgleich gewährleistet. Es kommen Dachkantprismen zur Anwendung, natürlich mit P-Belag, damit keine Phasenverschiebung und damit Interferenzeffekte auftreten. Das Glas ist mit der Prismenvergütung Swarobright ausgerüstet, es wird kein einfacher Silberspiegel zur Lichtreflektion verwendet. Eine Vielzahl von hauchdünnen Schichten wird aufgetragen. Dadurch wird eine extreme Lichttransmission erreicht, aber vor allem eine optimale Farbtreue über das gesamte Lichtspektrum. Die Optik bietet eine hervorragend Bildbrillanz mit gestochener Schärfe bei sehr hoher Randschärfe. Das helle Bild ist sehr kontrastreich und extrem farbtreu. Das Glas ist sehr ausgewogen und liegt ruhig in der Hand. Mittels Adapter kann es auf ein Stativ geschraubt werden.

Zeiss Conquest 15x45BT*

Ein Zeiss Fernglas mit etwas einfacherer Optik als bei den Zeiss Victory Ferngläsern. Sicherlich ist der Unterschied sichtbar. Trotzdem bietet das Conquest 15x45BT* eine sehr gute Optik mit guter Bildbrillanz bei gestochener Schärfe mit guter Randschärfe. Die Farbtreue ist ebenfalls sehr gut. Das Fernglas ist wasserdicht, wurde mit Stickstoff gefüllt und hat Drehaugenmuscheln sowie Brillenträgerokulare. Das faserverstärkte Kunststoffgehäuse wurde gummiarmiert. Die große Fokussierwalze ist sehr gut erreichbar und lässt sich auch in der Kälte mit Handschuhen bestens bedienen. Die mehrschichtvergütete Optik basiert auf Dachkantprismensystem mit P-Belag. Das Glas ist mit 620 g Gewicht extrem leicht und auch führig. Es bietet eine sehr gute Optik mit hoher Schärfe und gutem Kontrast. Die Pluspunkte liegen eindeutig bei der extremen Führigkeit. Ein hoch vergrößerndes Glas, das beim Tragen nicht zur Last fällt. Zeitgemäß ist auch die Innenfokussierung, die Dichtheit gewährleistet.

Optolyth Royal 15x63BGA

Ein mit 1220 g keinesfalls leichtes Dachkantprismenglas, das eine etwas veraltete Technik aufweist. Das gummiarmierte Fernglas hat einen Rohrkörper aus Aluminium. Die durchgehende Brücke besteht aus einem faserverstärkten Kunststoff, der nach Belas-

Optolyth Royal 10x63BGA

tung stets in seine Ausgangsposition zurückfedert. Die beiden Fokussierwalzen an Brückenanfang und -ende sind gut erreich- und bedienbar. Selbst bei großer Kälte laufen sie gleichmäßig und geschmeidig. Es handelt sich um keine Innenfokussierung. Die Okulare bewegen sich beim Fokussieren auf und ab. Ebenfalls erfolgt der Dioptrienausgleich am rechten Okular nicht ausschließlich im Fernglasinneren. Dichtheit wird mit O-Ringen erreicht. Gegen Innenbeschlag wurde das Fernglas mit Stickstoff gefüllt. Die Okulare sind mit Stülpaugenmuscheln ausgerüstet. Dank echter Brillenträgerokulare können Brillenträger das gesamte Sehfeld nutzen. Die Optik wurde mehrschichtvergütet und die Dachkantprismen sind mit P-Belag versehen. Geboten wird eine mittlere Bildbrillanz mit guter Schärfe. Randunschärfe ist sichtbar. Der Kontrast ist noch gut. Das Glas liegt ruhig in der Hand.

Auf einen Blick Hohe Vergrößerung

	Swarovski SLC 15x56WB	Zeiss Conquest 15x45BT*	Steiner Observer 15x56	Steiner Observer 25x80	Optolyth Royal 15x63BGA	Docter Nobilem 15x60	Minox BD 15x58EDBR	Leica Ultravid 12x50BR	Bushnell Legend 12x50
Vergrößerung	15x	15x	15x	25x	15x	15x	15x	12x	12x
ObektivØ in mm	56	45	56	80	63	60	58	50	50
AustrittspupillenØ in mm	3,7	3,0	3,8	3,2	4,2	4,0	3,78	4,2	4,2
Dämmerungszahl	28	26	29	44,7	30,7	30,0	29,5	24,5	24,5
Kürzeste Einstellentfernung m	8	5	n. a.	n. a.	n. a.	n. a.	n. a.	3,2	3,1
Sehfeld auf 1000 m in m	77	64	65	55	72	72	72	100	85
Höhe in mm	215	173	212	322	250	227	225	n. a.	159
Breite in mm	128	119	n. a.	n. a.	150	217	159	n. a.	133
Gewicht in g	1340	620	1265	1930	1220	1550	1495	1050	905
Prismensystem	Dk	Dk	Porro	Porro	Dk	Porro	Dk	Dk	Dk

Auf einen Blick Hohe Vergrößerung

	Bushnell Legend 12x50	Tasco 12x50	Nikon Premier 12x50	Nikon AE ATB 16x50	Nikon Monarch 12x42	Pentax 12x50 PCFWP II	Pentax 20x60 PCFWP II	Leupold Wind River 12x50	Simmons 12x50
Vergrößerung	12x	12x	12x	16x	12x	12x	20x	12x	12x
ObektivØ in mm	50	50	50	50	42	50	60	50	50
AustrittspupillenØ in mm	4,2	4,2	4,2	3,1	3,5	4,2	3,0	4,2	4,2
Dämmerungszahl	24,5	24,5	24,5	28,3	22,4	24,5	34,6	24,5	24,5
Kürzeste Einstellentfernung m	6	n. a.	n. a.	n. a.	n. a.	n. a.	n. a.	4,0	n. a.
Sehfeld auf 1000 m in m	96	87	79	55	79	66	34	84	84
Höhe in mm	152	n. a.	182	177	146	177	224	167	178
Breite in mm	142	n. a.	202	196	129	182	196	n. a.	n. a.
Gewicht in g	794	1020	900	1040	620	980	1278	730	737
Prismensystem	Porro	Porro	Porro	Porro	Dk	Porro	Porro	Dk	Porro

n. a. = nicht angegeben, Dk = Dachkant

Ferngläser mit mehreren Vergrößerungen

Leica Duovid 10+15x50

Ich hatte Gelegenheit, einige Monate das Leica Duovid 10+15x50 zu erproben. Meine Gedanken: Erkennt man bei der hohen Vergrößerung noch Einzelheiten oder nur noch die Handunruhe? Wirken sich die bescheidenen Sehfelder von 90 bzw. 70 Meter auf 1000 Meter negativ aus? Kann es auch auf kurze Distanzen eingesetzt werden? Braucht man solch eine hohe Vergrößerung, oder bringt sie gar Vorteile im Einsatz? Fallen mir die 1270 g zur Last? Ich war mehr als skeptisch. Auf kurze Entfernungen unter 100 Meter fiel natürlich der enge Gesichtskreis auf, doch ich konnte durchaus schnell Objekte etwa im Wald finden und beobachten. Auffallend war an trüben Herbsttagen der ganz außergewöhnliche Kontrast. Es wurde ein ausgesprochen helles, sehr plastisches Bild mit exzellenter Detailerkennbarkeit geboten. Auf freien Flächen war es einfach angenehm, die höhere Vergrößerung zu wählen. Da konnte schon ein Rehbock mit 15facher Vergrößerung bestens betrachtet werden. Ganz klar mit abgestützten Armen beobachtet, bot die hohe 15fache Vergrößerung enorme Vorteile. Man sieht und erkennt einfach mehr. Bei schwindendem Licht in der späten Dämmerung wählt man dann wieder die 10fache Vergrößerung, weil die größere Austrittspupille bei geringem Licht eben ein Mehr an Helligkeit bietet. Einen exzellenten Kontrast, hohe Farbtreue und hervorragende Auflösung bietet das Leica Glas.

Mir wurde auch bewusst, dass binokulares Sehen einfach ein Mehr an Erkennbarkeit bringt. All die Praxiserfahrungen haben mich positiv überrascht. Ich hatte vor der Erprobung nie geglaubt, dass das neue Leica Duovid 10+15x50 so universell einsetzbar ist. Ich habe mein 8x56 nicht vermisst, obwohl es eine „Lichtkanone" ist. Einzig mit einem etwas

geringeren Sehfeld muss man zurechtkommen. Das bereitet aber keine Probleme. Erstaunlich ist auch, wie ausgewogen das Glas in der Hand liegt. Ich konnte durchaus mit 15facher Vergrößerung aus freier Hand beobachten und erkannte mehr als mit 10facher Vergrößerung. 1270 Gramm wollen getragen sein. Am breiten Neopren-Riemen von Niggeloh war das kein Problem. Der leicht elastische Trageriemen verteilt das Gewicht gut.
Das Leica Duovid hat eine brillante Optik mit hoher Auflösung und sehr guter Randschärfe. Alle Glas-/Luftflächen wurden mit einer neuen Vergütung versehen. Neben sehr hoher Lichttransmission ergibt sie einen außergewöhnlich guten Kontrast. So wird auch in schwierigen Lichtsituationen ein hervorragendes Bild mit hoher Erkennbarkeit, Auflösung und Helligkeit geboten. Das gilt für beide Vergrößerungen. Natürlich ist bei 15fach die Austrittspupille für geringes Dämmerungs- oder Nachtlicht zu klein. Die Außenflächen von Objektiv und Okular wurden mit einer sehr widerstandsfähigen sowie kratz- und abriebfesten Vergütung versehen. Sie übersteht auch bestens alle Umwelteinflüsse. Bei der HDC-Vergütung (High Durable Coating) handelt es sich um eine Verdichtung der aufgedampften Vergütungsmaterialien mit einer Plasmaquelle im Hochvakuum. Dies bewirkt hohe Beständigkeit der nur wenige zehntausendstel Millimeter dicken Antireflexschichten. Neben der HDC-Vergütung kommt noch das High Lux-System zur Anwendung. Eine zusätzliche Spiegelschicht sorgt dafür, dass das Prismensystem einen Reflexionsgrad von über 99,5% erreicht. Das bewirkt mehr Kontrast und ein helleres sowie schärferes Bild. Die Dachkantprismen weisen einen P-Belag (P40) auf, der eine Phasenverschiebung (Reflexe, Verzerrungen) verhindert. Üblich ist bei Leica das sehr robuste Aluminium-Druckgussgehäuse und die Stickstofffüllung gegen Innenbeschlag. Sehr gut erreichbar ist die große, griffige Fokussierwalze, die stets gleichmäßig geschmeidig, aber etwas zu leicht lief, was schnell zu unbeabsichtigter Dejustierung führen kann. Der große Dioptrienbereich ist bequem an dem Kombiknopf durch Hochziehen einstellbar. Eine Skala sorgt für schnelle Erkennbarkeit. Die Drehaugenmuscheln sind mehrfach rastbar (verschiedener Pupillenabstand) und halten ausgefahren auch großem Druck stand. Das Glas wurde einschließlich Augenmuscheln gummiarmiert, was einen rutschsicheren Griff ermöglicht und ein warmes Feeling verleiht und natürlich auch Geräusche dämpft. Dank der schlanken Form liegt es sehr angenehm und sicher in der Hand. Die Vergrößerung lässt sich noch geräuscharm durch griffige Drehringe an den Okularen einstellen. Das Besondere daran ist der automatische Dioptrienausgleich ADC (Advanced Diopter Compensation), der bei Vergrößerungswechsel automatisch erfolgt, eine extrem aufwändige Mechanik mit Kurvenscheibe sorgt dafür.
Das neue Leica Duovid ist sicherlich hinsichtlich Optik und Mechanik ein außergewöhnliches Fernglas. Neben dem 10+15x50 gibt es noch das Leica Duovid 8+12x42.

Nikons Zoom-Fernglas

Nikon brachte das Zoom Fernglas 10-22x50 Action Zoom XL heraus. Es handelt sich um ein Fernglas mit Porroprismensystem. Die beiden Fernglashälften wurden in veralteter Technik mit zwei Brücken oben und unten miteinander verbunden. Das Fernglas ist 19,3 cm hoch und 18,3 cm breit. Das Gewicht des großen Glases beträgt 950 g. Das Gehäuse wurde voll gummiarmiert, was Rutschsicherheit gewährleistet. Die einfache Optik wurde vergütet, sodass sich ein scharfes Bild ergibt. Sicherlich gehört dieses Fernglas im Nikonsortiment nicht zu den Spitzengläsern. Es ist für das Beobachten bei gutem Licht bis in den Anfang der Dämmerung hinein geeignet. Die Vergrößerung kann im Bereich von 10- bis 22fach schnell und einfach verstellt werden. Es ist in der optischen Qualität mit einem Leica Duovid nicht vergleichbar. Besonders bei hoher Vergrößerung lässt die Bildqualität zu wünschen übrig. Ferner ist Beobachten aus freier Hand dann nicht mehr möglich.

Auf einen Blick Zoom-Ferngläser

	Luger 10 - 30x50	Tasco 7 - 21x40	Bushnell 7 - 15x35	Bushnell 7 - 21x40	Pentax 8 - 16x21	Nikon 10 - 22x50 Action Zoom XL	Nikon 7 - 15x35 Action Zoom	Simmons 8 - 24x50	Leica Duovid 10+15x50
Vergrößerung	10 – 30x	7 – 21x	7 – 15x	7 – 21x	8 – 16x	10 – 22x	7 – 15x	8 – 24x	10+15
ObjektivØ in mm	50	40	35	40	21	50	35	50	50
Sehfeld auf 1000 m in m	58 – 30	max 96	93 – 60	96 – 57	79 – 47	max. 60	max. 88	71 – 45	90+70
Höhe in mm	200	n. a.	n. a.	n. a.	11,2	197	138	168	157
Breite in mm	190	n. a.	n. a.	n. a.	11,2	193	182	168	130
Gewicht in g	920	811	624	709	309	805	805	n. a.	1270
Prismensystem	Porro	Porro	Porro	Porro	Porro	Porro	Porro	Porro	Dk

Bildstabilisierte Ferngläser

Zeiss 20x60S

Das bildstabilisierende Fernglas 20x60S von Carl Zeiss arbeitet mit einer mechanischen Bildstabilisierung, unabhängig von einer Stromquelle. Alle relevanten optischen Komponenten „schwingen" entsprechend der Handunruhe mit. Diese ausgeklügelte Technik bewirkt, dass die Lichtstrahlen immer auf derselben Netzhautstelle auftreffen. Das System enthält eine kardanische Aufhängung des Prismenstuhls, ein monolithisches Federgelenk mit entsprechender Rückstellkraft sowie die abstimmbare Dämpfungseinrichtung. Das störende Zittern des Bildes wird per Knopfdruck beseitigt und damit eine sehr hohe Auflösung bei Freihandbeobachtung gewährleistet. Die starke Fokussierwalze, die rechtsseitig auf dem Gehäuse liegt, kann sehr gut erreicht werden. Auf die Bildstabilisierungstaste ist lediglich ein schwacher Druck nötig für die Aktivierung des mechanischen Bildstabilisators. Man vernimmt beim Drücken bzw. Loslassen allerdings ein dumpfes Geräusch. Das Glas bietet eine hervorragende Optik mit bester Bildbrillanz sowie gestochener Schärfe mit sehr hoher Randschärfe. Das helle Bild ist sehr farbtreu und kontrastreich. Es ist aus freier Hand bestens das Beobachten möglich bei sehr hoher Detailerkennbarkeit. Man erkennt dank binokularen Sehens oft mehr Details als bei Benutzung eines 30fach vergrößernden Spektivs. Der Nachteil des 1660 g schweren Zeiss 20x60S liegt in der geringen Führigkeit des voluminösen Fernglases. Das Glas ist wasserdicht.

Mechanisch bildstabilisiertes Zeiss Fernglas (20x60) und Monokular im Vergleich mit Zeiss Design Selection Fernglas

Auf einen Blick Stabilisierte Ferngläser

	Canon 18x50 ISAW	Canon 15x50 ISAW	Canon 10x42 LISWP	Canon 12x36 ISH	Nikon 14x40	Nikon 16x32	Zeiss 20x60
Vergrößerung	18x	15x	12x	12x	14x	16x	20x
ObjektivØ in mm	50	50	42	36	40	32	60
AustrittspupillenØ in mm	2,8	3,3	4,2	3,0	2,9	2,0	3,0
Kürzeste Einstellentfernung m	6	6	2,5	6	5	3,5	14
Sehfeld auf 1000 yard (914 m) in m	59	72	104	80	63	60	52
Höhe in mm	180	180	175	177	186	181	275
Breite in mm	150	150	137	127	148	142	161
Gewicht (ohne Batterie)	1182	1182	1043	660	1340	1120	1660
Wasserdichtheit	resistent	resistent	dicht	nein	dicht	dicht	dicht
Energiequelle (Alkali)	2x AA	2x AA	2x AA	2x AA	4x AA	2x AA	keine
Prismensystem	Porro	Porro	Porro	Porro	Dk	Dk	Dk

Canon 15x50 ISAW

Canon arbeitet mit einer elektronischen Bildstabilisierung und bezeichnet die bildstabilisierten Ferngläser mit der Zusatzbezeichnung IS (Image Stabilizer). Microprozessoren registrieren die Bewegungen und bewegen die Vari-Angel-Prismen (VAP), sodass der Lichtstrahl stets an derselben Stelle austritt. Handunruhe wird ausgeglichen. Das System arbeitet zuverlässig und man hat ein klares Bild mit hoher Auflösung und Detailerkennbarkeit zur Verfügung.

Elektronisch bildstabilisiertes Canon-Fernglas

Das Bild ist hell und weist hinsichtlich Brillanz, Farbtreue und Kontrast beste Werte auf. Es ist gestochen scharf mit sehr guter Randschärfe. Canon setzt wie in der Fotografie seine L-Linsen mit Ultra-Dispersion ein, zudem Linsen mit asphärischen Elementen. Sie sorgen mit für eine sehr hohe Randschärfe und Auflösung.
Es handelt sich um ein Porroprismenglas. Der Zentralfokus ist sehr gut erreichbar und lässt sich auch bei Kälte gut bedienen. Die Bildstabilisierung wird nach Drücken eines rechtsseitigen Knopfes aktiviert. Das Gehäuse ist fest. Zur Einstellung der Augenweite lassen sich die Okulare schwenken. Das Glas hat Brillenträgerokulare. Es ist wasserresistent, ein heftiger Regenschauer ist kein Problem. Das gummiarmierte Glas ist recht führig und leicht handhabbar. Die Bildstabilisierung benötigt jedoch eine Stromquelle (zwei AA Alkali Batterien). Die Betriebsdauer beträgt je Batteriesatz bei 25 Grad Celsius 2,5 Stunden. Die Okulare sind mit einem Antibeschlagsystem ausgestattet.

Ferngläser mit Laserentfernungsmesser

Leica Geovid

Der Wunsch nach einem führigen Fernglas mit optischer Spitzenleistung und integriertem Laserentfernungsmesser wurde von Leica mit den Geovids 8x42 bzw. 10x42 und 8x56 BRF verwirklicht.
Die neuen Leica Geovids sind eine gelungene Symbiose zwischen Fernglas und Laserentfernungsmesser. Das Außergewöhnliche daran ist die Spitzenoptik gepaart mit der Führigkeit der Geovids. Immerhin entsprechen die Maße des Geovids denen eines normalen Trinovid Fernglases mit denselben optischen Kenndaten. Das Geovid bleibt handlich wie ein normales Fernglas. Die Balance stimmt, sodass man es sehr ruhig halten kann. Ebenso erstaunlich, dass man nicht mehr Gewicht als bei einem Leica Trinovid Fernglas ohne Laserentfernungsmesser mit sich schleppen muss. Bei 900 Gramm Gewicht fällt einem das Geovid auch im schwierigen oder gar extremen Gelände nicht zur Last. Die optische Leistung kann sich sehen lassen. Geboten wird ein helles, sehr farbtreues und gestochen scharfes Bild mit hervorragender Randschärfe. Mich überraschte der ausgezeichnete Kontrast. Das Sehfeld des 10x42 ist mit 110 Metern auf 1000 Meter ausreichend groß und voll praxisgerecht. Selbstverständlich sind da schon Stickstofffüllung gegen Innenbeschlag, abriebfeste Vergütung an Objektiv- und Okularaußenflächen, Wasserdichtheit, Phasenkorrektur mit P40 Schicht, bequemes Fokussierrad, robustes sowie starkes Aluminiumdruckgussgehäuse, Drehaugenmuscheln, damit Brillenträger das gesamte Sehfeld nutzen können, und säurebeständige Vollgummiarmierung. Einzig der Kombiknopf der Leica Ferngläser fiel der Lasertechnik zum Opfer. Am Mitteltrieb-Fokussier-

rad kann lediglich scharf gestellt werden. Das Rad läuft auch bei großer Kälte sehr gleichmäßig und geschmeidig. Beide Okulare erhielten griffige, gut bedienbare Dioptrienausgleichsräder. Das kleine Batteriefach auf der Unterseite fällt kaum auf.
Der Laser wird durch ein kleines Objektiv an der Mittelachse ausgesandt. Das reflektierte Laserlicht wird vom Objektiv aufgefangen und mittels Strahlenteilerprisma zum Rechner geleitet. Dies geschieht ohne Minderung der Bildbrillanz. Messmarke und Entfernung werden im rechten Okular nach Knopfdruck auf die Messtaste durch LED-Anzeige sichtbar, im Gegensatz zur oft verwendeten, bildmindernden Flüssigkeitskristallanzeige. Auffallend und für die Praxis sehr wichtig, dass blitzschnell gemessen und die Entfernung angezeigt wird. Man hat kaum die Chance während des Messvorganges vom Ziel „herunterzuwackeln". Solange der Knopf gedrückt bleibt, wird gemessen. So sieht man die sich ändernden Entfernungen bei ziehendem Wild (Scan-Modus). Die Anzeige passt sich automatisch der Umgebungshelligkeit an. Ein Überstrahlen gibt es nicht. Eine praxisgerechte Messung wird auch auf kleine Ziele wie weit entferntes Wild bestens ermöglicht. Ich konnte schwierige, gering reflektierende Objekte wie Nadelwald sicher bis zu etwas über 1100 Meter anmessen. Bei gut reflektierenden Objekten waren es sogar bis über 1300 Meter.

Bushnell Yardage Pro Quest 8x36

Der Bushnell Entfernungsmesser Quest verfügt über ein starkes Kunststoffgehäuse, das komplett gummiarmiert wurde. Das Gerät hat seitliche Griffrippen. Der kleine Mitteltrieb kann schlecht erreicht werden. Das linke Okular kann in der Weite zum rechten Okular verstellt werden. Das rechte Okular hat einen Dioptrienausgleich. Es handelt sich um Brillenträgerokulare mit Stülpaugenmuscheln. Der Quest bietet ein helles Bild mit sehr guter Schärfe und gutem Kontrast. Auffallend waren die Randunschärfe und fahle Bildstellen im Randbereich. Das Bild im rechten Okular hat in der Mitte einen Kreis zum Anvisieren der Objekte. Unten ist es abgeteilt. In einem unten gelegenen Feld erfolgt die Anzeige der Entfernung in Yards und bei zugeschaltetem „Scan" die Anzeige „Scan". Das Gerät hat ein separates Sendeobjektiv. Es misst hervorragend auch unter schwierigen Bedingungen sowie bei gering reflektierenden Objekten. Mit einer Taste wird der Laserstrahl aktiviert und gemessen. Drückt man eine darunter liegende Taste, dann wird dauernd gemessen, solange man die obere Taste gedrückt hält (= Scan). Man kann mit ziehendem Wild mitfahren und dauernd die sich ändernden Entfernungen ablesen. Das Bushnell Yardage Pro lässt sich noch gut führen. Die Qualität eines hochwertigen Fernglases bietet es aber nicht.

Leupold Windriver RB800 8x32

Ein sehr führiger Entfernungsmesser mit kleinem dritten Objektiv. Das Kunststoffgehäuse wurde voll gummiarmiert. Die Brillenträgerokulare sind fix mit ausziehbaren Augenmuscheln. Es handelt sich um Einzelokularfokussierung mit Rasten, was in der Praxis vor allem bei Nahentfernungen und schwindendem Licht nötig ist. Das Fokussieren erfolgt umständlich. Im rechten Okular wird die Anzeige (Batterie, Yards oder Meter, Entfernung, Zielkreuz) rot eingespiegelt. Per Knopfdruck kann von Meter in Yards umgeschaltet werden. Auffallend die hohe Schärfe bei gutem Kontrast. Gemessen konnte Wald bis rund 760 Meter werden. Im Bereich von bis zu 500 Metern arbeitete der Entfernungsmesser zuverlässig. Man kann den Augenabstand durch Auseinanderziehen des Gerätes justieren.

Optische Ausrüstung für Jäger

Welche optische Ausrüstung lege ich mir zu?

Diese Frage ist eine der wichtigsten, die sich Jäger stellen müssen. Die Optik kann wesentlich über Jagderfolg oder Misserfolg entscheiden. Optische Hilfsmittel sind die meistbenutzten Werkzeuge, die ein Jäger handhabt. Sie sind heute für die Jagd unentbehrlich. Neben dem Jagderfolg sind sie auch über den Komfort bei der Jagd entscheidend.

Allen voran ist das Fernglas ein ständiger Begleiter. Es ist bei keiner Jagd entbehrlich. Es gehört einfach zum Jäger. Nur bei sorgfältigem Ansprechen des Wildes mit praxisgerechter Optik kann die Jagd waidgerecht ausgeübt werden. Grundsätzlich führt man in Mitteleuropa ein universelles Jagdglas, das auch für die späte Dämmerung und Nacht geeignet ist. Grundausstattung ist also ein Fernglas mit den Kenndaten 8x50, 8x56 oder 10x56.

Früher oder später wird der Wunsch nach einem führigen Pirschglas aufkommen. Es kann zur Rehjagd genauso geführt werden wie bei der Gebirgsjagd oder Auslandsjagden auf fernen Kontinenten. Sehr universell ist da ein 8x40/42. Wer viel im Gebirge jagt, kann auch ein 10x40/42 wählen. Falls es bei extremen Jagden auf Gewichtsersparnis ankommt, sollte man ein 8x30 führen. Dieses genügt auch vollkommen in Afrika.
Ein Zielfernrohr ist heute ein MUSS. Sehr universell sind Zielfernrohre wie 3-12x50 mit Leuchtabsehen. Wer viel Schwarzwild bei Nacht jagt, sollte ein Zielfernrohr mit 56-mm-Objektiv wählen. Drückjagden erfordern eine eigene Optik. Entweder ein Rotpunktvisier oder ein Drückjagd-Zielfernrohr wie das Swarovski Z6i 1-6x24 mit 42,5 Metern Sehfeld auf 100 Meter.
Bei Gebirgsjagden bevorzuge ich eine hohe Vergrößerung wie 4-16x50(42) oder 6-24x50(42). Zielfernrohr und Fernglas stellen die optische Grundausstattung dar.

Schon bei der Rehbockjagd ist ein Spektiv nahezu unentbehrlich. Wie will man sonst einen Knopfbock auf 100 oder gar 150 Meter Entfernung erkennen? Auch das genaue Ansprechen einer Rehkrone, Gamskrucke oder eines Hirschgeweihs ist nur mit Spektiv möglich. Man sollte einen Objektivdurchmesser von mindestens 60 mm wählen. Von großem Vorteil ist ein variables Okular, vor allem, wenn das Licht schwindet.

Einen Entfernungsmesser möchte ich heute nicht mehr missen. Entfernungen über 150 Meter richtig zu schätzen, ist eine Kunst, die kaum jemand beherrscht. Die Kenntnis der korrekten Entfernung zum Wild verhilft zu einem treffsicheren Schuss vor allem auf weite Entfernungen.
Beim Kauf der Optik sollte man zum Besten greifen, was man sich leisten kann. Die Unterschiede sind in der Praxis groß. Nur hochwertige Qualitätsoptik wird einen letztendlich zufrieden stellen. Das darin angelegte Geld ist sinnvoll investiert.

Beim Beobachten mit Swarovski-Ausziehspektiv CTC

7. Spektive

Beim Kauf eines Spektives wird sich der Jäger die Frage stellen: „Welches Teleskop benötige ich?" In erster Linie wird die Frage vom Anforderungsprofil an die Beobachtungsoptik beantwortet.
Der Markt an jagdtauglichen Spektiven oder Beobachtungsteleskopen ist nicht riesig. Der Jäger stellt hohe Anforderungen an seine Beobachtungsoptik. Sie muss nicht nur robust und wasserresistent sein, sondern auch eine brillante Optik haben. Da nicht selten unter schwierigen Lichtverhältnissen beobachtet wird, sollte auch das Spektiv lichtstark sein. Dabei kommt es weniger auf die rechnerischen Werte auf Grund der Vergrößerung und des Objektivdurchmessers an. Vielmehr ist die Qualität der Optik entscheidend. Neben hoher Lichttransmission (bei Spitzenprodukten liegt sie etwas über 80%) sind vor allem der Kontrast und die Auflösung entscheidend. Nur mit erstklassigem Kontrast wird man bei schwindendem Licht Details erkennen oder Wild vor dunklem Hintergrund wahrnehmen. Ein weiterer wichtiger Punkt ist das Okular. Wer in der fortgeschrittenen Dämmerung das Spektiv einsetzen möchte, sollte ein variables Okular mit einer minimalen Vergrößerung von rund 20fach wählen oder zu einem Spektiv greifen, dessen fixes Okular eine Vergrößerung von deutlich unter 30fach hat. Dabei kann der Objektivdurchmesser ruhig etwas geringer sein. Er sollte aber 65 mm nicht unterschreiten. Bei geringem Licht helfen auch 5 mm (z. B. 85- statt 80-mm-Objektivdurchmesser) mehr beim Objektivdurchmesser nichts. In der Praxis wird man kaum einen Unterschied feststellen können. Eine niedrigere Vergrößerung deutlich unter 30fach bringt aber enorm viel. Es ist, wie wenn die Nacht zum Tage wird.
Weiterhin werden heute zahlreiche Teleskope in einer höherwertigen „High Definition" (oder ähnliche Bezeichnungen) angeboten. Dabei wird für das Objektiv fluoridhaltiges Glas verwendet. Mit dem Fluoridglas wird eine sehr hohe Farbtreue ohne Farbsäume sowie beste Detailerkennbarkeit erreicht. Das Bild ist extrem brillant.

Man unterscheidet zwischen Ausziehspektiven und Spektiven oder Teleskopen mit festem Grundkörper. Bisher benutzten die Jäger überwiegend Ausziehspektive. Zunehmend ändert sich das. Die Ausziehspektive haben den Vorteil, dass sie zusammengeschoben eine sehr kurze Transportlänge haben und äußerst führig sind. Das sehr gute Optolyth 25x70BGA/WW lässt sich sogar in einer Tasche der Jagdjacke mitführen. Größere Ausziehspektive trägt man bequem mittels Tragegeschirr oder im Rucksack. Es gibt zahlreiche Ausziehspektive mit variablem sowie wechselbarem Okular. Die Ausziehspektive haben den Nachteil, dass sie beim Ausziehen Luft ansaugen. Sie können nie vollkommen wasserdicht sein. Qualitativ hochwertige Ausziehspektive sind wassergeschützt, sodass ihnen ein Regenschauer nichts ausmacht. Trotz eingebauter Filter kommt es aber im Laufe der Jahre zur Verschmutzung der Innenoptik. Diese sollte man dann im Werk reinigen lassen. Da hat man bei qualitativen Produkten aus Mitteleuropa den Vorteil des guten Service der „heimischen" Hersteller. Ferner kann man auch Ausziehspektive mit kurzem Auszug sehr gut am Pirschstock oder Baum anstreichen. Jagdliche Spektive sollten eine Gummiarmierung besitzen.

Variookular 20- bis 60fach von Leica

Die Spektive oder Teleskope mit Festkörper sind im hochwertigen Segment wasserdicht. Gegen Innenbeschlag werden sie mit Stickstoff gefüllt. Die Grundkörper ohne Okular sind hermetisch verschlossen, sodass selbst bei Okularwechsel kein Schmutz oder Nässe eindringen können. Die Okulare sollten auch Brillenträgern das gesamte Sehfeld eröffnen und mit komfortablen Drehaugenmuscheln ausgestattet sein. Man sollte darauf achten, dass das Fokussierrad griffgünstig liegt und bequem bedienbar ist. Festkörperspektive lassen sich weniger gut angestrichen handhaben. Sie sollten stabil aufgelegt (z. B. Rucksack oder Ohrensäckchen) oder auf einem Stativ montiert benutzt werden. Der größte Vorteil der Festkörperspektive besteht in der gegenüber Ausziehspektiven wesentlich höheren Bildbrillanz. Bewegliche Teile benötigen etwas „Spiel". In den Festkörperspektiven können Blenden optimal gestaltet werden. Diese Spektive haben eine wesentlich höhere Auflösung. Das Bild ist kontrastreicher, farbtreuer und die Bildfehler fallen viel geringer aus. Selbst Laien erkennen schnell, dass die Bildqualität der Festkörperspektive höher ist. Es ist von Vorteil, wenn auch das Festkörperspektiv gummiarmiert ist.

Natürlich ist jedes Spektiv optimal einsetzbar, wenn es auf einem Stativ montiert wurde. Nur wenn es wackelfrei montiert wurde, kann man die hoch vergrößernde Optik voll nützen. Sicherlich ist das Mitführen eines Dreibeinstatives häufig unzweckmäßig. Bei der Pirsch im Gebirge lege ich das Spektiv auf den Rucksack oder die Jagdjacke. Das lässt eine sehr gute Beobachtung zu. Im heimischen Revier auf den Hochsitzen benutze ich die von Frankonia Jagd vertriebene Kaiser Universalklemme mit flexiblem Biegearm. Trotz flexiblem Biegearm sitzt das Spektiv stabil und wackelfrei. Bei Bedarf kann man es schnell und geräuschlos zur Seite schwenken.

Optolyth Ausziehspektiv 30x80

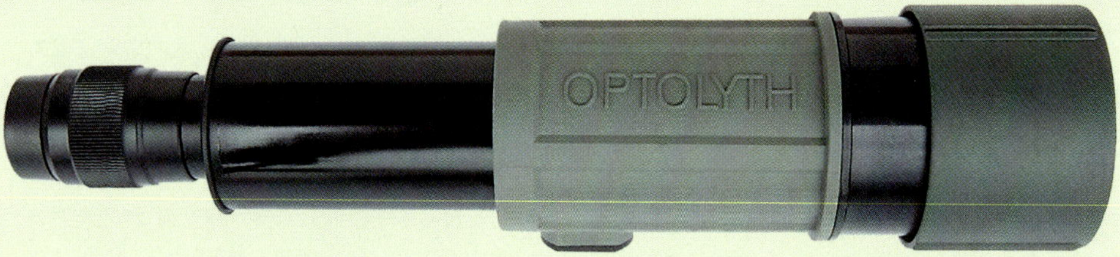

Ausziehspektive

Von den jagdlich brauchbaren Spektiven habe ich eine Auswahl getroffen, die im Folgenden kurz vorgestellt wird. Für den jagdlichen Gebrauch haben sich Vergrößerungen von 25- bis 32fach als am geeignetsten erwiesen. Ideal sind natürlich auch variable Okulare.

Für den Test habe ich folgende Spektive geführt und in der jagdlichen Praxis erprobt:

Optolyth 25x70 BGA/WW
Optolyth 30x80 BGA/WW
Swarovski Habicht CTS 85 mit Wechselokular, 30fach
Swarovski CTC 30x75
Perma 32x80 BGA
Meopta TGA 75 mit Wechselokular, 20- bis 60fach

Optolyth Spektive

Seit Jahrzehnten ist Optolyth als führender Spektivhersteller bekannt. Ich führte die Optolyth-Spektive stets mit Begeisterung, da sie in Handling und Optik auch unter schwierigen Bedingungen überzeugen konnten. Ein großer Wurf ist Optolyth mit dem Spektiv 25x70BGA/WW gelungen. Es ist das kompakteste unter den Testkandidaten und kann wirklich in der Jackentasche verschwinden. In der Praxis konnte es durch erstklassige Optik überzeugen. Der Ceralin-Plus Vergütung auf allen Glas-/Luftflächen gewährleistet hohe Lichttransmission. Das Bild ist sehr plastisch, kontrastreich und gestochen scharf. Das Handling ist ausgezeichnet. Es lässt sich einfach von 22,7 cm auf 33,2 cm ausziehen und blitzschnell am griffigen Fokussierring am Okular fokussieren. Es hat sich gezeigt, dass wohl auf Grund der geringeren Vergrößerung das Bild in der Dämmerung wesentlich heller erscheint als bei Spektiven 30x80. Es kann da sogar gut mit dem sehr hellen Bild des Swarovski Habicht CTS 85 mit 85-mm-Objektiv mithalten.

Wer meint, ein etwas stärkeres Spektiv haben zu müssen, kann bei Optolyth das 30x80 BGA/WW wählen. Auch dieses lichtstarke Spektiv kann durch seine optische Leistung überzeugen. Es bietet ein helles, brillantes Bild mit gestochener Schärfe. Im Gegensatz zum kleinen Bruder besitzt es eine ausziehbare Sonnenblende mit vier Visiertunneln, die das Auffinden des Objektes erleichtern. Es ist zweifach von 27 auf 48 cm ausziehbar. Solide, robuste Bauweise und geräuscharme Gummiarmierung überzeugen zusätzlich. Die matte, warme Gummiarmierung mit den griffigen Rippen sagt mir von allen Spektiven am meisten zu. Optolyth-Spektive sind kompakt. Positiv fielen die durchmesserstarken Brillenträgerokulare auf, die diesem Personenkreis das gesamte Sehfeld bieten. Beim 30x80 sah ich mit Brille nicht ganz das gesamte Sehfeld. Das Optolyth 25x70 BGA/WW und die Swarovski-Spektive bieten Brillenträgern das gesamte Sehfeld, ohne jegliche Einbuße.

Versenkbares Okular
an Optolyth-Ausziehspektiv

Das Optolyth 15-45x80GA ist mit variablem Okular ausgerüstet. Fokussiert wird am handlichen, gummiarmierten Fokussierrad vor dem Okular. Bei Optolyth gibt es Ausziehspektive mit versenkbarem Okular. Damit werden Dejustierungen beim Transport ausgeschlossen und der Transport erleichtert.

Swarovski Spektive

Ein weiterer Hersteller hochwertiger Spektive ist Swarovski. Mit der letzten Generation hat Swarovski aufgeholt und bietet dem Jäger Spektive der Spitzenklasse. Das Programm wird vom Habicht CTS 85 angeführt. Das 1400 g schwere Spektiv ist 24,6 cm lang (zusammengeschoben) und auf 43,6 cm ausziehbar. Es besitzt ebenfalls eine Gummiarmierung und eine ausziehbare Gegenlichtblende. Bei dem Swarovski Spektiv kann man die Okulare mittels Bajonettverschlusses blitzschnell wechseln. Bei Okularwechsel kann kein Schmutz beziehungsweise keine Feuchtigkeit ins Innere gelangen, da der Spektivkörper zum Okular hin hermetisch abgeschlossen ist. Zum Fokussieren brachte man vor dem Okular eine Riffelung an. Das Handling wird dadurch erleichtert. Ich finde das Fokussieren etwas umständlich.

Die Swarovski-Optik konnte in der Praxis mit einem gestochen scharfen, kontrastreichen und hellen Bild überzeugen. Die Brillanz des Bildes ist hervorragend. Das Swarovski Spektiv CTS 85 bot das hellste Bild unter den Testkandidaten in der Dämmerung bei 30facher Vergrößerung. Überrascht hat, dass das Optolyth 25x70BGA/WW auf Grund seiner geringeren Vergrößerung da „fast" vollständig mithalten konnte. Swarovski-Spektive sind mit Swarotop voll vergütet, die von Optolyth mit der Ceralin-Plus-Mehrschichtvergütung. Die Außenflächen der Swarovski-Objektive und Okulare wurden mit der abriebfesten Swarodur-Vergütung versehen.

Jüngstes Ausziehspektiv im Hause Swarovski ist das CTC 30x75, das sich für einen universellen jagdlichen Einsatz bestens eignet. Das Spektiv mit fixem Okular hat die Fokussierung am Okular. Es lässt sich bequem fokussieren. Auf Grund einer Entfernungsskala am Okular kann man grob vorfokussieren. Übrigens, von 50 m bis unendlich benötigt man nur eine Umdrehung. Das Okular ermöglicht Brillenträgern, das gesamte Sehfeld von 41 m auf 1000 m zu nutzen. Das Ausziehspektiv hat ein ansprechendes Design mit ungleich geformten Feldern und Zügen an der Gummiarmierung. Es lässt sich rutschsicher halten. Das Spektiv hat eine Transportlänge von 31 cm und ist ausgezogen 49 cm lang. Die mehrfach vergütete Optik (an Außenflächen von Objektiv und Okular eine kratz- und abriebfeste Vergütung) konnte durch auffallend hohe Schärfe und gute Randschärfe voll überzeugen. Kontrast und Bildhelligkeit sind hervorragend. Das Spektiv kommt mit klimaunempfindlichem Trageriemen, an dem auch Okular- und Objektivschutzkappen hängen. Das Swarovski Spektiv überzeugte in Handhabung und bei der Optik. Es bietet ein sehr gutes Preis-/Leistungsverhältnis.

Meopta TGA75

Das Meopta Ausziehspektiv TGA75 ist für Wechselokulare mit feinem Schraubgewinde eingerichtet. Für den Test wurde ein Okular 20- bis 60fach gewählt. Gerade die 20fache Vergrößerung ist bei fortgeschrittener Dämmerung sinnvoll. Es handelt sich um ein Brillenträgerokular mit Stülpaugenmuscheln. Am Okular lässt sich bequem die Vergrößerung einstellen. Fokussiert wird am großen, geriffelten Fokussierrad vor dem Okular am Anfang des Auszugs. Es lässt sich schnell und genau fokussieren, auch dann, wenn das Spektiv auf einen Rucksack liegt. Das gummiarmierte Spektiv hat einen Auszug und wird mit sinnvollem Tragegeschirr geliefert. Es hat keine Sonnenblende. Die Optik kann sich sehen lassen. Sie bildet sehr scharf ab mit ausreichender Schärfe im Randbereich. Geboten wird ein helles und kontrastreiches Bild. Im Vergleich mit einem Swarovski-Spektiv zeigte sich, dass Swarovski eine höhere Farbtreue, etwas mehr Kontrast und auch eine höhere Auflösung hat. In der Praxis konnte sich das Meopta Spektiv sehr gut bewähren. Es lässt sich auch in der Dämmerung einsetzen.

Perma

Ein in Fernost hergestelltes jagdtaugliches Ausziehspektiv ist das von Frankonia Jagd vertriebene Perma 32x80GA. Es ist zusammengeschoben 33 cm lang und 1330 g schwer. Einmal ausgezogen misst es 43 cm. Auch dieses Spektiv ist geräuscharm gummiarmiert. Es besitzt eine sehr gute Visiereinrichtung, aber keine Sonnenblende. Zusammengeschoben ist es recht lang. Das Okular fällt am schmalsten aus. Die Fokussierung wird direkt am gummiarmierten „Fokussierring" am Okular vorgenommen. Das Fokussieren war für mich bei diesem Spektiv am umständlichsten, da der Fokussierring sehr schmal ist und zu nahe am Auge sitzt. Das stört vor allem bei Kopfbedeckung. Von einem Brillenträgerokular ist keine Spur zu merken, denn Brillenträger können nur die Mitte des Sehfeldes ausnutzen. Die vergütete Optik ist ganz gut, reicht aber nicht an die erstklassigen, brillanten Optiken von Optolyth oder Swarovski heran. Das Spektiv bietet ein noch helles, scharfes Bild bei gutem Kontrast. In der Dämmerung erkennt man, dass das Bild etwas dunkler ist und etwas weniger Kontrast bietet als dies bei den Spektiven von Optolyth und Swarovski der Fall ist. Es ist durchaus für die Jagd brauchbar und bietet ein sehr gutes Preis-/Leistungsverhältnis, aber man muss Abstriche zu den teureren Top-Spektiven machen. Für Brillenträger empfiehlt sich dieses Spektiv nicht.

Festkörperspektive

An Festkörperspektiven habe ich folgende Teleskope in der Praxis ausgiebig erprobt:
Optolyth Compact S/80 – 20- bis 60fachem Okular
Swarovski STS 65 HD – 20- bis 60fachem Okular
Zeiss Diascope 85T* FL – 20- bis 60fachem Okular
Leica APO-Televid 77 – 20-bis 60fachem Okular
Leupold-Spektive 12-40x60, 10-20x40 Compact und 15-30x50 Compact

Beobachten mit Leica APO Televid 77

Diese Teleskope haben sich in der Praxis als ideal erwiesen. Ich kann sie für die Jagd uneingeschränkt empfehlen. Das neue Optolyth Compact S/80 ist recht führig. Ebenfalls sehr gut sind die Leica Spektive Televid 77. Vor allem die Modelle mit Fluorid-Objektiven (APO-Modelle) bieten ein brillantes, gestochen scharfes Bild. Abstriche in der Bildbrillanz muss man bei den Minox-Spektiven (62 mm Objektive/ Wechselokulare) hinnehmen. Sie bieten aber eine durchaus brauchbare und praxistaugliche Optik mit scharfem Bild und gutem Kontrast. Sie liegen im Preis niedriger als die Spitzenprodukte. Man kann sie gut bis in die Dämmerung hinein benutzen.
Sehr kompakt ist noch das Leupold Spektiv 12-40x60. Es arbeitet mit Spiegeltechnik bei der Lichtumleitung. Dadurch wird die extrem kurze Bauweise von 29,21 cm Länge ermöglicht. Dieses Spektiv ist aber bauhöher. Es besitzt eine brillante sowie gestochen scharfe Optik mit hervorragendem Kontrast, es lässt sich sehr gut bedienen und ist mit 1020 g noch leicht und führig. Natürlich ist es wasserdicht und mit Stickstoff gefüllt. In der Praxis bewährte es sich ausgezeichnet.
Wer ein kompaktes und gutes Spektiv sucht, ist mit den sehr leichten und kurzen Leupold Spektiven 10-20x40 und 15-30x50 Compact gut bedient. Sie sind äußerst führig und werden in einem gepolsterten Corduraköcher geliefert. Die Fokussierung erfolgt seitlich an einem griffigen Fokussierrad. Die Vergrößerungsverstellung erfolgt am Brillenträgerokular (halbe Umdrehung), das erschließt Brillenträgern das gesamte Sehfeld. Das vollgummiarmierte Spektiv ist leicht handhabbar und wasserdicht sowie mit Stickstoff gefüllt. Die mehrschichtig vergütete Optik (Porroprismen BAK-4-Prismen) liefert ein gestochen scharfes sowie helles Bild bei gutem Kontrast und sehr guter Farbtreue. Man kann beide Spektive sehr gut angestrichen benutzen. In der Praxis konnten die Spektive voll überzeugen, wobei zum 15-30x50 zu raten ist. Oft wird eine Vergrößerung über 20fach benötigt, sodass man mit diesem Spektiv besser ausgestattet ist.

Optolyth Compact S80

Das kompakte Optolyth Compact S80 Festkörperteleskop wurde dank eines neuen, fünflinsigen Objektivs mit 325 mm Länge ebenfalls sehr kurz. Man kann das Spektiv einfach im Rucksack mitführen. Mit 1670 g für das Spektiv und zusätzlichen 210 g für das 20- bis 60fache Zoomokular ist es zwar kein Leichtgewicht, aber durchaus noch tragbar. Im Vergleich wiegt das Swarovski CTC 30x75 1200 g und das Optolyth 30x80 GBA/WW 1390 g. Das neue bequem bedienbare Zoom-Okular reicht von 20- bis 60facher Vergrößerung. Der Okulardurchmesser ist mit 22 mm sehr groß, was vor allem bequemes Beobachten ermöglicht. Am Okular befindet sich eine Schiebeaugenmuschel mit Gummiarmierung. So können auch Brillenträger das gesamte Sehfeld nutzen. Das Teleskopinnere wurde mit einer vergüteten Glasplatte hermetisch abgeschlossen, sodass selbst bei Okularwechsel im Regen keine Feuchtigkeit ins Innere dringen kann. Die Stickstofffüllung verhindert einen Innenbeschlag.
Das Teleskop besteht aus einem stabilen Leichtmetallrohr mit ausziehbarer Gegenlichtblende. Am letzten Rohrdrittel wurde ein drehbarer Stativbefestigungsring installiert, der mittels griffiger Schraube arretiert werden kann. Der Rohrkörper wurde bis auf den Stativring dunkelgrün gummiarmiert. Auf der Oberseite des Rohres sitzt kurz vor dem Okular der dank starker Rippen griffige Fokussierring. Der Fokussierring ging auch bei großer Kälte gleichmäßig und geschmeidig. Man findet schnell die richtige Schärfe

und kann fein justieren. Es handelt sich um eine Innenfokussierung, die Dichtheit ermöglicht.

Als Zubehör werden ein Objektiv- und aufschraubbarer Okularschutz mitgeliefert. Die Okularkappe aus bruchsicherem Kunststoff schützt das Okular beim Transport.

Das Optolyth Compact S80 besitzt eine brillante Optik, die im direkten Vergleich mit dem Optolyth 30x80 BGA/WW eindeutig die Nase vorn hat. Die an allen Glas-/Luftflächen mit der Mehrschichtvergütung Ceralin-Plus vergütete Optik ergibt ein ausgesprochen helles und gestochen scharfes Bild. Auffallend auch die hohe Randschärfe. Das farbtreue Bild wies einen sehr guten Kontrast bei sehr hoher Schärfe auf.

Die Bildqualität kann man getrost als hervorragend beurteilen. Beeindruckend ist die Naheinstellung ab 2,8 m. Das Compact 80 gibt es mit Gerade- und auch mit Schrägeinblick. Ein Festkörperspektiv, das in der Praxis keine Wünsche offen ließ. Es eignet sich bestens für die Jagd und erwies sich als sehr robust.

Swarovski STS 65 HD

Das Swarovski Spektiv STS 65 HD hat einen Schrägeinblick im günstigen Winkel von rund 60 Grad. Wahlweise ist es mit Geradeeinblick (ATS 65 HD) zu haben. Das Festkörper-Teleskop überzeugt durch jagdlichen Look und äußerst ansprechendes Design. Der Grundkörper aus einem Stück stabilen Aluminiums wurde ganz gummiarmiert. Selbst der drehbare Stativring ist gummiarmiert. Er kann ohne Werkzeug stufenlos verstellt werden. Der 5,5 cm breite Fokussierring am hinteren Drittel des Teleskops wurde mit gerillter Gummiarmierung versehen. Es handelt sich um echte Innenfokussierung. Eine spezielle Teleskopbasis ermöglicht bequemes Fokussieren auch bei aufgelegtem Spektiv. Die ausziehbare Sonnenblende kann recht geräuscharm gehandhabt werden. Sie rastet ausgezogen ein. Als Besonderheit brachte Swarovski am Okularanschlussbereich rechtsseitig ein abnehmbares Kunststoffvisier an. Es besteht aus einem dünnen Rohrtunnel, mit dessen Hilfe sich das Spektiv sehr schnell und perfekt zum Ziele hin ausrichten lässt. Das Okular 20- bis 60fach wurde außen kratzfest matt harteloxiert. Der breite Vergrößerungsverstellring kann dank geriffelter Gummiarmierung rutschsicher gehandhabt werden. Für den gesamten Verstellbereich benötigt man etwas mehr als eine Dritteldrehung. Das 20- bis 60fache Vario-Okular lässt sich mittels Bajonettverschluss schnell aufsetzen. Es rastet ein und kann erst nach Betätigung eines kleinen Schiebers am Spektivkörper wieder gelöst werden. Das Brillenträgerokular besitzt mit 25 mm Durchmesser eine große Linse. Es ist mit zur Reinigung abnehmbarer Drehaugenmuschel ausgerüstet. Das Spektivinnere wurde mittels vergüteter Glasplatte hermetisch abgeschlossen. Gegen Innenbeschlag füllte man das Teleskop mit Stickstoff. Als kleine, aber sehr nützliche Besonderheit sei erwähnt, dass der weiche Okularschutzdeckel mit einer Schnur

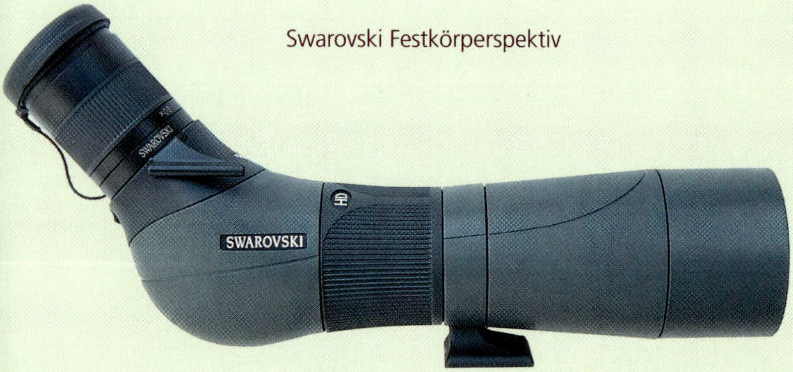

Swarovski Festkörperspektiv

an der Okularseite befestigt wurde. Alle Glas-/Luftflächen wurden mit Swarotop mehrfach vergütet. Die Außenflächen von Objektiv und Okular wurden mit der sehr kratz- und abriebfesten Swarodur-Mehrschichtvergütung versehen. Bei der High Definition Ausführung (HD) verwendet man beim Objektiv Fluoridglas, mit dem eine hohe Farbtreue ohne Farbsäume sowie beste Detailerkennbarkeit erreicht wird. Das Bild ist einfach ausgedrückt brillant. Es ist gestochen scharf bei sehr hoher Randschärfe. Die Farbtreue ist extrem hoch. Bei gemessenen 83 Prozent Lichttransmission hat man ein helles Bild. Es besitzt hervorragenden Kontrast; weder Abschattungen noch Farbringe oder Ähnliches trüben den positiven Eindruck. Die Abbildungsleistung lässt keine Wünsche offen. Das Spektiv ist mit schrägem Okular 37,5 cm lang und wiegt 1370 g. Es bewährte sich in der Praxis uneingeschränkt.

Leupold Spektiv

Zeiss Diarange 85T* FL mit Variookular

Leica APO Televid 77mm mit Variookular

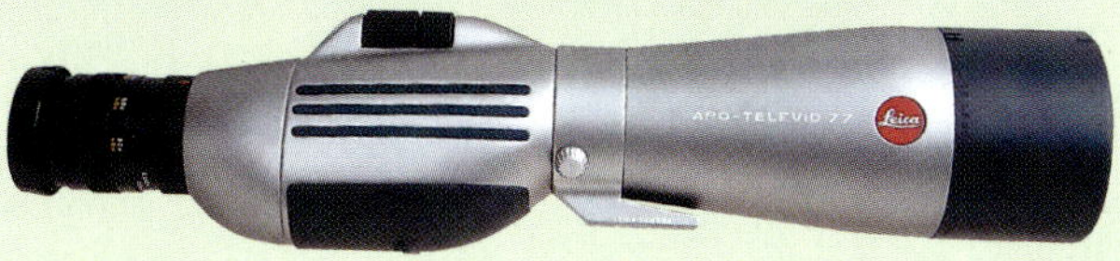

Zeiss Diascope 85T* FL

Das Zeiss Diascope 85T* FL hat ein Design, das man eher dem Space-Zeitalter zuordnen kann. Das kräftige und stabile Aluminiumrohr wurde silberfarben (auch in grün erhältlich) matt kratzfest harteloxiert. Da eine Vollarmierung fehlt, ist es geräuschvoller bei der Handhabung. Auf Entfernungen, bei denen man zur Jagd ein Spektiv benutzt, hat das in der Praxis keine Rolle gespielt. Zur Okularseite hin wurde am Spektivboden eine dicke schwarze Gummiplatte mit zwei Gummifüßen angebracht. Sie ergibt einen rutschsicheren Stand und vermeidet Geräusche beim Aufstellen. Der Stativring ist um 180 Grad stufenlos schwenkbar und besitzt umlaufend fünf Raststufen. Dank eines Knopfes mit Flügel kann der Stativring bequem ohne Werkzeug verstellt werden. Auf dem volumigen Ende des Spektivkörpers findet man zwei kleine Fokussierräder für die echte Innenfokussierung. Beide sind dank geriffelter Gummiarmierung rutschsicher bedienbar. Das hintere Rad dient zur Schnellfokussierung. Man findet damit auf unterschiedliche Entfernungen die Schärfe schnell. Das vordere Rad ist für die Feinjustierung der Schärfe. Das 20- bis 60fache Okular lässt sich dank Bajonettverschluss schnell aufsetzen bzw. tauschen. Das Spektivinnere ist mit vergüteter Glasplatte hermetisch abgeschlossen. Das Diascope wurde ebenfalls gegen Innenbeschlag mit Stickstoff gefüllt. Dank geriffelten Ringes lässt sich die Vergrößerung bequem wählen. Der gesamte Vergrößerungsbereich wird mit etwas mehr als einer Dritteldrehung abgedeckt. Das Okular besitzt eine gummiarmierte, ausziehbare Augenmuschel. Durch Drehung ist sie arretiert. Brillenträger können das gesamte Sehfeld nutzen.

Zeiss setzte bei der FL-Ausführung ebenfalls das hochwertige Fluoridglas (Objektiv) ein, um hohe Bildqualität und optimale Farbtreue zu erhalten. Alle Glas-/Luftflächen wurden mehrfach vergütet (T-Stern). Die Vergütung auf Okular- und Objektivaußenflächen erwies sich auch als kratz- und abriebfest. Die brillante Optik besitzt bei ebenfalls gemessenen 83 Prozent Lichttransmission ein sehr helles Bild. Das gestochen scharfe Bild hat eine gute Randschärfe. Es ergab sich ein sehr kontrastreiches Bild bei hervorragender Farbtreue. Ebenfalls eine Optik der Spitzenklasse, die weder durch Reflexe noch sichtbare Farbringe getrübt wird. Sie ließ in der Praxis keine Wünsche offen. Das Spektiv ist mit Okular 40,5 cm lang und wiegt 1780 g.

Leica APO-Televid 77

Das 20- bis 60fache Okular wird am Leica APO-Televid 77 mit Bajonettverschluss verriegelt. Natürlich ist der Spektivkörper hermetisch abgeschlossen, mit Stickstoff gefüllt und wasserdicht. Eine Sicherung verhindert unbeabsichtigtes Lösen des Okulars. Das Brillenträgerokular hat eine Drehaugenmuschel. Die Vergrößerungsverstellung am Okular lief selbst bei großer Kälte leicht und geschmeidig. Der Stativanschluss ist um 360 Grad drehbar. Das Spektiv ist silberfarben harteloxiert und sehr kratzfest. Sonnenblende und hinterer Bodenteil sind gummiarmiert. Die Dualfokussierung sitzt auf der Spektivoberseite und besteht aus zwei hintereinander liegenden Fokussierwalzen. Die längere Walze hat einen etwas schwereren Gang und dient zur schnellen Scharfstellung. Das kleinere Rad dient zur exakten Schärfejustierung. Es ist zur Schärfenachjustierung gedacht, etwa bei ziehendem Wild. Das Spektiv ist lang und schwer. Es ist wahlweise mit Schräg- oder Geradeeinblick lieferbar. Die voll vergütete, abriebfeste Optik mit fluoridhaltigem Glas in der Objektivlinse ist brillant und hervorragend. Das Bild ist bei hoher Randschärfe gestochen scharf, sehr farbtreu und kontrastreich. Es ließ in der Praxis keine Wünsche offen.

Einfache Festkörperspektive

Einfache Festkörperspektive gibt es zahlreich, etwa von Bushnell oder Tasco. Sie sind nicht mit den vorgenannten Spitzengeräten vergleichbar. Man muss Abstriche in der Bildqualität hinnehmen. Sie haben weniger Kontrast und Farbtreue. Meist ist die Auflösung ebenfalls nicht sehr hoch. Als Beispiel sei das einfache Eschenbach Trophy AS/S 15-45x60B genannt. Das gesamte Sehfeld kann von Brillenträgern trotzt Drehaugenmuscheln nicht genutzt werden. Es ist gummiarmiert und kommt mit Stativ, das man gut auf einem Brett in der Kanzel stellen kann. Das Gerät ist wasserdicht und bietet ein noch scharfes Bild bei geringem Kontrast und geringer Farbtreue. Es ist bei Tageslicht bis zur beginnenden Dämmerung verwendbar. Die Handhabung ist einfach und bequem. Gerade bei der Jagd ist natürlich eine sehr hohe Qualität wünschenswert. Vor allem in der Dämmerung macht sich das bemerkbar, aber auch in hoher Detailerkennbarkeit bei gutem Licht. In der Praxis überzeugten gerade die Spitzengeräte durch weites Einsatzspektrum. Sie erweitern die Möglichkeiten eines Spektiveinsatzes enorm. Ebenso variable Okulare.

Praxisvergleich: Objektivdurchmesser

In der jagdlichen Praxis spielen Laborwerte eine untergeordnete Rolle. Hier stellen die Spektive uneingeschränkt zufrieden. Man konnte Rehböcke über große Distanzen genau ansprechen und die im Wind wehenden Grannen eines am Morgen übers Feld schnürenden Fuchses genau erkennen. Bleibt die Frage, ob das 85er Spektiv wesentlich besser für die Dämmerung geeignet ist als ein 77er oder 65er Objektiv. Das muss verneint werden. Der Unterschied beim Vergleich war sehr gering, und es handelte sich nur um wenige Minuten. In der Dämmerung wurde ein Sprung Rehe auf 180 bis 220 m Entfernung beobachtet. Bei einem Rehbock mit rund drittellauscherhohen Spießen wurden selbst in der fortgeschrittenen Dämmerung die Spieße gut erkannt. Ich konnte sie mit dem Diascope 85R* FL genau drei Minuten länger erkennen als mit dem 65-mm-Objektiv des Swarovski STS 65 HD. Als man schon die Spieße auf 200 m nicht mehr erkannte, wurden die Rehe noch bestens wahrgenommen, auch solche, die vor dunklem Wald standen. Eindeutig bot das Zeiss das hellere Bild bei sehr gutem Kontrast. Das Swarovski hatte zwar in der späten Dämmerung ein dunkleres Bild (geringerer Objektivdurchmesser), aber dank sehr gutem Kontrast konnte man auch mit dem Swarovski Spektiv die Rehe erkennen. Mit beiden Spektiven waren sie besser wahrnehmbar als mit meinem Fernglas 8x56. Eine erstaunliche Leistung. Am allermeisten brachte es, bei schwindendem Licht die Vergrößerung herabzuschrauben. Da bringt ein variables Okular viel. Mit 20facher Vergrößerung kann länger in der Dämmerung beobachtet werden als mit 30facher oder noch stärkerer Vergrößerung. Spektive sind ideal für die Rehbock-, Muffelwidder- und Gamsjagd. Bei diesen Wildarten ist genaues Ansprechen oft nur mit einem Spektiv möglich. Viele Hirschjäger benutzen zum Ansprechen eines Hirsches ausschließlich ein Spektiv.

Optolyth Mini Zoom-Ausziehspektiv

Bekannt ist, dass Optolyth sehr kurze und führige Ausziehspektive von sehr hoher Qualität fertigt.

Leupold-Kompaktspektiv

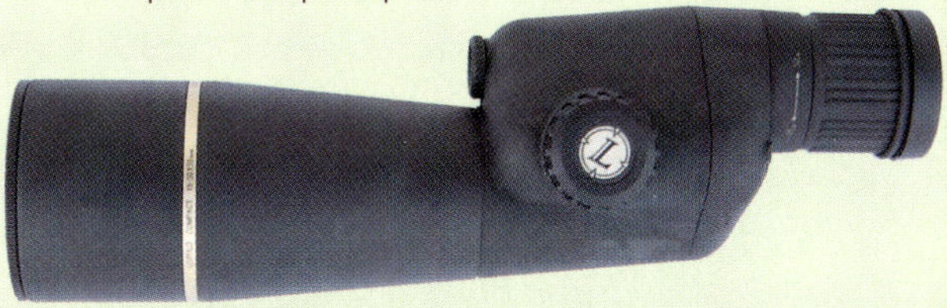

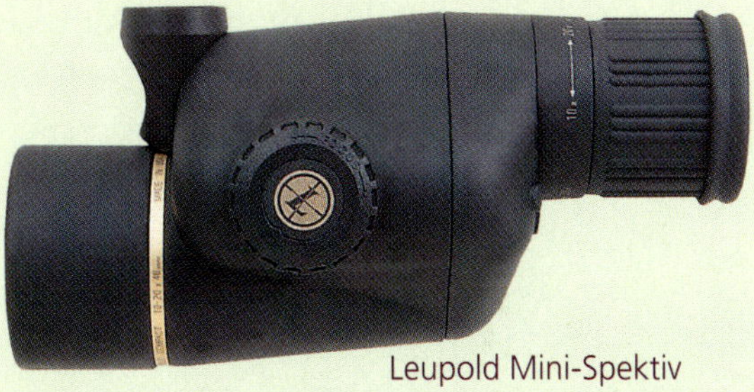

Leupold Mini-Spektiv

Optolyth Mini Zoom 15-45x80GA

Neu ist das Mini Zoom Ausziehspektiv 15-45x80GA. Das Optolyth Mini Zoom 15-45x80GA ist ein lichtstarkes Ausziehspektiv im Miniformat. Zusammengeschoben ist es gerade mal 28,3 cm lang bei einem Gewicht von 1470 g. Man kann es bequem im Rucksack oder gar in einer großen Jackentasche mitführen, ohne dass es zur Last wird. Es hat einen Einfachauszug. Ausgezogen misst es auch nur 39,5 cm. Das hat sich aber selbst beim Anstreichen an einem Bergstock nicht als Nachteil erwiesen. Im Gegenteil, man kann das Spektiv angestrichen an einem Baum oder Bergstock sehr ruhig halten und damit bestens beobachten. Natürlich ist es mit einem Stativanschluss ausgestattet. Die Rohrkörper werden aus festem, stabilem Aluminium gefertigt. Der Grundkörper wurde mit grüner Gummiarmierung mit kräftigen Rippen versehen. Diese schützt bestens, dämpft Geräusche und fühlt sich bei Kälte angenehm „warm" an. Das Spektiv kommt mit einer Objektivschutzkappe. Eine ausziehbare, ebenfalls gummiarmierte Sonnen- oder Gegenlichtblende ist vorhanden. Auf ihr befinden sich drei Tunnelvisierungen, damit sich das Spektiv sehr schnell auf das zu beobachtende Objekt einrichten lässt. Natürlich besitzt es ein echtes Brillenträgerokular. Brillenträger können tatsächlich das gesamte Sehfeld nutzen. Es ist eine Auszugsaugenmuschel vorhanden, die eine weiche Gummiarmierung aufweist. Sie kann ausgezogen arretiert werden, sodass man den Kopf gut anlegen kann. Die Vergrößerung lässt sich durch Drehen an einem gerippten Gummiring am Okular bequem einstellen. Zahlen zeigen die gewählte Vergrößerung „grob" an. Der Vergrößerungswechsler läuft auch bei großer Kälte leicht, gleichmäßig und geschmeidig. Für den gesamten Vergrößerungsbereich ist lediglich eine halbe Umdrehung nötig. Fokussiert wird am Okularanfang an einem griffigen, mit geripptem Gummi versehenen Fokussierrad. Es ist bestens erreichbar, auch bei auf einem Rucksack gelegten Spektiv. Die Fokussierwalze läuft ebenfalls weich und gleichmäßig. Auch bei großer Kälte bereitet das Fokussieren keine Probleme.

Die mit Ceralin-Plus an allen Glas-/Luftflächen mehrfach vergütete Optik kann sich sehen lassen. Geboten wird ein gestochen scharfes Bild mit bester Randschärfe. Das sehr helle Bild zeugt von hoher Lichttransmission. Die hervorragende Bildbrillanz drückt sich ferner in sehr hoher Farbtreue und sehr gutem Kontrast aus. Die Auflösung ist sehr hoch. Ein praxisgerechtes Ausziehspektiv, das sich durch beste Optik und hohe Führigkeit auszeichnet. Beim Ausziehen wird die eingezogene Luft durch ein Filtersystem gereinigt. So wird größtmöglichst eine Innenverschmutzung oder -beschlag verhindert. In jahrelanger Praxis – selbst bei hoher Luftfeuchtigkeit oder Dauerregen – hat sich bei mir noch kein Optolyth Ausziehspektiv innen beschlagen. Das Spektiv konnte sich in der Praxis bestens bewähren. Die variable Vergrößerung hat bei schwindendem Licht den Vorteil, dass man auf eine kleinere Vergrößerung stellen kann und dann dank größerer Austrittspupille ein helleres Bild erhält und so bei geringem Dämmerungslicht mehr erkennt.

Spektive Leupold Golden Ring

	10-20x40 Compact	15-30x50 Compact	12-40x60
ObjektivØ in mm	40	50	60
Okular/Vergrößererung	10 – 19,9x	15,2 – 30,4x	12,7 – 38,1x
AustrittspupillenØ in mm	4,0 – 2,0	3,3 – 1,6	4,8 – 1,5
Dämmerungszahl	20,0 – 28,3	27,6 – 39,0	26,8 – 48,9
Sehfeld auf 1000 m in m	n. a.	n. a.	n. a.
kürzeste Einstellentfernung	66-45	45-30	56-18
Länge zusammengeschoben*)	1,7 m	4,1 m	11,0 m
Länge ausgezogen*) in mm	191	279	315
Gewicht*) in g	447	610	1049
gummiarmiert	voll	voll	voll
Fokussierung	innen	innen	innen

*) mit Okular

Auf einen Blick Auszieh-Spektive

	Optolyth 25x70 GBS/WW	Optolyth 30x80 BGA/WW	Swarovski CTS 85 30x85	Swarovski CTC 30x75	Perma 32x80 BGA	Meopta TGA 75 20-60x75
Vergrößerung	18x	15x	12x	12x	14x	16x
ObjektivØ in mm	70	80	85	75	80	75
Vergrößerung	35x	30x	30x	30x	32x	20- bis 60x
Brillenträgerokular	ja	ja	ja	ja	ja	Wechsel-okular
AustrittspupillenØ in mm	2,8	2,66	2,8	2,5	2,6	1,2-3,275
Dämmerungszahl	41,8	49	50,5	47	50,6	39-67
Sehfeld auf 1000 m in m	50	40	40	41	32	16-31
kürzeste Einstellentfernung in m	5	8	8	10	10	n. a.
Länge zusammengeschoben*) in mm	227	268 kurz 268 lang	246	310	330	325
Länge ausgezogen*) in mm	332	380 kurz 480 lang	436	490	430	450
Gewicht*) in g	990	1390	1400 + 130	1200	1330	1280

*) mit Okular

Auf einen Blick Festkörper-Spektive

	Swarovski STS65 HD	Zeiss Diascope 85 T*FL	Optolyth Compact S80	Eschenbach Trophy AS/S	Minox MD 62 ED	Leica APO-Televid 77
Vergrößerung	18x	15x	12x	12x	14x	16x
ObjektivØ in mm	65	85	80	60	62	77
Vergrößererung	20 – 60x	20 – x	20 – 60x	15 – 45x	20 – 45x	20 – 60x
Brillenträgerokular	ja	ja	ja	ja	ja	
AustrittspupillenØ in mm	4 – 1,3	4,3 – 1,4	4,0 – 1,33	4,0 – 1,3	3,1 – 1,38	3,85 – 1,28
Dämmerungszahl	40,69	41,2 – 71,4	40 – 69,3	30 – 52	35 – 53	39 – 68
Austrittspupillenabstand in mm	17	16	17	n. a.	n. a.	17
Sehfeld auf 1000 m in m	36 – 20	43 – 20	34 – 21	40 – 19	17 – 29	35 – 19
kürzeste Einstellentfernung in m	3	5	2,8	5	n. a.	3,95
Länge (Spektivkörper) in mm	305	345	325	320	328	466
Gewicht mit Okular in g	1370	1780	1880	995	1006	1975
Sonnenblende ausziehbar	ja arretierbar	ja	ja	nein	ja	ja
Armierung	voll	partiell*)	voll	voll	voll	partiell
Fokussierung	innen	innen	Schnell+Fein-fokussierung	innen	innen	innen

*) hintere Unterseite, Sonnenblende gummiarmiert, ansonsten hell harteloxiert

8. Laserentfernungsmesse

Heute ist Entfernungsmessung mit handlichen Laserentfernungsmessern kein Problem. Die am Markt befindlichen Geräte sind „finanziell" erschwinglich, unterscheiden sich aber in Größe und Leistung voneinander.

Laserentfernungsmesser schossen wie Pilze aus dem Boden, nachdem Bushnell mit einem preiswerten Modell Lytespeed 400 auf den Markt kam. Die Modelle Swarovski RF 4x32 und der schwere Leica Geovid 7x42BD waren zwar perfekt und arbeiteten zuverlässig, ihr hoher Preis verhinderte aber eine weite Verbreitung. Zwar vereinte der Leica Geovid Entfernungsmesser mit binokularem Fernglas, doch ist er für die Praxis zu schwer und zu volumig sowie auch zu teuer. Das gilt auch für das Swarovski Zielfernrohr LRS mit Laserentfernungsmesser. Der Swarovksi Entfernungsmesser war ebenfalls zu teuer und bot zudem nur monokulare Beobachtung. Erst im Spätherbst 2004 wartete Leica mit einer Ideallösung auf, dem Leica Geovid BRF, der Fernglas und Laserentfernungsmesser ohne Mehrgewicht und -größe vereinigt und zudem erschwinglich ist. Bushnell ebnete den Weg für die Laserentfernungsmesser. Die Devise hieß: Zweitgerät Laserentfernungsmesser zum unentbehrlichen Fernglas. Dazu musste der Laserentfernungsmesser leicht und kompakt sein. Man sollte ihn zumindest in einer Tasche der Jagdjacke führen können. Anfangs war der Bushnell Lytespeed 400 noch volumig. Doch Bushnell und andere Hersteller verkleinerten die Geräte immer mehr. Sie wurden kompakter, flacher und handlicher. Die Gewichte halten sich in engen Grenzen, sodass man sie auch bei anstrengenden Extremjagden noch mitführen kann und will. Die Geräte sind heute preislich erschwinglich.

Die Reichweite der Geräte liegt praktisch zwischen dreihundert und etwas über 1000 Meter. Sie variiert aber stark bei den einzelnen Geräten, je nachdem welches Objekt angemessen wird. Ist das Wetter klar oder neblig, regnet es oder scheint die Sonne sehr hell. Die Messung wird sicherlich von klimatischen Verhältnissen beeinflusst. Weiterhin hängt die Reichweite viel vom Objekt selbst ab. Hat es eine raue Oberfläche oder Farbe, wird gut Licht reflektiert, oder ist es uneben, schräg gestellt oder wenig lichtreflektierend? Die Reichweite wird stark von der Stärke des Laserstrahls, aber auch von der Auffangvorrichtung und auswertenden Elektronik beeinflusst.

Heute ist die Elektronik nicht mehr mit den ersten Geräten vergleichbar. Natürlich haben alle Geräte die Laser-Klasse I und gelten als augensicher. Auch hier hat sich nach Angaben der Hersteller einiges geändert. Die verarbeitende Mikroelektronik wurde natürlich auch immer besser. Es reicht heute viel weniger aufgefangener „Laser" aus, um die Entfernung berechnen zu können. Die Elektronik hat eine viele höhere Empfindlichkeit. Das geringste reflektierte Licht reicht zur Entfernungsbestimmung. Vom Prinzip her ist die Technik einfach. Es wird von einer Diode ein Laserstrahl zum Objekt gesandt, von dem das Laserlicht reflektiert wird. Das reflektierte Licht wird über ein Objektiv aufgefangen. Ein Mikroprozessor berechnet auf Grund der Laserlichtgeschwindigkeit zwischen Aussendung und Empfang die Entfernung zum angemessenen Objekt. Es gibt nur wenige Hersteller von Laser und Elektronik. Keiner der Entfernungsmesserhersteller produziert diese selbst. Alles greift auf spezialisierte Unternehmen zurück. Damit die Entfernungsmesser preiswert bleiben, lassen sie die Unternehmen in Portugal (Leica im eigenen Werk) oder in Fernost (Japan, Korea, China, Philippinen) herstellen. Praktisch erwiesen sich die leichten, kompakten Entfernungsmesser mit zusätzlichem Monokular. Neben Robustheit, Dichtheit und Reichweite unterschieden sich die Geräte vor allem in der optischen Qualität des Monokulars. Meist ist die Optik sehr einfach, teils sogar aus Kunststoff gefertigt. Erst als Leica im LRF 800 ein sehr hochwertiges Monokular bot, rüsteten einige Hersteller ihre Geräte auch mit etwas besserer Optik aus. Man kann für Monokular, Aussendung des Lasers und Empfang jeweils ein Objektiv verwenden, wie es Leica macht. Die anderen Hersteller verwenden eine Optik für das Aussenden des Laserlichts. Das reflektierte Laserlicht wird vom Beobachtungsmonokular aufgefangen und mittels Strahlenteilerprismen zur Elektronik geleitet.

Neben Bushnell und Leupold bietet nun auch brandneu Leica binokulare Ferngläser mit integriertem Laserentfernungsmesser an. Sie sind kompakt und leicht. Die binokularen Bushnell und Leupold Geräte sind immer noch viel volumiger als vergleichbare Ferngläser. Ihr Gewicht hält sich dank Kunststoffgehäuses im Rahmen. Jedoch bieten beide nicht das angenehme Handling, wie man es von Ferngläsern her gewohnt ist. Auch die Optik entspricht nicht der Leistung hochwertiger Qualitäts-Ferngläser der Spitzenklasse. Jedoch stellen beide Geräte eine Alternative zu der Kombination Fernglas plus Entfernungsmesser dar.

Der neue, binokulare Leica Entfernungsmesser Geovid BRF vereint in vorzüglicher Weise Fernglas mit Laserentfernungsmesser. In Gewicht und Maßen sowie optischer Leistung entspricht er einem Leica Trinovid Fernglas. Er ersetzt voll ein separates Fernglas. Unterschiede gibt es ferner in der Entfernungsanzeige sowie beim sichtbaren Kreuz oder Messfeld zur Objektanvisierung. Einfache Anzeigen arbeiten auf Flüssig-Kristall-Basis (LCD), die direkt im Strahlengang angeordnet ist und das Sehfeld „vollflächig" überdeckt. Nachteil dieser Technik ist, dass physikalisch bedingt der Lichtdurchlassgrad des Monokulars extrem absinkt. Beim Leica Entfernungsmesser LRF hat man drei Objektive, ein kleines zum Aussenden des Laserlichts, ein großes zum Empfang und ein Monokular mit 21 mm Objektiv. Das Monokular arbeitet mit einem Dachkantprismensystem. Die Anzeige im Bild erfolgt mittels eines sehr scharf abzeichnenden LED-Displays. Die Anzeige passt sich in der Helligkeit automatisch dem Umgebungslicht an. Sie wird über ein Prisma eingespiegelt und verschwindet nach dem Abschalten wieder aus dem Sehfeld. Die Bildqualität wird dadurch nicht beeinträchtigt.

Mit der heute verwendeten Technik erreicht man für

Leica LRF 1200 scan
Laserentfernungsmesser

Jagdzwecke eine sehr hohe Genauigkeit bei der Entfernungsmessung. Sie liegt auf jagdliche Entfernungen im Bereich von +/- 1 Meter. Das ist für die Praxis vollkommen ausreichend.
Bei etlichen Geräten fehlt ein Dioptrienausgleich. Man verlässt sich auf Fix-Focus-Objektive und damit Tiefenschärfe. Entsprechend mäßig und unscharf fällt die Bildqualität dieser Geräte aus. In der Regel sind die Geräte spritzwassergeschützt. Ein Regenschauer macht ihnen nichts aus. Die Geräte haben meist Kunststoffgehäuse, sind aber ausreichend robust. In der Praxis konnten ihnen Stöße oder ein Fall auf den Waldboden aus 1,50 m Höhe nichts anhaben.
Einige Geräte bieten die Möglichkeit, manuelle „Modes" einzustellen. Etwa „Regen" für die Benutzung bei Regen oder Schneefall (die Reflektion der Regentropfen oder Schneeflocken soll die Messung nicht beeinflussen). Bei Regen oder Schnee wurde aber die Leistung auch bei Einstellung dieser „Mode" gemindert. Auch eine „Mode" für schlecht reflektierende Objekte kennt man. Weiterhin kann man oft einstellen, dass erst Objekte ab einer bestimmten Entfernung angemessen werden können. So stören Objekte im Messfeld bis zu dieser Entfernung nicht. Der Jäger kann aus der Deckung heraus messen, ohne dass nahe Zweige die Messung beeinflussen. Oft wird auch die Stärke des Reflektionsgrades des angemessenen Objekts angezeigt. Auch die Umstellung von Yards auf Meter wird meist geboten. Zunehmend geht man weg von zuviel Anzeigen im Sehfeld. Sie stören ja nur. Auch manuell wählbare Modes werden weniger geboten. Die moderne Elektronik erkennt selbstständig, ob es regnet oder schneit und reagiert darauf automatisch, ebenso wenn Objekte schlecht Licht reflektieren. In der Regel wird eine bestimmte Mindestentfernung (bei Leica z. B. 10 m) vorgegeben, ab der gemessen werden kann. Darunter stören Objekte im Messfeld die Entfernungsmessung nicht. Das reicht, um aus der Deckung heraus die Entfernung zu Wild messen zu können.
Viele Geräte bieten heute einen „Scan" Modus (Dauermessung). Dabei werden Objekte dauernd angemessen und bei „Schwenks" die unterschiedlichen Entfernungen angezeigt, etwa bei ziehendem Wild. Für die Jagd ist der „Scan" Modus nicht nötig.

Einsatz

Sicherlich muss man bei vielen Schüssen dank rasanter Kaliber die genaue Entfernung nicht kennen. Es ist egal, ob der Bock 80 oder 150 m entfernt steht. Eine Haltepunktkorrektur ist nicht nötig. Oft kann man Entfernungen bis rund 150 Meter noch gut schätzen, vor allem im bekannten Gelände. Darüber hinaus wird das Schätzen zum Lotteriespiel. Selbst unter Zuhilfenahme des Absehens ist ein genaues Schätzen nicht möglich. Sogar Berufsjäger verschätzen sich. So schätzte ein Berufsjäger 130 m Entfernung, gemessen waren es 189 m. Werden gar Entfernungen von 250 m oder 300 m geschätzt, ist ein richtiger Wert fast immer Zufall. Schwierig wird es vor allem in fremdem Gelände, insbesondere im Gebirge oder der Steppe, aber auch bei großen Wiesenschlägen ohne markante Anhaltspunkte. Ich erlege im Jahr meist rund 60 Stück Schalenwild. In meinem Jägerleben habe ich ein Stück über 400 m erlegt und nur wenige über 300 m. Jedes Jahr erlege ich aber einige Stücke zwischen 200 und 250 m. Mit meinem Kippblockstutzen in 6,5x57R erlegte ich ein Reh auf 217 m. Ich schätzte vor der Messung die Entfernung auf rund 170 m. Gut, dass ich vor dem Schuss maß. Schließlich musste ich knapp über dem Rücken mit der auf 100 m Fleck eingeschossenen Waffe anhalten. Dass ich die Entfernung an einer bestimmten Stelle im Revier schon oft gemessen hatte, gereichte mir zum Vorteil, als im Sommer bei vollem Licht ein Keiler einen Getreideschlag verließ, um in den Wald zu ziehen. Es waren bis zum Anschuss genau 263 m. Natürlich werden die meisten Schüsse auf Wild auf Entfernungen zwischen 60 und 130 m abgegeben. Selbst bei der Gamsjagd sind Schüsse über 200 m die Ausnahme. Schüsse über 200 m können aber durchaus vorkommen. Dann sollte man neben eigener Leistung und der der Waffe aber auch die genaue Entfernung kennen, um entsprechend zur Laborierung den Haltepunkt zu wählen.

Nachdem ich einen Drückjagdstand eingenommen habe, messe ich oft mögliche Punkte aus. Ich teile mir dann gedanklich das Schussfeld in Zonen ein. Zonen, in denen ich Blatt anhalten kann (bis rund 30 m) und solche, bei denen ich vorschwingen muss. Neben den praktischen Gründen ist aber einfach Interesse an genauen Entfernungen ein Entscheidungsgrund für einen Entfernungsmesser. Man will wissen, wie weit es eben von Punkt A nach Punkt B ist oder eben, ob der Bock auf 73 oder 93 m erlegt wurde.

In Kanada hat es mich beispielsweise interessiert, wie weit der angestrebte Höhenrücken entfernt ist. Da ist es dann gut, wenn der Entfernungsmesser sogar die damals gemessenen 975 m anzeigt. Neben praktischen Gründen ist es einfach subjektives Interesse, das zum Kauf eines Laserentfernungsmessers animiert. Da bleibt nur eine Frage, wie weit will ich messen? Genügen mir 300 bis 400 Meter oder sollten es schon 1000 Meter sein? Erstere Entfernungen kann man mit handgroßen Geräten sicher messen. Sie passen in jede Tasche. Bei 1000 Meter müssen die Geräte etwas größer gehalten werden. Sie können aber flach gebaut und so auch bequem in einer Jagdjackentasche geführt werden. Handgroß oder größer ist also auch eine Entscheidung zwischen verschiedenen Leistungsstufen. Sicherlich genügen 400 Meter Reichweite für fast alle Jagden mehr als aus. Doch etwas mehr Leistung ist oft von Interesse. In schwierigen Situationen (schlechte Reflektion) haben natürlich auch bei geringen Entfernungen leistungs-

Bushnells binokularer Laserentfernungsmesser

Leupolds binokularer Laserentfernungsmesser

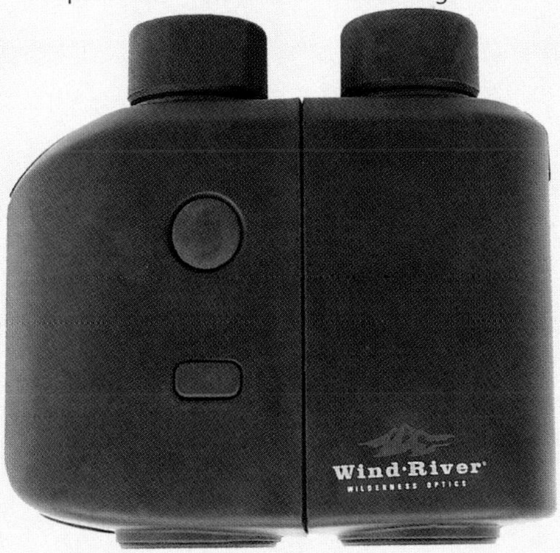

stärkere Geräte die Nase vorn. So misst das schwächere Gerät entweder gar nicht mehr oder man muss viele Messungen machen, damit eine korrekte Anzeige klappt.

Binokulare Entfernungsmesser

Bushnell Yardage Pro Quest 8x36

Der Bushnell Entfernungsmesser Quest verfügt über ein starkes Kunststoffgehäuse, das komplett gummiarmiert wurde. Dank strukturierter, rauer Oberfläche ist der Griff satt und rutschsicher. Das Gerät hat seitliche Griffrippen. Der kleine Mitteltrieb kann schlecht erreicht werden. Das linke Okular kann in der Weite zum rechten Okular verstellt werden. Das rechte Okular hat einen Dioptrienausgleich. Es handelt sich um Brillenträgerokulare mit Stülpaugenmuscheln. Der Quest bietet ein helles Bild mit sehr guter Schärfe und gutem Kontrast. Auffallend sind die Randunschärfe und fahle Bildstellen im Randbereich. Das Bild im rechten Okular hat in der Mitte einen Kreis zum Anvisieren der Objekte. Unten ist es abgeteilt. In einem unten gelegenen Feld erfolgt die Anzeige der Entfernung in Yards und bei zugeschaltetem „Scan" die Anzeige „Scan". Das Gerät hat ein separates Sendeobjektiv. Es misst hervorragend auch unter schwierigen Bedingungen sowie bei gering reflektierenden Objekten. Es konnte sicher Wald in knapp über 1000 Yards (914 Meter) angemessen werden. Mit einer Taste wird der Laserstrahl aktiviert und gemessen. Drückt man eine darunter liegende Taste, dann wird dauernd gemessen, solange man die obere Taste gedrückt hält (= Scan). Man kann mit Wild mitfahren und dauernd die sich ändernden Entfernungen ablesen. Das funktioniert sehr sicher. Das Bushnell Yardage Pro reicht für die Tagesjagd voll aus und lässt sich noch gut führen. Die Qualität eines hochwertigen Fernglases bietet es aber nicht.

Leica Geovid BRF 8x42

Der neue binokulare Leica Entfernungsmesser hat den Lasersender in die Mittelachse integriert. In einem Objektiv wird der reflektierte Laser aufgefangen und mittels Strahlenteilerprisma an den Mikroprozessor geleitet. Das Gerät wiegt 900 g und entspricht auch in der Größe einem normalen Trinovid Fernglas. Die Optik mit phasenkorrigierten Dachkantprismen weist die gewohnte Leica Qualität mit exzellenter Schärfe und bestem Kontrast sowie hoher Farbtreue und hellem Bild auf. Das Gehäuse besteht aus Aluminium und das Gerät ist wasserdicht bis 5 m Wassertiefe. Fokussiert wird am Mitteltrieb. Die gemessene Entfernung wird eingespiegelt (LED-Anzeige). Es wird Scan-Modus geboten. Die Reichweite reicht von 1 bis 1200 m. Auch unter schwierigen Bedingungen konnte ohne Probleme bis über 1000 m gemessen werden. Der Geovid BRF ist hochwertiges Fernglas und Laserentfernungsmesser zugleich.

Leica Geovid 8x42 mit Laserentfernungsmesser

Windriver RB800 8x32

Ein führiger Entfernungsmesser mit kleinem dritten Objektiv. Das Kunststoffgehäuse wurde voll gummiarmiert. Die Brillenträgerokulare sind fix mit ausziehbaren Augenmuscheln. Es handelt sich um Einzelokularfokussierung mit Rasten, was in der Praxis vor allem bei Nahentfernungen und schwindendem Licht nötig ist. Das Fokussieren erfolgt umständlich. Im rechten Okular wird die Anzeige (Batterie, Yards oder Meter, Entfernung, Zielkreuz) rot eingespiegelt. Per Knopfdruck kann von Meter in Yards umgeschaltet werden. Auffallend ist die hohe Schärfe bei gutem Kontrast. Das Gerät hatte öfter Fehlmessungen. Gemessen konnte Wald bis rund 760 m werden. Im Bereich von bis zu 500 m arbeitete der Entfernungsmesser zuverlässig. Man kann den Augenabstand durch Auseinanderziehen des Geräts justieren. Ein brauchbares Gerät mit sehr guter Optik für die Tagesjagd und beginnende Dämmerung.

Monokulare Entfernungsmesser

Bushnell Yardage Pro Compact 800 8x28

Ein sehr führiger, kompakter Entfernungsmesser, der in jede Jackentasche passt. Das Kunststoffgehäuse wurde mit Softlack überzogen, was sich anfühlt wie eine Gummiarmierung. Es ist mit Monokular 8x28 und Empfangsobjektiv ausgestattet. Die beiden Tasten für Messung und Modewahl sind perfekt erreichbar. Das Gerät besitzt kein Brillenträgerokular und auch keinen Dioptrienausgleich bzw. keine Fokussiermöglichkeit. Man setzt auf Tiefenschärfe und Augenakkomadation. Die Flüssigkristall-Anzeige (LCD) ist direkt im Beobachtungsstrahlengang angeordnet und überdeckt das „Sehfeld". Der Nachteil dieser Anzeige ist die physikalisch bedingte Lichtabsorbierung der nötigen Optik. So ist der Lichtdurchlassgrad des Monokulars sehr gering. Das Bild ist gelbstichig, dunkel, weist eine hohe Randunschärfe auf und ist auch in der Mitte nicht gestochen scharf. Der Kontrast ist sehr mäßig. Die Optik reicht gerade zum Anvisieren eines Objekts. Man kann verschiedene Modes wie Regen/Schnee, schlechte Reflektion sowie Yards/Meter und Messunterdrückung bis 150 Yards/Meter wählen. Unter schwierigen Lichtbedingungen konnte Wald bis rund 750 m angemessen werden. Bei guten Bedingungen waren es bis 880 m. Sicher und zuverlässig funktionierte der Entfernungsmesser auch unter schwierigen Bedingungen auf Entfernungen zwischen 600 und 700 m. Hält man die Messtaste mehr als 3 Sekunden gedrückt, wird automatisch „Scan" aktiviert, das heißt, es wird dauernd gemessen und verschiedene Entfernungen beim Schwenk angezeigt.

Bushnell Yardage Pro Scout 6x24

Ein nur handgroßer Entfernungsmesser, der selbst in einer Hemdtasche verschwindet. Er ist an Führigkeit kaum mehr zu überbieten. Er besitzt ein Monokular 6x24 mit Brillenträgerokular mit Stülpaugenmuscheln und Fix-Fokus-Objektiv. Dioptrienausgleich oder Schärfejustierung sind nicht möglich. Gebo-

Bushnell Laserentfernungsmesser

ten wird ein leicht dunkles Bild mit Gelbstich. Der Kontrast ist aber gut, und das Bild ist gestochen scharf mit Randschärfe, eine Optik, mit der es sich bei Tageslicht auch gut beobachten lässt. Per Seitenknopf kann die Umschaltung von Yards auf Meter erfolgen sowie eine Messunterdrückung bis 150 Yards/Meter gewählt werden. Die Messtaste auf der ergonomisch geformten Oberseite ist perfekt erreichbar. Hält man sie länger als 3 Sekunden gedrückt, wird automatisch „Scan" (Dauermessung) zugeschaltet. Angezeigt wird im Sehfeld mittels Flüssigkeitsanzeige (LCD). Das Gerät hat unter schwierigen Bedingungen wie Wald bis 560 m gemessen, unter guten Bedingungen bis zu 780 m. Es misst zuverlässig auf Entfernungen von 400 bis 500 m, auch unter schwierigen Bedingungen. Das Gehäuse besteht aus mattem Kunststoff und ist sehr griffig.

Leica CRF 1200 7x24

Der neue Leica Laserentfernungsmesser Rangemaster CRF 1200 wurde trotz gleichbleibender Leistung viel kleiner und führiger als sein beliebter Vorgänger. Der neue Rangemaster 1200 ist gerade mal handgroß, und das bei dem geringen Gewicht von nur 220 g (einschließlich Batterie). Trotz der deutlich reduzierten Größe hat sich der Objektivdurchmesser von 21 auf 24 mm erhöht, was eine optische Leistungssteigerung von 20% ergibt.

Das Gehäuse des Rangemaster besteht aus robustem, schlagfestem sowie faserverstärktem Kunststoff. Sehr angenehm der Batteriefachschraubverschluss mit sternförmig gerippter Oberfläche sowie einem mittigen Schlitz für eine Münze. Der Deckel kann somit ohne jegliche Hilfsmittel zum Batterietausch per Hand abgeschraubt werden. Die schwarze Softlack-Oberfläche des Gehäuses hat ein samtmattes Finish, das Rutschsicherheit gewährleistet und auch bei großer Kälte ein „warmes Gefühl" vermittelt. Auf dem flachen Unterteil sitzt rohrförmig der Optikteil mit dem Monokular 7x24. Die Oberseite beinhaltet eine Griffmulde mit Druckknopf zur Laseraktivierung. Der Entfernungsmesser kann sehr bequem am Auge gehalten werden. Der Zeigefinger ruht praktisch „automatisch" auf dem Einschaltknopf. Am Okular lässt sich der Dioptrienausgleich (+/- 3,5 dpt) mittels Steilgewinde (Schnellverstellung) durchführen. Der Gang ist auch bei Kälte gleichmäßig und geschmeidig. Dank nicht zu leichtem Verstellgang kam in der Praxis ein unbeabsichtigtes Verstellen nicht vor. Selbstverständlich ist das Brillenträgerokular, das auch Brillenträgern das gesamte Sehfeld von 115 m auf 1000 m Entfernung eröffnet. Eine Stülpaugenmuschel befindet sich am Okular. Die Optik liefert ein brillantes, helles Bild mit gestochener Schärfe. Hervorzuheben ist die sehr hohe Randschärfe und das klare, plastische Bild mit sehr gutem Kontrast. Die Auflösung ist ebenfalls auffallend hoch. Es kam selbst bei Gegen- und „Schneelicht" nicht zu unangenehmen Reflexen.

Das Monokular mit phasenkorrigiertem Dachkantprisma liefert ein unverzerrtes Bild auch bei geringem Licht oder Gegenlicht. Die Phasenkorrektur vermeidet Interferenzeffekte. Somit eignet sich der Rangemaster 1200 nicht nur zum Entfernungsmessen sondern auch zur monokularen Beobachtung. Die Außenfläche von Objektiv und Okular weisen eine sehr harte, kratzfeste Vergütung auf. Im Wasserbad (50 cm Tiefe) erwies sich der Entfernungsmesser als dicht.

Mittels LED-Anzeige wird die Entfernung im Monokular angezeigt. Bei Messung wird im Monokular ebenfalls eine rote, quadratische Zielmarke eingespiegelt. Die Leuchtkraft der roten Anzeige passt

sich automatisch der Umgebungshelligkeit an. Somit ist sie unter allen Lichtbedingungen sehr gut erkennbar, ohne zu blenden oder zu „strahlen". Ein Blinksignal zeigt zu geringe Batterieleistung an. Die Elektronik erkennt selbstständig verschiedene Messbedingungen und schaltet automatisch einen dementsprechenden „Modus" zu, etwa bei Regen oder Schnee, damit nicht Regentropfen oder Schneeflocken angemessen werden. Einzig bei Nebel haben alle Laserentfernungsmesser ihre Probleme. In der Praxis funktionierte der Laser zuverlässig und genau. Bei gut reflektierenden Gegenständen wie eine Hauswand konnten Entfernungen bis knapp 1300 m gemessen werden. Dunkler Fichtenwald wurde bis exakt 1147 m angemessen. Selbst unter sehr schwierigen Reflexionsbedingungen konnte stets sicher bis über 900 m gemessen werden.
Bei einem Rehbock wurde auf 558 m Entfernung gemessen, bei einem Hirsch 783 m und bei einer Gams waren es 657 m. Bis zu einer Entfernung von 10 m erfolgt keine Messung. So kann man Wild aus der Deckung heraus anmessen und Zweige oder andere Vegetation im Gesichtsfeld beeinflussen nicht das Messergebnis. Dank Scan-Modus kann man bei schwierigen Messsituationen auch Gegenstände neben dem eigentlichen Objekt sehr schnell anmessen.

Nikon Laser 800 8x28

Das ebenfalls in China hergestellte Gerät ist mit dem Bushnell Yardage Pro Compact 800 identisch. Lediglich Aufschriften und rote Powertaste sind unterschiedlich. Die Fix-Fokus Optik des Monokulars hat kein Brillenträgerokular. Sie ist wie bei Bushnell gelbstichig mit nicht zu hohem Kontrast und bietet ein fahles, dunkles Bild. Gemessen konnte Wald unter schwierigen Bedingungen bis rund 750 m werden. Zuverlässig arbeitete der Entfernungsmesser ebenfalls zwischen 600 und 700 m. Die Bedienung und Anzeige ist mit dem Bushnell Gerät identisch. Ebenso der Scan-Modus.

Swarovski Laser Guide 8x30

Swarovskis neuer monokularer Laser Entfernungsmesser zeichnet sich durch Handlichkeit, hohe Reichweite und exzellente Optik aus.
Der Swarovski Laser Guide 8x30 steckt in einem Gürteletui aus Kunststoff. Darin wird er sicher durch eine Verriegelung gehalten. Zum Entnehmen drückt man eine Leiste. Der Laserentfernungsmesser wird dann durch Federdruck etwas hochgehoben und kann bequem entnommen werden. Das Tragen am Gürtel ist vor allem im schwierigen Gelände wie dem Hochgebirge eine bequeme Sache. Man hat den Entfernungsmesser auch schnell genug zur Hand, falls ein Einsatz nötig wird. Der Laser Guide 8x30 passt bequem in die Tasche einer Jagdjacke. Er kann aber auch am Trageriemen wie ein Fernglas getragen werden. Das Okular wird durch eine elastische Gummikappe geschützt, die mittels Schnur an der

Swarovski Laser-Guide

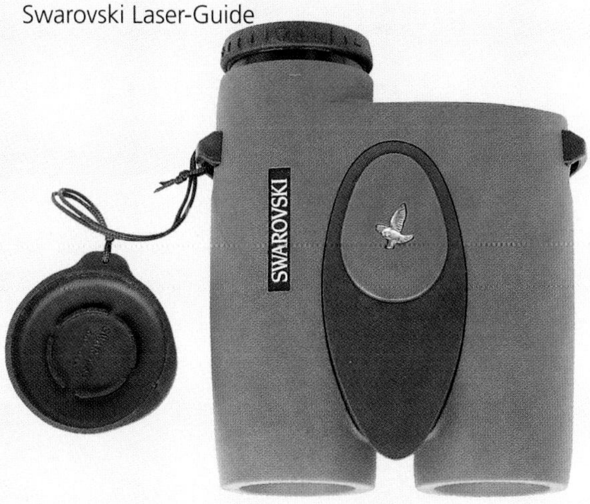

Riemenbügelöse befestigt ist. Der Laser Guide ist ein sehr handliches Gerät mit nur 386 g Gewicht. Er liegt sehr ausgewogen in der Hand. Dank der feinmatt angerauten, dunkelgrünen Vollgummiarmierung wird hohe Rutschsicherheit, Geräuscharmut und fester Griff gewährleistet. Die ebenfalls gummiarmierte Aktivierungstaste für den Laser in der Gerätemitte kann sehr gut mit dem Finger erreicht werden. Der Laserstrahl wird durch ein kleines Objektiv in der Mitte zwischen zwei 30 mm starken Objektiven ausgesandt. Die Lasertechnik steckt in einem festen Kunststoffteil, in der Mitte des Gerätes installiert. Das Gehäuse besteht aus faserverstärktem Kunststoff. Neben dem Monokular 8x30 findet man noch ein 30-mm-Objektiv, das lediglich zum Auffangen der vom Objekt reflektierten Laserstrahlen dient. Damit benötigt man in der Beobachtungsoptik kein Strahlenteilerprisma. Auf der Oberseite findet man das Batteriefach für eine Lithium Batterie CR2. Man kann es mittels Schraubverschluss mit Hilfe einer Münze öffnen.

Das rechtsseitige Monokular 8x30 zeichnet sich durch eine exzellente Optik aus. Geboten wird ein gestochen scharfes Bild mit höchster Randschärfe. Das Bild ist sehr hell mit hervorragender Farbtreue und ausgezeichnetem Kontrast. Die Optik entspricht der eines Spitzenfernglases wie dem Swarovski SLC 8x30, sie hebt sich auch mit dem 30-mm-Objektivdurchmesser stark von anderen am Markt befindlichen monokularen Laserentfernungsmessern ab. Am Okular findet man einen weichen Gummiring. Der Dioptrienausgleich erfolgt durch Drehung des Okulars. Damit Brillenträger das gesamte Sehfeld von 136 m auf 1000 m nutzen können, wurde das Okular mit einer Schiebeaugenmuschel ausgestattet. Sie ist ausgezogen sehr fest und drückt sich beim Beobachten nicht von selbst ein.

Bei der Messung wird ein orangefarbener Kreis zur Zielerfassung ins Monokular eingespiegelt. Danach erscheint die Entfernung darunter in Ziffern und dahinter ein „M" für Meter. Bei Fehlmessungen oder zu weit entfernten Objekten erscheinen anstatt der Entfernungsangabe drei Striche. Bei geringer Laserleistung laufen im Bildfeld Balken. Dies tritt beispielsweise bei zu geringer Batteriespannung ein.

Der Entfernungsmesser wurde an verschiedenen Objekten wie schräge Dächer, Wald, Wild und Wiese erprobt. Bei gut reflektierenden Objekten wie Gebäuden konnte ich Entfernungen bis zu 1806 m (Haus) messen. Die Messungen erfolgten sehr schnell und äußerst zuverlässig. Fichtenwald, Hecken und einzelne Bäume konnte ich sehr sicher und zuverlässig auf bis zu 1158 Meter messen. Nach einigen Fehlmessungen konnte sogar ein 1208 Meter entfernter Wald angemessen werden. Wild wurde auf Entfernungen bis zu 673 m gemessen. Alle Messungen erfolgten sehr zuverlässig. Fehlmessungen gab es sehr selten. Der Entfernungsmesser funktionierte auch über sehr große Entfernungen und problematischen, wenig reflektierenden Objekten zuverlässig. Sei noch erwähnt, dass die anfangs verwendeten Batterien bei Kälte in der Leistung so abfielen, dass ein vernünftiges Messen nicht möglich war. Ein anderes Batteriefabrikat kannte solche Einschränkungen nicht. Es ist bekannt, dass Batterie nicht gleich Batterie ist. In Leistung und Kälteempfindlichkeit gibt es da riesige Unterschiede. Sicherlich ist der große Messbereich rein jagdlich nicht nötig. Er spricht aber für die Laser-Leistungsfähigkeit.

Swarovski bietet mit dem Laser Guide 8x30 einen sehr leichten, führigen Laserentfernungsmesser mit exzellentem Monokular zum Beobachten. Selbstverständlich ist das Gerät wasserdicht. Die sehr gut lesbare Anzeige hat eine automatische Helligkeitsregelung. Hält man die Taste gedrückt, dann hat man einen Scan-Modus. Die LCD-Anzeige mindert die optische Leistung nicht. Ein automatisches Programm erkennt beispielsweise Regen oder Schnee und stellt sich darauf ein, sodass keine Fehlmessungen entstehen.

In sehr schwierigem Gelände genügte mir die Mitnahme des Laser Guide. Ich verzichtete auf mein Fernglas. Das Monokular war mir zum Beobachten genug. Wichtig war es, vor dem Schuss die Entfernung zum Wild zu kennen.

Leica 8x56 mit Entfernungsmesser

Leica erweiterte sein Fernglasprogramm um ein 8x56. Das brandneue Geovid 8x56 BRF ist zusätzlich mit einem Laserentfernungsmesser ausgestattet. Trotzdem gingen Handlichkeit und Führigkeit nicht verloren.

Nimmt man das neue Leica Geovid 8x56 BRF (Binocular Range Finder) in die Hand, so glaubt man gar nicht, dass es 1100 g wiegt. Es ist für ein 8x56 auffallend kurz gebaut. Die Höhe von 182 mm erhöht den Tragekomfort erheblich. Schließlich stört ein kurzes Glas viel weniger auf Brust oder Bauch. Das Leica 8x56 ist zudem sehr ausgewogen. Dank hervorragender Balance liegt es ruhig in der Hand und ermöglicht auch bequeme Einhandbedienung. Man wackelt mit dem 8x56 kaum, was natürlich die reale Bildschärfe erhöht und auch für die Entfernungsmessung vorteilhaft ist. Übrigens fällt das Batteriefach für die Lithiumbatterie auf der Glasunterseite kaum auf. Die Batterie soll bei einer Umgebungstemperatur von etwa 20 Grad Celsius für mindestens 1000 Messungen reichen. Das entspricht in etwa heutigem Standard von guten Laserentfernungsmessern. Bei dem mit schwarzer, säurebeständiger (Handschweiß!) Vollgummiarmierung ausgestatteten Fernglas fällt aber auch sofort das eckige und etwas kantige Design auf. Das Gehäuse einschließlich Brücke und Achse besteht aus festem, widerstandsfähigem Aluminium. Auf der Gehäusemitte befinden sich unter dem Gummi faserverstärkte Kunststoffdeckel, unter denen sich die Messelektronik befindet. Das Fernglasinnere wurde gegen Innenbeschlag mit Stickstoff gefüllt. Das Glas erwies sich im 50 cm tiefen, mehrstündigen Wasserbad als dicht.

Die Messung durch den augensicheren Laser der Klasse 1 wird durch Knopfdruck auf der linken Gehäuseseite aktiviert. Der Auslöseknopf liegt unter der Gummiarmierung. Drückt man kurz darauf, erscheint ein kleines, rotes, quadratisches Feld im rechten Okular. Es dient zum Anvisieren des Objekts. Bei nochmaligem kurzen Knopfdruck wird die Entfernung gemessen und im Okular mittels bildneutraler roter LED-Anzeige angezeigt. Neben

Leica Geovid 8x56 mit Laserentfernungsmesser

der Einzelentfernungsmessung gibt es auch einen Scan-Modus. Hält man den Kopf gedrückt, dann wird dauernd gemessen. Manuell wählbare Programme findet man beim Geovid nicht. Sie sind für die Praxis auch nicht sinnvoll, da es bei den Messungen oft sehr schnell gehen muss. Die Entfernung wird ab 10 Meter gemessen, darunter stören in den Messbereich hineinhängende Zweige nicht. Verschiedene Programme der Laser- bzw. Messtechnik werden automatisch aktiviert. Etwa stellt sich die Technik auf Regen oder Schnee ein, sodass einwandfrei zum Objekt gemessen wird und Schneeflocken die Messung nicht stören. Die Helligkeit der Entfernungsanzeige passt sich übrigens automatisch der Umgebungshelligkeit an.

Die Optik

Leica bietet in dem Geovid 8x56 BRF eine Optik, die in Leistung und Qualität der Optik von den Leica Trinovid Ferngläsern entspricht. Alle Glas-/Luftflächen wurden mehrschichtig mit der Leica HDC-Vergütung vergütet. Die gemessene Lichttransmission liegt für Tag und Nacht bei 83 und 85 Prozent. Das entspricht den Werten anderer Spitzengläser mit Innenfokussierung. Beim Zeiss 8x56 Dialyth (ohne Innenfokussierung) liegt der Wert etwa 2 Prozent darüber. Die Optik im Leica Geovid 8x56 bietet ein gestochen scharfes, helles Bild mit hervorragendem Kontrast. Die Detailerkennbarkeit ist auch in der späten Dämmerung oder nachts bei Mondlicht hoch. Auffallend ist die sehr gute Randschärfe. Mit 118 m auf 1000 Meter bietet das neue Geovid ein ausreichend großes Sehfeld. Es ist damit geringer als beim Zeiss Victory (132 m), aber vergleichbar mit dem Swarovski SLC (115 m) oder dem Zeiss Classic (110 m). Durch das Strahlenteilerprisma wird eine Farbverschiebung bewirkt. Die Farbtreue ist nicht so gut wie beim Leica Ultravid, Swarovski SLC oder Zeiss Victory. Vielen Betrachtern wird dies ohne direkten Vergleich kaum auffallen, denn das Leica Geovid 8x56 BRF bietet ein brillantes, ausgezeichnetes Bild mit bestem Kontrast und hoher Auflösung.

Resümee

Das Fernglas Leica Geovid 8x56 BRF stellt eine echte Innovation dar. Es ist auffallend kürzer als die Konkurrenzferngläser von Zeiss oder Swarovski. Das Geovid lässt sich sehr bequem führen. Man glaubt gar nicht, ein 8x56 mit sich zu schleppen. Trotz Lasertechnik bietet das Geovid ein sehr gutes, helles und vor allem kontrastreiches Bild. In der Praxis konnte es durch gestochene Schärfe und hohe Detailerkennbarkeit auch unter schwierigen Lichtverhältnissen überzeugen. Die Laserentfernungsmesstechnik ist eine echte Bereicherung, die man in der Praxis auch häufig nutzt. Das Leica Geovid wird mit gepolsterter Bereitschaftstasche aus Cordura und Niggeloh-Trageriemen mit verbreitertem, Neopren unterlegtem Schulterteil geliefert. Der Gurt enthält keine Schnellverstellung wie bei Swarovski. In der Praxis knallten die Plastikenden der Schnellverstellung beim Abstellen des Glases ein paar Mal gegen Kanzelbretter, was recht laute Geräusche verursachte. Es gibt eben „nichts", ohne einen Kompromiss eingehen zu können.

Leupolds Entfernungsmesser mit Ballistic Programm

Leupold brachte 2006 die Entfernungsmesser RXI, II, III und IV auf den Markt. Diese beinhalten verschiedene weitere Funktionen wie ballistische Programme. Für Jäger ist besonders das Modell RX III geeignet. Ein handlicher Entfernungsmesser, der in Cordura-Bereitschaftstasche geliefert wird. Er besitzt eine Monokular 8x28 mit zwar scharfer Abbildung aber geringer Lichttransmission und geringem Kontrast. Eine Beobachtungsoptik ersetzt es nicht. Für den zugedachten Zweck ist es jedoch vollkommen ausreichend. Verschiedene Geräte- und Funktionseinstellungen lassen sich bequem mit der Modetaste auf der Gehäuseoberseite einstellen. Zur Zielerfassung kann man aus 13 Absehen auswählen. Neben der Entfernung, die immer angezeigt wird, wird auch der Winkel zum Ziel gemessen. Man kann sich die True Ballistic Range (TBR) anzeigen lassen. Bei ihr ist ein Winkelschuss bereits einkalkuliert. Man hat also die Entfernung wie bei waagrechtem Schuss. Anstatt der TBR kann man auch eine Anzeige von Hoch- oder Tiefschuss wählen, bei einer Fleckschussentfernung von 200 m. Hierzu kann aus zahlreichen Kalibern und Laborierungen ausgewählt werden. Man findet bei nahezu allen Jagdlaborierungen eine korrekte Einstellung. Ich habe Überprüfungen mit .222 Rem., .264 Win. Mag., .308 Win., .300 Wby. Mag. und 9,3x64 bis zu 500 m auf die Scheibe vorgenommen. Dabei wurde festgestellt, dass mit den eingestellten Werten immer ein Kammerschuss auf einen Damhirsch möglich gewesen wäre, auch über 300 m hinaus.

Leupolds neue Laserentfernungsmesser RXI bis III mit Ballistikprogramm

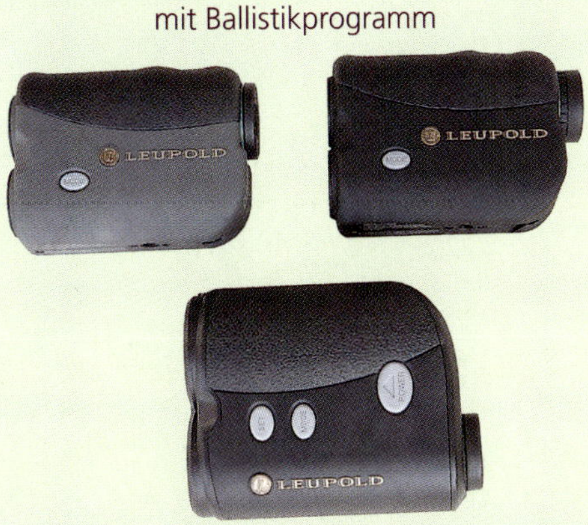

Daneben misst das Gerät noch die Temperatur. Es können eingestellt werden 1. Target-Mode oder Last Target-Mode. Dabei wird das erste oder letzte Objekt in der Ziellinie gemessen. Ebenso kann eine Messung auf die ersten 150 m unterdrückt werden. Aus der Deckung heraus kann problemlos gemessen werden. Zweige im Bildfeld stören nicht. Ein Rain Mode ist für Regen gedacht und sorgt dafür, dass Regentropfen die Messung nicht beeinträchtigen. Es kann zwischen Yards und voller metrischer Anzeige gewählt werden. In der Praxis konnte Wald bis rund 1040 m angemessen werden. Bei Wild waren es gute 630 m und bei wenig reflektierenden Gegenständen wie Felsen oder Bäumen rund 780 m. Besonders bei der Gebirgsjagd erwies sich der Rangefinder als sehr hilfreich. Sofort hat man einen korrekten Wert, der anzeigt, wie viel man drüberhalten muss. Auf Grund des Wertes kann man auch schnell ausrechnen, wie viele Klicks man das Absehen im Zielfernrohr verstellen müsste. Winkelbestimmung und die damit verbundene Flugbahnänderung des Geschosses bleiben nicht mehr dem Zufall überlassen, sondern sind präzise bestimmbar. Aber auch bei weiten Schüssen im Feld war der Leupold RX III Rangefinder sehr hilfreich.

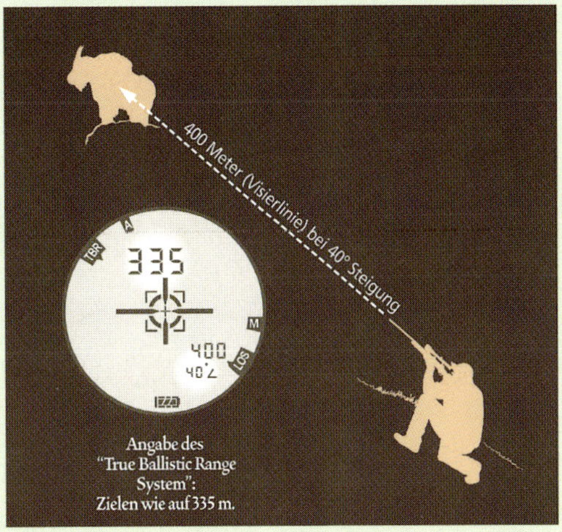

Ein Gerät, das gerade bei weiten Schüssen für korrekte Flugbahndaten für das Geschoss sorgt und damit das Treffen erleichtert. Der 340 g schwere Leupold RX III erwies sich in der Praxis als robust und wasserdicht. Mit dem Scan-Modus (dauernde Messung) lässt sich auch ziehendes Wild einfach anmessen.

Auf einen Blick Entfernungsmesser

	Monokular/Binokular	Dioptrienausgleich	Brillenträgerokular	Entfernungsmessbereich in m	wählbare Modes Schärfejustierung	Maße HxBxT in mm	Gewicht in g (mit Batterie)
Bushnell Yardage Pro Quest 8x36	Binokular	Mt+Da	ja	14-1188	Scan	158x168x73	964
Bushnell Yardage Pro Compact 800 8x28	Monokular	nein	nein	18-850	Scan/*)	121x95x51	326
Bushnell Yardage Pro 1000 6x24	Monokular	nein	ja	18-1371	Scan/*)	127x121x57	383
Bushnell Yardage Pro Scout 6x24	Monokular	nein	ja	9-640	autom. Regen/ Reflektionsgrad/Scan	70x102x38	193
Leica LRF 1200 Scan 7x21	Monokular	Da	ja	10-1100	autom. Regen/ Reflektionsgrad/Scan	111x104x35	320
Leica Geovid BRF 8x42/10x42	Binokular	Mt, Da/O	ja	10-1200	Scan/autom. Einstellung auf Klima	174x120x65	900
Leica Geovid BRF 8x56	Binokular	Mt, Da/O	ja	10-1200	Scan/autom.	182x135x68	1100
Leupold Windriver RB800 8x32	Binokular	EO-F	ja	9-777	autom. Regen/ Reflektionsgrad/Scan	138x148x52	652
Leupold RX III 8x28	Monokular	EO-F	ja	1-1090	Regen/Scan/ 1. Target Mode	119x89x51	340
Nikon Laser 800 8x28	Monokular	nein	nein	16-800	Scan/*)	121x95x51	326
Swarovski Laser Guide 8x30	Monokular	Da/O	ja	10-1500	Scan/ autom. Einstellungen	unbekannt	386

*) Regen/Reflektionsgradunterdrückung bis 150 y/m

EO-F = Einzelokularfokussierung, Mt = Mitteltrieb, Da = Dioptrienausgleich, Da/O = Dioptrienausgleich am Okular

9. Der Wunsch, nachts zu sehen

Bei den Geräten wird zwischen Infrarot-Nachtsichtgeräten (Aktivgerät) und Restlichtverstärkern (Passivgerät) unterschieden. Die Infrarot-Nachtsichtgeräte sind für den Zivilgebrauch weniger geeignet. Die Geräte sind recht schwer und volumig. Aufmontierte Scheinwerfer machen sie unhandlich und der hohe Stromverbrauch der Infrarot-Scheinwerfer macht schwere Batterien erforderlich. Die brauchbaren Reichweiten bei kleineren Geräten liegen zwischen 50 und 100 Metern. Oft wird eine Infrarotleuchte in einen Restlichtverstärker integriert. Restlichtverstärker verstärken das vorhandene Licht von Mond, Sternen oder nahe gelegenen Orten.

Restlichtverstärker gibt es seit dem 2. Weltkrieg (Generation 0). Anfang der 60er Jahre des 20. Jahrhunderts wurden die alten Geräte weiterentwickelt (Generation 1). Geräte der Generation 1 haben eine geringe Lebensdauer der Verstärkerröhre und starkes Bildrauschen. Inzwischen gibt es drei oder vier Generationen (je nach Sicht der Kategorien) der Verstärkerröhre (einschließlich Zwischenvarianten). Die Entwicklungen zielen auf eine Bildverbesserung hin. Wunsch ist es, ein Bild wie im Fernsehen (Camcorder) zu erreichen. Für den Zivilmarkt werden diese Generationen über Jahre hinweg nicht erhältlich sein. Ihre Kosten stehen auch in keinem Verhältnis zum Nutzen beim Zivilgebrauch. Führende Röhren-Hersteller sind ITT und Philips.

So sieht ein Bild im Nachtsichtgerät aus.

Geräte der ersten Generation sind veraltet und dementsprechend preiswert. Sie erbringen normalerweise eine Lichtverstärkung von rund 1500fach, während eine rund 20.000fache Lichtverstärkung bei den Geräten der 2. Generation möglich ist. Bei den meisten Geräten liegt die Verstärkung aber bei 10.000- bis 15.000fach. Alles, was darüber liegt, ist höchst selten. Für die Angabe der Lichtverstärkung gibt es die verschiedensten Ermittlungsmethoden, sodass die Werte nur einen Anhalt geben. Werte von rund 35.000facher Lichtverstärkung sind wenig glaubhaft, wären aber hinsichtlich der Auflösung auch nicht sinnvoll. Die Funktion der Restlichtverstärker kann vereinfacht wie folgt dargestellt werden. Das ins Objektiv einfallende schwache Licht trifft auf die Bildwandlerröhre, wo es an einer speziellen Photokathode Elektronen freisetzt, die in einem elektrischen Feld beschleunigt werden und an der anderen Seite der Röhre auf einen fluoreszierenden Schirm treffen, wo sie sich wieder in ein sichtbares Bild verwandeln. Das grüne Bild kann durch ein Okular betrachtet werden.

Es sei hier erwähnt, dass unter Umständen nur die Geräte der 1. Generation den Benutzer im geringen Umfang mit Röntgenstrahlen belasten können. Bei der Generation 2+ handelt es sich um Geräte, die bei zuviel Lichteinfall schnell „abschalten", damit eine Röhrenbeschädigung größtmöglichst verhindert wird. Geräte der 2. Generation benutzen zur Lichtverstärkung so genannte „Microchannel"-Platten (MCP). Es handelt sich um flache Glasdiscs mit 18 Millimeter Durchmesser. Es wird die Fiberglastechnologie verwendet, um Millionen mikroskopisch kleiner Zellen (bis zu rund 10 Millionen) in der Disc zu erzeugen. Auf dem Weg durch die Disc werden die Elektronen verstärkt bzw. vermehrt. Die Vermehrung erfolgt klarer und qualitativ besser als bei Geräten der 1. Generation. Bei der 3. Generation werden die Discs mit einem speziellen Film überzogen, der die Lebensdauer erhöht. Als Photokatode wird eine so genannte Gallium-Arsenide (Ga As) verwendet, die Licht wesentlich klarer und besser in Elektronen umwandelt. Höhere Bildqualität mit weniger Rauschen und mehr Kontrast ist die Folge. Je nach Anbieter unterscheidet man bei der 2. Generation zwischen 2+, 2.S und 2. Super Generation. Je höher die Generation, desto höher sind die Fotokathoden-Empfindlichkeit, die Bildauflösung, die Lichtverstärkung und die Mindestempfindlichkeit. Ebenfalls ist die Lebensdauer höher. Sie beträgt bei einer Röhre der 2. Generation rund 2000 bis 4000 Stunden, bei der 2. Super Generation (Philips) rund 10.000 Stunden. Je höher die Generation, desto weniger Bildrauschen gibt es. Die Schärfe und der Kontrast werden höher. Ferner gibt es Vorteile bei integrierter automatischer Helligkeitsregelung.

Dritte Generation

Die Röhren der 3. Generation (entwickelt Mitte der 70er, in Gebrauch seit 1980) sind in den USA frei verkäuflich. Sie dürfen ab einem gewissen Qualitätsstandard aber nicht exportiert werden. Ausnahmen werden nur für Polizei- und Militärzwecke gemacht. Legal kann der Zivilist also weder ein Gerät der 3. Generation aus den USA ausführen noch außerhalb der USA erwerben. Höchstenfalls Ausschussröhren, die den Qualitätsstandard nicht erfüllen, können zum Export gelangen. Geräte der 3. Generation werden teilweise schon ab 3000 US-Dollar gehandelt. Zwar werden in Europa öfter Geräte der 3. Generation angeboten, diese sind es aber in engerem Sinne nicht. Der Begriff 3. Generation trifft als geschützte Bezeichnung vor allem auf Röhren von ITT zu. In Frankreich wird eine in etwa vergleichbare Röhre namens „Hypergen" angeboten. In der Schweiz fertigt Leica ebenfalls vergleichbare Geräte (Exportbeschränkung!). Die Bildwandler namens DEP-xD-4

Minox Nachtsichtgerät

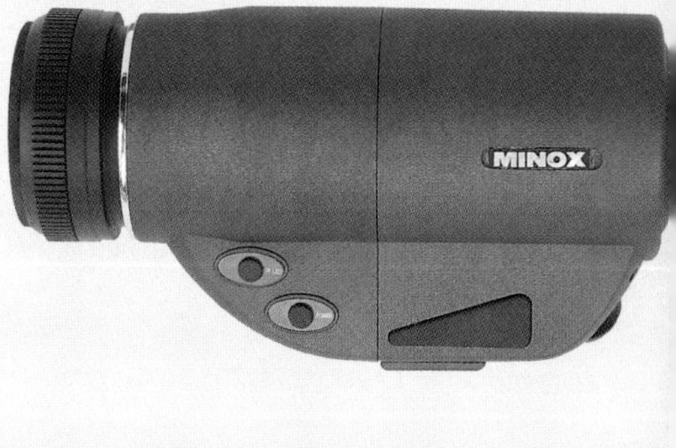

(Geräte BIG 25, 35, BIM 25, 35) kommen in der Leistung an die Röhren der so genannten 3. Generation heran. Auch Sony fertigt hochwertige Verstärkerröhren. In Europa wird eine Anzahl von Röhren gefertigt, die in der Qualität deren der 3. Generation entsprechen oder gar besser sind. Die 3. Generation verstärkt das Restlicht nicht wesentlich mehr als dies bei Geräten der 2. Generation der Fall ist. Das Bild, insbesondere das Rauschverhalten (Schnee im Bild), ist aber wesentlich besser sowie die Lebensdauer der Röhre wesentlich länger. Es wird ein wesentlich klareres Bild mit viel mehr Kontrast und Schärfe geboten, auf dem Einzelheiten wesentlich besser erkannt werden (Reichweitenvergrößerung).

Es sei hierbei erwähnt, dass Top-Geräte eine „dunkle" Nacht benötigen. Bei zuviel Restlicht wird das Bild schlechter.

Röhren der 3. Generation wurden ständig weiterentwickelt und verbessert. Die Bandbreite an Leistung ist enorm. Keinesfalls kann man sagen, dass jede Röhre mit der Bezeichnung 3. Generation dieselbe Leistung bietet. In Europa entwickelte man ab 1985 das Gegenstück zur amerikanischen 3. Generation: die so genannte Super Generation. Es gibt auch bei der Super Generation verschiedene Entwicklungsstufen. Die Top Röhren Hypergen oder XD4 sind mit der höchsten amerikanischen Generation 30MNI V vergleichbar.

Handgroßes Nachtsichtgrät der Generation 2+

Besonderheiten

Geräte, die ohne Schaden bei vollem Licht eingeschaltet werden können, gibt es nicht. Es gibt allerdings Geräte mit spezieller Reglertechnik. Trifft zuviel Licht auf die Röhre, wird sofort die Verstärkung herunterreguliert. Durch solch ein Notprogramm wird gröberer Schaden vermieden. Aber auch hier kann ein sichtbarer Fleck eingebrannt werden.

Grundsätzlich soll kein Restlichtverstärker ohne Schutzkappe bei Tageslicht eingeschaltet werden. Die Leistung fällt oft nach etwa 2000 Betriebsstunden ab. Ferner sind die Röhren mit Batterien vergleichbar. Auch bei Nichtbenutzung verlieren sie durch Lagerung geringfügig an Leistung. Bei Geräten der 2+ Generation gibt man rund 4000 Betriebsstunden an, bei der 3. Generation sind es mehr als 10.000 Stunden. Man sollte deshalb vor allem Qualitätsprodukte erwerben, die weder überlagert wurden noch schon Betriebsstunden auf dem „Buckel" haben. Vor allem bei Geräten aus Osteuropa ist da Vorsicht geboten. Es sei erwähnt, dass sehr hochwertige Röhren, wie sie Zeiss oder Swarovski benutzen, etwa 10 bis 15 Jahre halten sollen. Ihre Leistung wird sich aber auch mit den Betriebsstunden mindern. Ferner sollte man auf Garantie und die Möglichkeit der schnellen Ausführung achten. Die Röhren sind extrem empfindlich. Gewiss wird zum Beobachten eine Vergrößerung benötigt, damit man vernünftig überhaupt Einzelheiten erkennen kann. Natürlich wird damit auch das Bildrauschen (Schnee) verstärkt. Es hat sich gezeigt, dass man selbst bei sehr guten Geräten keine höhere Vergrößerung als 6fach haben sollte. Die meisten Geräte haben eine Vergrößerung zwischen 2,5- und 5fach.

Bei wirklich brauchbaren Binokularen müssen beide Röhren aufeinander abgestimmt sein, was höchst selten der Fall ist. Geräte mit zwei Objektiven und einem „Schirm" bieten kein räumliches Sehen. Die Qualität vieler preiswerter Geräte der 1. Generation ist gering. Es muss schon ausreichend Restlicht vorhanden sein, um diese sinnvoll einsetzen zu können. Infrarotaufheller am Gerät wirken zwischen 25 und 60 Metern. Die effektive Einsatzweite dieser Geräte liegt bei 60 bis 100 Metern. Sinnvoll und viel universeller sind Geräte der Generation 2 (+) einsetzbar. Sie verstärken Licht wesentlich mehr. Auch bei sehr geringem Restlicht ergeben sie ein helles Bild. Es sei erwähnt, dass mit einem qualitativen Fernglas 8x56 oft mehr erkannt werden kann als etwa mit Geräten der 1. Generation. Meist ist man mit einem Nachtglas besser bedient als mit einem Restlichtverstärker. Das gilt ganz besonders bei gutem Mondlicht. Üblich ist bei Restlichtverstärkern ein grünes Bild mit einer Wellenlänge von etwa 550 Nanometern. ITT und andere fertigen bei gleicher Helligkeit einen Phosphorschirm, der ein gelbgrünes Licht erzeugt, das durch das menschliche Auge als heller empfunden wird. Das ist jedoch nur eine Täuschung. Man sieht nicht mehr.

Die Qualität der Geräte lässt sich sehr gut an der Bildqualität feststellen. Viel Bildrauschen (Schnee) zeugt von geringer Qualität und führt zu wenig Detailerkennbarkeit. Mangelt es noch an Kontrast und Schärfe, dann ist das Gerät kaum von praktischem Nutzen. Viele Geräte bilden nur mittig scharf ab. Bei preiswerten Geräten bestehen Linsen im Objektiv und Okular gar aus Plastik. Gerade auf die Objektivqualität kommt es aber an. Es sollten nur hochwertige Objektive (Brennweite unter f:2) mit Infrarotkorrektur im nahen Infrarotbereich verwendet werden (ansonsten gibt es ein verschwommenes Bild). Da in Bildröhren Spannungen von rund 25.000 Volt auftreten können, ist von Geräten unbekannter Herkunft abzuraten, da die Sicherheit – vor allem bei Feuchtigkeit – oft nicht gegeben ist.

Neuester Trend: Thermal Binokular

Der neueste Trend bei den Nachtsichtoptiken heißt: Thermal Binokular. Dahinter steckt ein Fernglas, das als „Wärmebildkamera" arbeitet. Es wird die Wärmeabgabe der Objekte genutzt, egal, ob diese von Menschen, Tieren, Gebäuden oder anderen Objekten stammt. Es spielt dabei keine Rolle, ob es Tag oder Nacht ist, Nebel oder Rauch spielen ebenfalls keine Rolle. Die Verwendung liegt je nach Gerät bei 900 m und mehr. Die Wärmebildferngläser wiegen rund 1600 g. Das Bild ist schwarz-weiß. Monokulare bis zu einer Reichweite von rund 300 m gibt es schon als handliche Geräte mit 369 g Gewicht.

Zeiss Victory NV 5,6x62T*

Das Zeiss Victory NV 5,6x62T* ist ein recht kompaktes Nachtsichtgerät, das sich gut mitführen lässt. Durch seine längliche Form lässt es sich mit einer Hand halten und bedienen. Die Bedienknöpfe auf der Oberseite sind bestens erreichbar. Das Gerät ist mit einer Bildverstärkerröhre der Generation 2+ mit etwa 20.000facher Verstärkung ausgerüstet. Mittels C-Mount Anschluss wird das Objektiv 2,0/125 mit einem Objektivdurchmesser von 62 mm ange-

Zeiss Nachtsichtgerät, Generation 2+

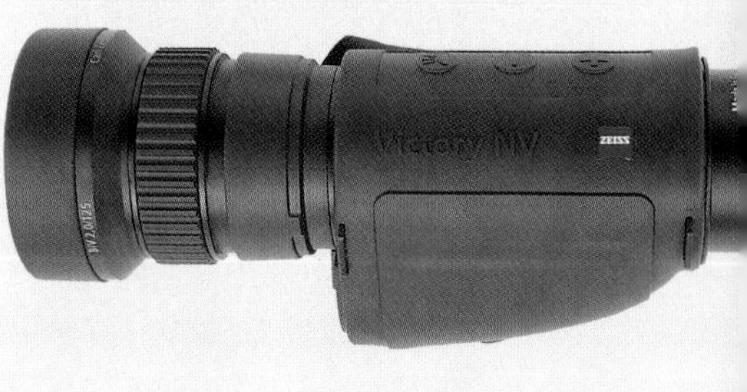

schlossen. Die Vergrößerung beträgt das 5,6fache. Die Verstärkungsleistung liegt nach dem Einschalten im mittleren Bereich. Mit Plus- oder Minus-Tasten kann man sie erhöhen oder mindern, je nach den jeweiligen Restlichtverhältnissen. Eine Infrarot-LED ist vorhanden. Das Gerät hat ein Brillenträgerokular mit ausziehbarer Augenmuschel. Das Bild ist sehr klar, ohne viel Bildrauschen. Schärfe und Detailerkennbarkeit sind hoch. Dank hoher Vergrößerung und hervorragendem Bild bot er mit Abstand die höchste Erkennbarkeit aller getesteten Geräte. Die Bildklarheit bei solch hoher Vergrößerung konnte nur überzeugen.

Swarovski NC-2

Der Restlichtverstärker NC-2 ist ein handliches, bequem mitführbares Gerät mit Einhandbedienung. Es gehört zur Generation 2+ und ist mit wechselbarem Videoobjektiv, das 3fach vergrößert, ausgerüstet. Am Objektiv lässt sich die Entfernung bequem einstellen. Auch der Dioptrienausgleich funktioniert einwandfrei. Das Restlicht soll rund 15.000fach verstärkt werden. Die kleine zuschaltbare Infrarotleuchte hat lediglich einen Wirkungskreis von 40 Metern. Das Bild ist sehr gut sowie sehr scharf bei geringem Bildrauschen. Die Detailerkennbarkeit ist sehr hoch.

Swarovskis Nachtsichtgerät Generation 2+

Die automatische Helligkeitsregelung sorgt dafür, dass unabhängig von der Umfeldleuchtdichte das Bild immer gleich hell und klar ist. Störendes Nachleuchten gibt es nicht. Ein praxisgerechtes Gerät von sehr hoher Güte. Die nur 3fache Vergrößerung erwies sich von erheblichem Nachteil.

Luna-Tron 921 Luper HD

Ein nur handgroßes Nachtsichtgerät der Generation 2+ aus den USA. Objektiv und Okular sind abnehmbar. Sowohl das Objektiv als auch der Dioptrienausgleich lassen sich perfekt justieren. Der Gang ist gleichmäßig und geschmeidig. Das Leichtmetallgehäuse erwies sich als robust. Das Gerät wird Licht um etwa das 15.000fache verstärken. Durch die hohe Lichtverstärkung sieht man etwas Schnee. Das helle Bild ist scharf und klar. Die Vergrößerung ist mit 3fach (mit Zusatzobjektiv) nicht hoch. Der zuschaltbare Infrarotaufheller hat etwa bis zu 50 Meter einen praktischen Nutzen. Es erbringt eine hohe Leistung, die in der Praxis voll überzeugen konnte. Dank der neuen HD-Röhre der Super Generation wird ein klares Bild mit hoher Auflösung geboten.

AT Night Storm

Ein US-Gerät von ATN aus der 2. Generation mit hoher Lichtverstärkung (etwa 8000- bis 10.000fach, die angegebene 35.000fache Lichtverstärkung dürfte nicht stimmen). Bei der hohen Verstärkung ist Schnee gut sichtbar. Die praktische Einsatzweite liegt bei rund 150 bis 200 Meter. Ein starker, zuschaltbarer Infrarotaufheller wirkt sicher bis zu etwa 50 Meter. Das führige Gerät lässt sich mit einer Hand gut handhaben. Ein durchaus gut brauchbares Gerät mit hoher Lichtverstärkung. Die Verstärkerröhre ordnet man in den USA der Generation 1+ zu.

Bushnell Wolf-3 Super Plus

Ein sehr handliches Gerät der 2. Generation ist das Wolf-3 Super Plus. Es hat ein gummiarmiertes Metallgehäuse und ist mit abnehmbarem Videoobjektiv ausgerüstet (50 mm f:1,3). Am Objektiv kann die Entfernung eingestellt werden. Am Okular lassen sich die Dioptrien verstellen. Beides läuft geschmeidig und lässt sich bequem handhaben. Auch dieses Gerät ist mit Infrarotleuchte für Kurzentfernungen ausgerüstet. Das sehr handliche Gerät passt in jede Jackentasche und ist sehr robust (Metallgehäuse). Es lässt sich wegen ungünstiger Einschaltknöpfe nur mit zwei Händen bedienen. Es liefert ein gutes Bild mit etwas mehr Bildrauschen (Schnee) als bei Zeiss und Swarovski. Die Detailerkennbarkeit ist sehr gut, die Schärfe ebenfalls. Das Gerät konnte universell in der Praxis eingesetzt werden. Es hat eine gegenüber älteren Modellen weit verbesserte Röhre der Generation 2+.

Wolf III Nachtsichtgerät mit tauschbarem Objektiv

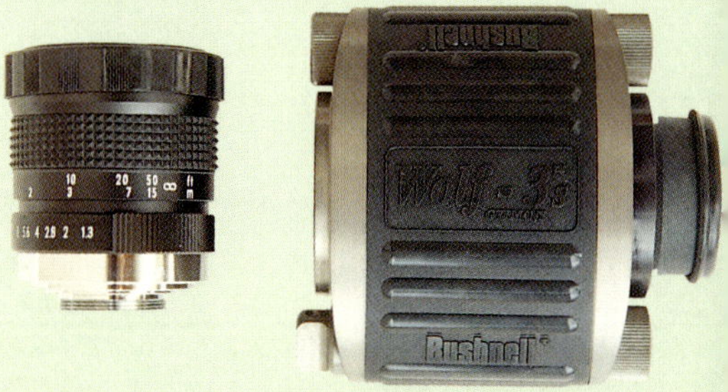

Auf einen Blick Nachtsichtgeräte

		Raptor	Luna Tron 910 XD	Zeiss Victory NV 5,6x62T*	Swarovski NC2	Luna Tron 921	ATN Night Storm	Night Owl NOCG2	Tasco Luchs	Bushnell Wolf 3 Super plus	NV-Raptor	ITT Night Enforcer PVS-14	Excalibur E5340P
Mono/Binokular		NSB	NSB	M	M	M	M [1]	M	M	M	M [2]	M	M
Generation		2.	XD-4	2.	2.	2.	2.	2.	2.	2.	2.	3.	3.
Maße cm	L	n. a.	n. a.	23,3	17,5	14	16,5	17,3	14	15	n. a.	11,5	18
	H	7	6	4,7	5,1	5,8	8	9		5,1			
	B	27,5	8	6,7	8,4	8,4	5	5		5,7			
Gewicht in g		520	680	1100	826	435	397	600	595	600	n. a.	39	908
Bildvergrößerung		1,4x	1x	5,x	3x	1x 3x [3]	1,5x	3x	2x	2x	1,4x	3x	5x
Objektiv in mm		18,5 f1,3 [4]	n. a. f1	62 f1,4	75 f1,3 [4]	36 f1,5	35 f1,6 [5]	36	50	50	26	50	100
Schärfeeinstellung in m		n. a.	n. a.	5 – ∞	1 – ∞	0,2 – ∞	0,4 – ∞	0,4 – ∞	4 – ∞	3 – ∞	0,3 – ∞	1 – ∞	2,4 – ¥
Okular (dpt)		n. a.	n. a.	+/- 4	+/- 4	+/-3 -5 [6]	+/-5	+/- 4	+/- 4	+/- 4	+/-4+/-	n. a.	n. a.
Infrarotaufheller (bis m)		nein	nein	ja	40	ja	ja	ja	ja	60	ja	ja	nein
Batterien		2x AA	2x AA	2x 1,5 V	2x Lithium	3 V Lithium	3V Lithium	2x AA	2x 1,5 V	2x 1,5 V	2x 1,5 V	n. a. n. a.	2x 1,5 V

M = Monokular, NSB = Nachtsichtbrille

[1] Verstärkerröhre 1+ US-Norm, [2] Google, [3] optional, [4] wechselbar, [5] Spiegelobjektiv, [6] Brillenträger

10. Reinigung der Optik

Beobachtungsoptik erfordert nur ein Mindestmaß an Reinigungsaufwand. Eine saubere Optik ist aber Garant für eine hohe Bildqualität. Schon bei der Handhabung sollte man einiges beachten.

Ferngläser und Festkörperspektive sollten staub- und wasserdicht sein. Ausziehspektive saugen beim Ausziehen Luft an. Sie sind also bauartbedingt nicht vollkommen wasserdicht. Spritzwasser oder ein Regenguss lässt aber noch lange keine Feuchtigkeit eindringen. Qualitative Ausziehspektive haben Filter, die größtmöglich das Eindringen von Staub oder Feuchtigkeit verhindern. Trotzdem verschmutzt im Laufe der Jahre ein Ausziehspektiv im Inneren. Es sollte bei häufigem Gebrauch etwa alle 8 bis 10 Jahre ins Werk zur Innenreinigung der Optik gesandt werden. Alle andere Beobachtungsoptik sollte wasser- und staubdicht sein. Gerade die Stickstofffüllung, die Innenbeschlag verhindern soll, ist bei älteren Ferngläsern sehr schnell entwichen. Die ältere Mechanik mit O-Ringabdichtung aber auch außen beweglichen Okularen war einfach nicht vollkommen dicht. Auch große Temperaturschwankungen verhalfen zum schnellen Entweichen des Stickstoffs und im ungünstigen Fall konnte Feuchtigkeit oder Schmutz ins Innere des Gerätes gelangen. Dank moderner Innenfokussierung (einschließlich Dioptrienausgleich) wird heute wirkliche Dichtheit erreicht, auch über große Temperaturschwankungen hinweg. Selbst nach Jahrzehnten des Gebrauchs ist die Optik innen rein und unverschmutzt. Bei Spektiven mit wechselbaren Okularen wird der Grundkörper mit einer vergüteten Glasplatte hermetisch abgeschlossen, sodass weder Schmutz noch Feuchtigkeit eindringen können. Die mechanischen Teile sind extrem verschleißfrei und mit High-tech-Fetten versehen. Sie müssen nicht gewartet werden und halten Jahrzehnte. Wer jedoch in die Arktis aufbricht, kann in den Werken der Qualitätshersteller sein Fernglas durch vollkommenes Entfetten und das Anbringen von kälteresistenten Trockenschmierstoffen arktistauglich machen lassen.

Bei der Reinigung von Fernglas oder Spektiv ist zwischen Reinigung der Optik und des Gehäuses zu unterscheiden. Heutige Außenflächen von Objektiv und Okular haben eine recht kratz- und abriebfeste Vergütung. Trotzdem gilt „steter Tropfen höhlt den Stein". Beim Beobachten kann es durchaus erforderlich werden, dass man Beschlag, Schnee oder Schmutz mit dem Finger, einem Taschentuch, Handschuh oder dem Jackenärmelende beiseite schiebt. Das bereitet in der Regel auch keinerlei Probleme, wenn es nicht „dauernd" erfolgt. In der Praxis kann jedoch die Optik außen ganz schön verschmutzen, etwa durch Feuchtigkeit, die auch Schmutz absetzt, aber auch durch Staub, ganz besonders in warmen, trockenen Gefilden. Für unterwegs nehme ich immer ein Reinigungstuch oder feines Papiertaschentuch mit. Moderne Reinigungstücher mit Trockenreinigungsmittel sind ideal. Sie darf man aber keinesfalls nass benutzen. Bei starker Verschmutzung, etwa durch starken Staub oder Sand, spüle ich die Linsen erst im klaren Bachwasser oder Wasser aus der Wasserflasche (falls entbehrlich) klar. Bei geringerer Verschmutzung hilft auch die Mitnahme eines „Lenspen" im

Rucksack. Mit dem feinen Pinsel lässt sich lockerer Staub oder Sand schnell entfernen. Auf der anderen Seite befindet sich unter dem Verschluss ein Trockenreinigungsmittel sowie ein gummiartiger Flächenreiniger. Man drückt ihn auf die Optik und fährt kreisend darüber. Bei einer Grundreinigung zu Hause sollte man zunächst die Drehaugenmuscheln ganz herausschrauben (falls möglich). Man spült nun das Gerät mit handwarmem Wasser (kräftiger Wasserstrahl) ab und versucht so, Staub und Sand ab- bzw. herauszuschwemmen.

Bei dieser Gelegenheit wird auch das Gehäuse gereinigt. Mit warmem Wasser unter Zusatz von Spülmittel oder mit Seife wischt man es mit einem Waschlappen ab. In Ritzen und an Kanten ist die Hilfe einer Handbürste empfehlenswert. Stark verschmutzte Optik kann man mit warmem Wasser mit etwas Spülmittel und einem weichen, fuselfreien (Optik-)Tuch reinigen. Auch Brillenputzmittel in flüssiger Form eignet sich dazu sehr gut. Das Gehäuse kann man mit Küchenpapier abtrocknen. An Okular und Objektiv sollte man nach dem natürlichen Trocknen mit Brillenreiniger und trockenem, weichem, fuselfreiem Optiktuch nachreinigen. Auch der Lenspen mit seinem Trockenreiniger oder aber ein Reinigungstuch mit Trockenreiniger (Mikrofasertücher) sorgt für klare Optik ohne Wassertropfen oder Schlieren. Übrigens, Regentropfen hinterlassen Ränder und Kalk. Sie kann man auch durch Anhauchen und Reiben mit einem sauberen Leinenlappen/Mikrofasertuch entfernen. Neben den im Handel angebotenen Brillenreinigern eignet sich auch Alkohol zum Reinigen der Optik. Fingerabdrücke (salzhaltig), Öle, Fette oder Säuren sollte man so schnell wie möglich von der Optik entfernen, entweder mit Alkohol, Wasser mit Spülmittel oder am besten mit flüssigem Reinigungsmittel für Brillen. Bei Regen oder Schnee geführte Beobachtungsoptik lässt man im warmen Zimmer vor der gründlichen Reinigung zuerst abtrocknen. Man sollte sie nicht zu nahe an Wärmequellen (Ofen) stellen.

Im feuchten Tropenklima sollte man die Geräte nicht feucht in engen Taschen, Etuis oder gar Koffern aufbewahren. Luftiges Aufhängen im Schatten hat sich bewährt, ansonsten bildet sich an der Stelle, an denen das Gerät mit schwitzigen Fingern gefasst wurde, schnell Schimmel. Ich transportiere auf Reisen meine Beobachtungsoptik oft im Handgepäck in Tragetaschen aus Cordura oder in Cordura-Schutzüberzügen bei Spektiven, habe sie aber auch schon inmitten meines Kleiderkoffers gelegt. Die umgebene Wäsche gab auch in Corduratataschen und Seesäcken genug Schutz. Sehr gut sind natürlich spezielle Transportkoffer aus faserverstärktem Kunststoff oder Aluminium. Es gibt auch wasserdichte Ausführungen und sogar solche mit Druckausgleich. Die Verwendung von Trockenpatronen in den Transportbehältern halte ich für überflüssig.

Pinsel und Optikreiniger sowie Optiktuch für das Reinigen der Optik

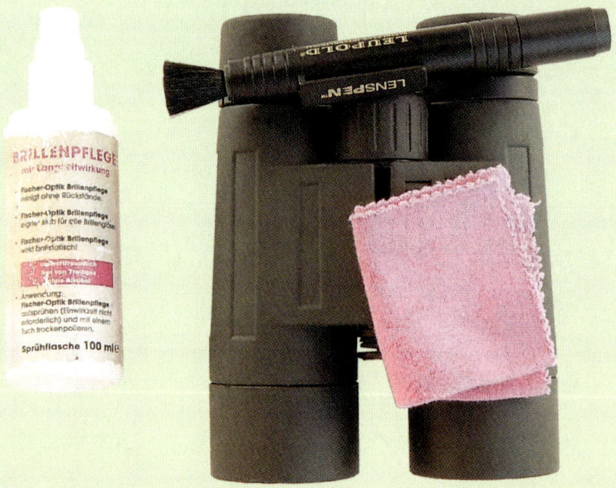

11. Jagdbekleidung

Bei vielen Dingen des täglichen Gebrauchs blieb die Entwicklung nicht stehen. Ganz im Gegenteil: Neue Materialien, neue Fertigungstechniken und Verbesserungen der Funktionalität waren die Zeichen in den letzten Jahrzehnten. Auch bei der Jagdkleidung blieb die Zeit nicht stehen, mehr denn je werden die Jäger mit neuer Funktionskleidung überflutet. Die Jäger werden immer mehr mit neuen Namen für hochwertige Hight-tech-Stoffe oder Membranen bei der Jagdkleidung konfrontiert. Die Neuentwicklungen schreiten in riesigen Schritten voran. Was heute noch als das Non-plus-Ultra gilt, kann morgen schon überholt sein. Sicherlich gibt es heute eine Vielfalt an Jagdkleidung wie nie zuvor. Auch die Funktionalität ist kaum mehr zu überbieten. Neben Allroundkleidung gibt es natürlich Spezialkleidung für ganz besondere Anforderungen, etwa der Jagd in extremer Kälte, bei starkem Regen oder körperlich sehr anstrengenden Jagden.

Sehr robuste Kleidung von Fjäll Räven

Traditionelle Materialien

Ein traditionelles Material für die Jagd in der nördlichen Hemisphäre ist Wolle in ihren verschiedenen Verarbeitungsstufen. Im warmen Sommer ist bestimmt robuste Baumwollkleidung in Mitteleuropa ideal. Fest gewebt hat man recht reißfeste und unempfindliche Kleidung. Sie gibt gewissen Windschutz, wärmt ausreichend in den sommerlichen Morgenstunden und ist auch bei Hitze angenehm zu tragen sowie ausreichend atmungsaktiv. Ein Feuchtigkeitstransport findet nicht statt, sie klebt auf der Haut. In Herbst, Winter und Frühjahr ist die Schafwolle ein beliebter Stoff für Jagdkleidung. Wollhemden wärmen ausgezeichnet. Sie können natürlich Feuchtigkeit speichern. Lodenhosen und -jacken in den verschiedensten Ausführungen sind seit langem traditionelle Jagdkleidung in Mitteleuropa. Gute Lodenkleidung, evtl. noch oberflächenimprägniert, hält den Körper auch an einem Regentag trocken. Sie schützt ausreichend vor Wind. Bei großer Kälte kann man sie noch weiter isolieren, etwa traditionell mit Pelz, aber auch mit künstlichen Mikrohohlfasern wie Thinsulate. Heute heißt das Schlagwort „Mehrschichtsysteme". Das heißt, es werden mehrere Stoffe miteinander verbunden. Diese ergänzen sich in ihren Eigenschaften und Wirkungen. Auch Laminatverbunde kommen vielfältig zum Einsatz. So wird die Isolation von Lodenhosen und -jacken vielfältig mit dem Isolierstoff Thinsulate verbessert und als Wasser- sowie Windschutz kommt eine atmungsaktive Membrane wie Gore-tex oder Sympatex zum Einsatz. Sicherlich ist Woll- und Lodenkleidung (gewalkte Wolle) ein traditioneller Jagdstoff. Ein langer Lodenmantel schützt gut vor eisiger Kälte, aber auch gut vor Regen und Wind. Wollpullover wärmen ausgezeichnet. Für den Sommer empfehle ich leichte Pullover aus Lambswool und für den Herbst sowie Winter dicke Pullover aus Schurwolle. Letztere sollten weit über das Gesäß reichen. Im Winter ist ein „Rundkragen" dem V-Ausschnitt vorzuziehen, ideal ist ein hochschlagbarer Kragen an Wollpullover oder -weste. Leider hat die Wollkleidung auch gravierende Nachteile. Erst einmal richtig voll Nässe gesogen, ist das Kleidungsstück ausgesprochen schwer und braucht auch lange zum Trocknen. Das gilt übrigens auch für Körperschweiß bei Wollhemden. Beim Aufstieg im Gebirge sollte man deshalb möglichst keine dicke Jacke über den Wollhemden tragen. Sie gehört in den Rucksack. Ferner tragen viele Woll- und Lodensachen recht auf. Sie sind kräftig und dick. Das kann beim gewohnten oder schnellen Anschlag stören. Richtig eingesetzt und zum richtigen Wetter getragen, ist Wolle aber auch heute noch eines der besten Materialien für Jagdkleidung in der nördlichen Hemisphäre.

Traditionelle Lodenkleidung: warm und geräuschlos, aber schwer und langsam trocknend

Leder ist ein weiteres traditionelles Jagdbekleidungsmaterial. Man kennt leichte Lederjacken für die Jagd im Sommer, aber auch dick gefütterte (teils mit Pelzfutter) Lederjacken und -mäntel für die Herbst- und Winterjagd. Mehr als Lederjacken sind aber Lederhosen für die Jagd beliebt. Ich schätze meine Lak-sen Stiefelhose aus hochfestem, warmem Büffelleder mit herausknöpfbarem Innenfutter. Sie ist recht wasserfest und sehr bequem. Neben Büffelleder ist Elchleder zu empfehlen. Leder ist sehr klimaausgleichend. Es wärmt bei Kälte im Herbst noch recht gut und ist an warmen Tagen nicht zu warm. Zudem ist Leder sehr robust und schützt die Haut auch vor Dornen. Leder ist aber sehr schwer, nicht wasserdicht und auch nicht sehr geschmeidig sowie elastisch, außerdem recht dick. Ziegenleder wird oft als Beinschutz eingesetzt für das Durchdringen von nassem oder dornenreichem Gestrüpp.

Daunen sind mit ihrem hohen Wirkungsgrad das weitaus leichteste Isoliermaterial und bestens für extreme Kälte geeignet. Sie sind aber gegenüber

Wasser und Wasserdampf extrem empfindlich. Feuchtigkeit macht die Isolierfähigkeit schnell zunichte. Deshalb sollte man die Daunen bestens vor Feuchtigkeit schützen. Daunenkleidung ist auftragend aber sehr leicht. Eine gute Wahl bei extremer Kälte.

Kunstfasern

Natürlich greife auch ich immer mehr zu hochmoderner Funktionskleidung aus künstlichen Mikrofasern und anderen High-tech-Materialien. Meist kommen unter dem Oberstoff Laminate zum Einsatz. All diese Materialien wurden in den letzten Jahren weiterentwickelt und verbessert. Einfach von Gore-tex zu reden ist falsch. Gore-tex-Membranen gibt es in zig Qualitätsstufen. Ganz wichtig bei der Hight-tech-Jagdkleidung ist deren richtige Anwendung, sprich Kombination. Leider stößt man oft auf Unwissenheit. Künstliche Mikrofasern dürfen keinesfalls mit natürlichen Stoffen wie Wolle kombiniert werden. Die Funktionskleidung muss von der ersten Schicht auf der Haut bis zum äußersten Kleidungsstück aufeinander abgestimmt sein, also von der Unterwäsche bis hin zur Jagdjacke und -hose. Baumwoll- oder Angoraunterwäsche ist da out, ebenso Wollhemden oder Wollpullover. Man friert oder bekommt kalte Füße vor allem durch Nässe und Verdunsten von Wasser. Die noch so gute Isolierung nützt nichts, wenn die Haut nass oder feucht ist. Nässe und Feuchtigkeit können sowohl von außen als auch bei körperlicher Anstrengung von innen kommen. Wärmeschutzsysteme moderner Expeditionskleidung beruhen deshalb auf Wegnahme von Feuchtigkeit von der Haut. Die Haut muss salztrocken bleiben. Neben dem Nach-außen-Transportieren von Feuchtigkeit muss aber das Kleidungsmaterial selbst viel Feuch-

Wintermütze und hoher Kragen

Faserpelzjacke

tigkeit speichern können. Bei starker Anstrengung schafft es kein wind- und wetterfestes Material schnell genug, die austretende Körperflüssigkeit nach außen zu transportieren und abzugeben. Eine gewisse Speicherkapazität in den Oberschichten ist deshalb nötig. Bei Bewegung, Anstrengung und evtl. noch feuchtem Wetter ist ein kompliziertes Kleidungssystem und ein aufeinander abgestimmter Materialmix nötig. So soll die Mikrofaser Jagdjacke und -hose gut isolieren, wind- und regenfest sein. Erfüllt wird das in aller Regel mit Laminaten unter dem Oberstoff, etwa Thinsulate zur Isolierung und Gore-tex, Sympatex oder andere atmungsaktive Membranen zum Nässe- und Windschutz. Wichtig ist dabei ein ausreichender Windschutz, denn Wind „killt".

Nähte sind ein großer Schwachpunkt. Sie können Membranen durchlöchern, bewirken aber auch den bekannten Dochteffekt, bei dem Wasser von unten nach oben gezogen wird. Über Nähte kann Wasser eindringen. Alle Nähte müssen speziell versiegelt sein, sodass sie kein Wasser weiterleiten können. Im möglichst einteiligen Schulterteil darf man keine Nähte finden. Viele Hosen haben einen hinten hochgezogenen Nierenschutz. Das ist ideal, da auch das Rückgrat in diesem Bereich sehr kälteempfindlich ist. Kombiniert wird solche Oberbekleidung mit Fleecehemden und Fleeceweste oder -pullover. Es gibt diese Fleecekleidungsstücke in unterschiedlichen Stärken, sowohl hauchdünne Fleecehemden als auch dicke Fleece-Winterhemden. Jedoch trägt etwa dicker flauschiger Fleece nur dick auf. Hochwertiger Fleece wie Polartec gibt es in verschiedenen normierten Stärken. Jedoch ist keine davon so dick, dass sie schon beim Anschlag stört. Es kommt hier viel auf die Qualität, weniger auf „warmes" Aussehen an.

Als Unterwäsche kommt nur solche aus Mikrofasern in Frage. Ich selbst verwende solche aus Polypropylen. Es gibt hier auch sehr funktionelle „angeraute" Winterunterwäsche etwa von Köhler aus Polyacryl. Sie wärmt und nimmt Feuchtigkeit schnell von der Haut. Die auf der Haut getragene Wäsche hat vor allem die Aufgabe, Körperschweiß von der Haut wegzunehmen und an die nachfolgenden Kleidungsschichten abzugeben. Bei den Socken wie Coolmax kommt meist ein Mix aus Baumwolle und Kunstfasern zum Einsatz. Es gibt hier auch kräftigere Wintersocken. Wichtig bei den Schuhen ist neben Nässeschutz (atmungsaktive Membranen) vor allem Isolation (z. B. Thinsulate) und ein Laminat, das Feuchtigkeit auch aufnehmen und speichern kann. Ganz wichtig ist aber ein Ventilationssystem, damit die Feuchtigkeit schnell genug nach außen entweichen kann. Übrigens, in Expeditionsstiefeln für die Arktis kann man ruhig barfuß steigen. Auch bei anstrengenden Märschen bleibt die Haut salztrocken. Bei der Oberbekleidung gibt es eine große Vielfalt, die sich vor allem im Obermaterial und der Funktionalität unterscheiden. Oberjacken werden oft mit einzippbaren Jacken oder Westen kombiniert. Manchmal findet man diese Westen auch mit hochschlagbarem Kragen. Sie kann man bei wärmeren Temperaturen separat tragen. Eine Kombination nach dem Zwiebelschalenprinzip ist möglich, etwa bei warmem Regenwetter nur den „Shell" ohne einzippbare Innenjacke benutzen. Am meisten unterscheidet sich die Jagdoberkleidung durch ihren Oberstoff (Außenhaut). Hier kommt es vor allem darauf an, wofür man die Jagdkleidung verwenden will. Bei einer Nachsuche stehen andere Anforderungen als bei Ansitz oder Pirsch im Vordergrund, ebenso bei sehr anstrengenden Jagden im Gebirge oder gar extremen Wildnisjagden. Wer durch dick und dünn will und sich auch durch Dornen oder Brombeergestrüpp kämpfen muss, benötigt einen extrem reißfesten Oberstoff. Ich habe hier das G-1000 Gewebe von Fjäll Räven sehr schätzen gelernt. Es ist nahezu unverwüstlich und extrem reißfest. Vielfach sind die verwendeten Oberstoffe aber weicher, mehr fleeceartig, damit Geräusche vermieden werden. Durch die moderne Webtechnik sind aber auch solch moderne, weiche Oberstoffe sehr unempfindlich und reißfest. Sie ziehen auch keine Fäden, wenn man mal am Brombeergestrüpp hängen bleibt. Allerdings haben sie oft die Eigenschaft, dass feiner Schmutz wie Tannennadeln daran haften bleibt und man diesen abzupfen muss.

Natürlich haben die modernen Mikrofasern und die Funktionskleidung auch Nachteile. Die Materialien sind zudem meist leicht entzündlich. Weiter sind sie wegen der eingesetzten Materialien oft geräuschvoller als reiner Loden. Es knistert öfter oder beim Gehen vernimmt man durch Aneinanderstreifen des Stoffes geringe Geräusche. Durch die Weiterentwicklung der atmungsaktiven Membranen sowie der Verwendung von Laminaten und „sanftem" Oberstoff wurde die Geräuschempfindlichkeit stark gemindert. Ich hatte damit noch keinerlei Probleme, weder beim Ansitz auf Fuchs oder Sauen noch bei der Pirsch auf Rot-, Gams- oder Rehwild, ebenso nicht bei Auslandsjagden auf Elch, Bär, Steinbock oder Dallschaf. Viel wichtiger als ein paar unbedeutende, leise Geräusche ist ein guter Wind- und Nässeschutz sowie ein Warmhalten des Körpers, sodass man sich wohlfühlt. Moderne Mikrofasern sind nicht nur extrem reißfest, sondern auch sehr klimaunempfindlich. Sie nehmen keine oder kaum Feuchtigkeit auf und trocknen sehr schnell. Die Kleidung wird bei Regen oder Schnee nicht bleischwer. Die moderne Funktionskleidung ist zudem meist recht leicht.

Funktionalität

Auf Design und Funktionalität kommt es auch bei der Jagdkleidung an. Kleinigkeiten können da schon „das Leben erleichtern" und die Freude an der Jagd heben. Bei den Hosen schätze ich den normalen Schnitt, der über die Stiefel getragen wird. Eng anliegende Stiefelhosen sind nur empfehlens-

Lüftungsschlitz mit Netz unter den Achseln

wert, wenn man auch Stiefel mit „höherem" Schaft dazu trägt. Vielfach sind die Beinabschlüsse mit Klettverschlüssen oder justierbarem Corduraband ausgestattet. Damit ist eine enge Anlage am Stiefelschaft gewährleistet. Auf Reißverschlüsse mit verdeckender Klappe an den Beinen kann ich verzichten. Sie sind nur bei Überhosen von Vorteil, wenn man beim Anziehen die Schuhe schon an hat. Als ideal erwiesen sich die kräftigen, justierbaren Gummizüge an meiner Weatherbyhose sowie die Cordurabänder an meiner Laksenhose. Man kann damit die Hose enganliegend festzurren. An Gamaschen braucht man da gar nicht erst zu denken, sie sind bei diesem Beinabschluss in aller Regel entbehrlich. Von Beintaschen halte ich wenig. Sie braucht man selten. Seitliche Schubtaschen und Gesäßtasche sind ausreichend. Sinnvoll können Knöpfe für Hosenträger am Bund sein. Viele Jäger schätzen Hosenträger, auch wenn ein Gürtel ausreicht. Als toll empfinde ich bei meiner Laksen-Hose die gepolsterte, bestens isolierte sowie verstärkte Kniepartie. Nicht nur beim Heranrobben auf den Knien etwa auf Fels im Gebirge oder nassem Moos hat das Vorteile. Ideal ist das auch beim Ansitz, da die Knie am schnellsten kalt werden. Selbst bei großer Kälte im arktischen Norden Kanadas hatte ich da warme Knie, somit einen idealen Gesundheitschutz des empfindlichen Gelenks.

Bei der Jagdjacke gibt es viel mehr Details. Sie reichen von der Funkgeräte- bzw. Handytasche bis zu Patronenschlaufen in der Tasche. Hühner- oder Fasantaschen am Rücken benutzt man heute kaum noch. Gut aber das bei meiner Laksen-Jacke darin untergebrachte und herausnehmbare Sitzkissen. Man kann es nicht vergessen und hat damit nicht die Hände voll beim Gang zum Ansitz. Viele Taschen sind heute obligatorisch, große Taschen vorne, entweder mit Reißverschluss zu verschließende Taschen oder Taschen mit Klappe und Knöpfen. Ebenso ratsam eine verschließbare (seitliche) Innentasche für die Papiere. Nicht fehlen sollten höher gelegene verschließbare Schubtaschen, die zum Händeaufwär-

Beinabschluss an Laksen-Hose

Handschuhe

men mit Fleece warm gefüttert sind. Ob man ein paar Patronenschlaufen in einer Tasche hat, halte ich für zweitrangig. Dagegen ist ein Gummi- oder Kordelzug in der Taille und auch am Jackensaum sehr ratsam. Man muss die Jacke eng anliegend festzurren können, damit Wind nicht darunter „hochpfeifen" kann oder Feuchtigkeit einen leichten Weg findet einzudringen. Der Hauptreißverschluss (Zweiwegesystem) muss durchgehend mit einer Klappe überdeckt sein. Ideal sind ansonsten gummiarmierte wasserfeste Reißverschlüsse oder zumindest verdeckende Klappen an den Reißverschlüssen der Taschen. Eine Jagdjacke muss einen hochschließbaren Kragen haben, der einen Schal überflüssig macht. Ferner ist eine große Kapuze, die weit ins Gesicht reicht, evtl. einen kleinen Schirm hat und warm gefüttert ist, nahezu unentbehrlich. Die Kapuze muss vorne schließbare Seitenteile haben. Im Endeffekt dürfen nur noch Nase und Augen herausschauen. Erst dann bietet sie einen idealen Wind- und Wetterschutz. Die Kapuze sollte oben bzw. hinten ein Justierband haben, damit sie eng anliegend getragen werden kann. Auch ein Kordelzug kann dazu beitragen. Keinesfalls sollte starker Wind richtig reinblasen oder sie gar wegblasen können. Viele dünne Kapuzen im Kragen sind die Bezeichnung nicht wert. Allerdings lassen sich auch kräftige Kapuzen im Kragen unterbringen. Persönlich mag ich keine abzippbaren Kapuzen. Ich finde eine fest angebrachte Kapuze stört nie und leistet bei Bedarf beste Dienste.

Wichtig sind noch justierbare Ärmelabschlüsse. Sehr gut bewährt haben sich da Klettverschlüsse. Eine Ellenbogenverstärkung hat sowohl Vorteile beim liegenden Schießen als auch als Wärmeschutz für das Gelenk bei großer Kälte. Vor allem bei anstrengenden Jagden haben sich Reißverschlüsse mit darunterliegendem Gittergewebe im Achselbereich bewährt. Geöffnet sind es ideale Lüftungsschlitze, sodass hier auch Feuchtigkeit entweichen kann und Luft kühlt.

Handschuhe hat man je nach Geschmack. Leichte Sommerhandschuhe aus Baumwolle, Wollhandschuhe, Lederhandschuhe (ungefüttert oder gefüttert) sowie Fleecehandschuhe stehen zur Wahl für verschiedenartige Einsätze. Nicht fehlen sollte aber ein nässefester Handschuh mit Thinsulate-Isolierung und atmungsaktiver Membrane wie Gore-tex. Er sollte einen langen Schaft haben. Ideal ist ferner ein Justierband um das Gelenk. Schlitze im Schießfinger sind nur zum Eindringen von Kälte oder Nässe. Ich schieße oft mit Handschuhen. Selbst mit guten Winterhandschuhen ist das kein Problem, vorausgesetzt, man benutzt keinen Stecher.

Regenbekleidung

Von der DIN her gelten Materialien, die einer Wassersäule von 1300 mm standhalten, als wasserdicht. Gemessen wird die Wassersäule, indem ein Messzylinder über rund 10 Quadratzentimeter Stoff mit Wasser gefüllt wird. Viele Membranen erfüllen diese Voraussetzung, sie reicht vollkommen für einen Regentag. Nach meiner Erfahrung ist sie aber bei wirklicher Beanspruchung der Kleidung mit Wasser – etwa bei Wildnisjagden – völlig ungenügend. Vor allem bei Jagdkleidung ohne Wasserschutz durch atmungsaktive Membranen ist spezielle Regenkleidung angebracht. Man kann natürlich Kleidung durch Teflon von DuPont oder Wachs wasserabweisend oder wasserdicht machen. Wachsmäntel (Grundmaterial Baumwolle) bieten einen guten Regenschutz. Wachs wird aber brüchig, und die Kleidung muss nachgewachst werden. Üblich bei Regenkleidung ist oft eine PVC-Beschichtung.

Regenschutz zieht man über normale Jagdkleidung. Hosenbeine sollten mittels Falte und Reißverschluss erweiterbar sein. Ein Gummizug am Hosenbein ist ideal. Regenschutzkleidung besteht oft aus Polyvenylchlorid (PVC) oder aus Nylon bzw. Polyurethan (PU) und Polyamid. Auch PU-Beschichtung auf einem Grundstoff ist üblich. Neben Hose und Jacke sind weite Ponchos mit Kapuze sehr zweckmäßig. Zu Ponchos sollte man aber zumindest Regenschutzbeinlinge tragen.

Als den wohl besten Regenschutz habe ich MT050 Gore-tex kennen gelernt. Er wird leider ausschließlich von Cabelas (www.cabelas.com) vertrieben. MT050 wird dabei mit einem Gore-tex-Laminat kombiniert. Die Jacke mit Kapuze und Hose ist extrem wasserdicht und schützt vor tagelangem Regen. Es ist eine Expeditionskleidung für Gebiete wie Nordkanada oder Alaska. Zum Transport sind Jacke und Hose klein zu verpacken. Sie haben innen Gitterstoff und außen kommt ein seidenweiches, fleeceartiges sowie geräuscharmes Material zur Anwendung.

Kopfbedeckung

Die Kopfbedeckung ist natürlich den Witterungsverhältnissen anzupassen. Hüte mit breiten Krempen lassen Regen gut ablaufen. Im Sommer genügt ein leichter Baumwollhut. Lange Perioden im Jahr genügt ein Filzhut.

Ich trage fast ausschließlich eine leicht gefütterte und isolierte Schirmmütze mit Gore-tex Membrane. Der Schirm schützt gut vor Regen, aber auch vor Sonnenlicht bei Schüssen gegen die Sonne. Die Mütze hat Ohrenklappen.

Bei eisiger Kälte gibt es Pelzmützen oder Lodenmützen mit dicker Fütterung und natürlich Ohrenklappen. Ich habe auch aktiven, digitalen Gehörschutz als Ohrenwärmer kennen gelernt. Dank der Mikrofone und Geräuschverstärkung kann man frühzeitig Wild anwechseln hören. Das Besondere daran, man kann recht gut die Richtung bestimmen, aus der Wild kommt.

Camouflage

Ein Wort zu den Tarnfarben. Die meist von Realtree entwickelten natürlichen Tarnmuster mit Laub- oder Astmuster haben gar nichts mit militärischen Tarnfarben gemeinsam. Die jagdliche Camouflagekleidung sieht nicht nur gut aus, sie ist zweckmäßig.

Tipp

Moderne Kleidung mit Membranen darf man nicht mit herkömmlichem Waschmittel waschen. Es gibt dafür spezielle „Gore-tex"-Waschmittel.

Einige Begriffe

Aquatex – Unter anderem in Sportchief Jagdkleidung (Import H. Hofmann, Mellrichstadt) verwendete Membrane mit ausgezeichnetem Wasserschutz und sehr guter Atmungsaktivität.

Baumwolle – Faser speichert bis zu 80% des Eigengewichtes Wasser. Das Manko: Durch Wasserspeichern quillt die Faser auf und schließt die Gewebeporen, sodass der Feuchtigkeitstransport nicht mehr stattfindet und der Schweiß auf der Haut bleibt.

Burlington MCS – Polyester-Polyamid-Gewebe mit Blocker-Eigenschaft für UV-Licht (UPF40+) sowie spezieller Dry-Funktion der Faseroberfläche.

Ceplex 10 000, 5 000 oder 2 000 – Ceplex ist eine mehrfache PU-Beschichtung aus unterschiedlichen Lagen, die mikroporös (Poren) sind. Sie lassen Wassermoleküle nicht durch, jedoch Wasserdampfmoleküle.

Coolmax – Kunstfaser von DuPont mit vier feinen Außenkanälen sowie vergrößerter Faseroberfläche. Kann viel Feuchtigkeit aufnehmen und von der Haut wegleiten.

Cordura – Extrem reißfeste Faser, sehr abriebfest und klimaunempfindlich. Speichert kein Wasser.

Cordura Supplex – Verwebung von 160-D-Cordura Garnen in der Kette mit 160-D-Supplex Garnen, sodass ein außergewöhnlich leichtes Canvasgewebe entsteht. Es ist extrem reiß- und scheuerfest, hat jedoch auch die angenehmen baumwollartigen Trageeigenschaften sowie einen sehr hohen UV-Schutzfaktor. Das Gewebe trocknet sehr schnell und ist ideal für sommerlich-heiße Bedingungen.

Daunen – Echte Gänse-Daunen isolieren bestens, dürfen aber nicht nass werden. Meist kommt Daunen-/Federgemisch zur Anwendung. Verhältnis 90:10 ist ideal. Ungeschlagen vom Isoliervermögen zum leichten Gewicht.

Dry-Plus – Ein wasserdichtes, atmungsaktives Laminat. Es schützt sehr gut vor Nässe und Wind bei gleichzeitig guter Abgabe von Wasserdampf.

EKS – Kunstfaser, die in Blaser Unterwäsche verwendet wird. EKS absorbiert Feuchtigkeit, nimmt sie von der Haut und wandelt sie in Wärme um, ehe sie nach außen verdampft. Das Material trocknet sehr schnell.

Elastan – Elastische Faser aus Polyurethanbasis. Kommt in Stretchgeweben vor unter dem Markennamen Lycra.

Fiber-Pelz – Aus Polyester und Polyamid. Die Fasern umschließen Luft und halten warm.

Filz – Dichtes Vlies, das aus einzelnen Wollfasern unter Feuchtigkeit, Reibung und Wärme gewonnen wird. Nahezu winddicht, beste Isolation, scheuerfest und schwer.

Flexothane – Sehr leichtes, reißfestes Material mit Polyurethane Coating für Regenschutzkleidung (z. B. von Belano). Das Material ist leicht, elastisch und wasserdicht. Wasserdampf kann in geringem Maß nach außen dringen. Sehr robust.

Gewalkte Wolle – Ein um rund 40 Prozent geschrumpftes (leicht verfilztes) Material, das wieder mit natürlichem Wollfett ausgerüstet wird.

Gore-tex – Atmungsaktive Membrane, die von allen Membranen die größte „Wasserdichtheit" besitzen soll. Sie wird in Ausführungen wie 2-Ply oder 3-Ply auch als Laminat verwendet. Dieses kann die Atmungsaktivität erhöhen.

G-1000 – Reißfestes Obermaterial von Fjällräven aus 65% Polyester und 35% Baumwolle. Wird durch Wachs und Parafin wasserresistent oder mit Membranen kombiniert.

Hohlfasern – Sehen aus wie Spaghetti und ziehen Feuchtigkeit an (sind hydrophil). Die Hohlfasern leiten Feuchtigkeit ab.

Hydratic (Laminat/Coating/Liner) – Als Außenmaterial oder als Liner eingesetzt schützt es ebenfalls vor Wasser und lässt Wasserdampf durch (atmungsaktiv).

Hydrophile und hydrophobe Fasern – Ziehen Wasser an bzw. stoßen es ab. Diese Fasern speichern keine Feuchtigkeit und sind schnell trocken.

Kothor – Gewebe von LeChameau verwendet, das atmungsaktiv ist, aber vor Wind und Wasser schützt. Verwendet wird Teflon und reißfestes Cordura. Ein Laminat mit guten Schutzeigenschaften.

Lambswool – Wolle der ersten Schur von max. 6 Monate alten Schafen.

Lycra – Ein elastisches Material von DuPont aus Polyurethane.

Merinowolle – Feinste Wolle, die es gibt. Ausschlaggebend ist die Faserlänge, deren Dicke und Glanz sowie Elastizität.

Microft – Verschieden kombinierte Fasern und Gewebe mit Polyestermikrofasern. Ist teils wärmend zur Körperseite hin. Je nach Faserkombination auch dehnbar und wasserabweisend.

Mikrofasern – Extrem feine Fasern aus Polyester oder Polyamid, die engmaschig verwebt sind (bis 8000 Fiamente pro Quadratzentimeter). Sie sind federleicht, seidenweich, reißfest, winddicht und stark wasserabstoßend (600 bis 800 Millimeter Wassersäule). Es sind Fasern für Stoffe der Oberbekleidung.

Mischgewebe – Kombination von Kunstfasern mit Baumwolle. Durch Kunstfasern trocknet das Gewebe schneller und wird pflegeleichter, z. B. Satin (50% Baumwolle, 50% Polyester).

MT050 Gore-tex – Verwendetes Material ins Parkas und Hosen, die auch als Überziehregenkleidung verwendet werden können. MT050 ist ein sehr leichtes, geräuscharmes, fleeceartiges Obermatieral, das sehr reißfest ist. Das MT ist eine künstliche Baumwollnachahmung aus Polyamidfasern, das sehr reißfest und resistent ist. Es fasst sich seidenweich an und eignet sich in Kombination auch für kalte Tage. MT050 wird mit einem Gore-Tex-Laminat kombiniert. Die Kleidung ist extrem wasserdicht, auch bei tagelangem Regen. Dabei ist sie atmungsaktiv und gibt Wasserdampf gut ab. MT050 Gore-Tex-Kleidung lässt sich zum Transport klein Packen (z. B. Regenkleidung von Cabelas).

Nylide – PVC-Nylon, Beschichtung bei Regenschutzkleidung von Belano.

Nylon – Wasserdicht, nimmt kein Wasser auf, wird unter anderem bei Regenschutzkleidung verwendet.

Omni Tech – Eine wasserdichte, atmungsaktive Membrane, die mehrschichtig im Lanimat verwendet wird.

Outlast – Material zur Wärmeisolierung. Mikrokapseln mit Phasenwechsel gehen je nach den Temperaturschwankungen des Körpers vom festen in den flüssigen Zustand über. Ist die Temperatur niedrig, gibt Outlast Wärme ab, steigt sie, absorbieren die Mikrokapseln überflüssige Wärme.

Polartec – Eine sehr leichte Fleecefaser, die gegen Fuseln behandelt ist. Bietet ausgezeichnete Wärmedämmung, ist extrem atmungsaktiv, saugt keine Feuchtigkeit auf und schimmelt nicht. Fleece ist Kälteschutz aus Polyester. Polartec-Fleece gibt es in verschiedenen Stärken: 100, 200 und 300. 100er wiegt je Quadratmeter zwischen 100 und 199 Gramm, 200 zwischen 200 und 299 Gramm und 300er 300 Gramm und mehr. Polartec 200 DWR hat eine wasserresistente Ausrüstung gegen Nieselregen oder Schnee. Polartec mit Windbloc ist ein Laminat von Fleece und Polyurethan, das sehr atmungsaktiv, aber winddicht ist. Polartec Wind Pro schützt vor Wind. Polartec Thermal Pro ist mit Polyester Microfiber ausgestattet, isoliert besonders gut und transportiert Feuchtigkeit nach außen. Microfleece hat eine sehr feine Oberfläche und ist sehr leicht.

Polyamidgewebe – Wird mit Polyurethanbeschichtung als wasserdichtes Material für Regenschutzanzüge verwendet. Nylonmaterial, das extrem reiß- und scheuerfest ist. Nimmt vier Prozent des Eigengewichts an Wasser auf.

Polychlorid – Wasserdichtes, leichtes Material für Regenschutzanzüge.

Polycotton – Leichtes Mischgewebe aus je einem Drittel Baumwolle, Viskose und Polyester. Hat kurze Trocknungszeiten.

Polyester – Reißfest, leicht und nimmt keine Feuchtigkeit auf. Ist statisch aufladbar und damit schmutzempfindlich. Man unterscheidet Kodel, das ein sehr leichtes Füllmaterial ist, und Terylen, eine Polyesterfaser, die etwas schwerer und extrem reißfest ist (1,38 g/cm^2).

Polypropylen – Dehnbares, scheuerfestes und kein Wasser aufnehmendes Gewebe.

Polytetrafluoräthylen – Material, aus denen Membranen hergestellt werden.

Primeflex – Hochwertiges Stretchmaterial aus Polyester-Zweikomponentengarn. Ideal in Hosen zur Verbesserung der Bewegungsfreiheit.

PU-Polyamid – Wasserdichtes, sehr leichtes Material für Regenschutzanzüge.

PVC – Polyvenylchlorid.

PVC-Nylon – Sehr leichtes, gummiartiges und wasserdichtes Material für Regenschutzkleidung.

Rambrane – Speziell für die Jagd entwickelte Membrane von Blaser. Hervorragende Trageeigenschaften durch elastisches Verhalten, wasserdicht, winddicht und in hohem Maße atmungsaktiv. Geräuscharm selbst bei extrem kalten Temperaturen.

Reine Schurwolle – Neue, von Schafen geschorene Wolle, natürliches Wollfett ist vorhanden.

Rip-Stop-Gewebe – Gewebe, das alle fünf Millimeter durch dickere Fäden verstärkt wurde, um Risse zu vermeiden.

Saddle-Cloth – Ein Barrieresystem, das vor allem Wollrich verwendet. Es kommt auch in speziellen Regenschutzanzügen zur Anwendung. Besteht aus verschiedenen Lagen und ist wasserdicht durch mehrere Lagen von Teflon HAT von DuPont und anderen mikroporösen Lagen. Saddle-Cloth ist sehr geräuscharm und gut atmungsaktiv. Es ist sehr robust.

Seide – Weich, leicht und geschmeidig. Ist isolierend aber feuchtigkeitsanziehend und nicht beständig gegenüber Schweiß und UV-Strahlen.

Storm-Seal – Ein im Saddle-Cloth zusätzlich eingearbeitete Schutzlage, die wasserdicht, atmungsaktiv und winddicht ist.

Stormwall – Ein Material, das Wind zu 100% abhält. Es ist leicht und langlebig sowie wasserabweisend. Es transportiert Körperfeuchtigkeit nach außen und ist atmungsaktiv.

Supplex Nylon oder Jersey – Ein leichtes Polyamidgewebe oder aus Supplex-Garnen und Elastan bestehendes Gewebe mit hohem UV-Schutzfaktor von 40. Ideal als körpernächste Schicht. Sehr angenehm zu tragen.

Supreme Micro Soft – Das Isoliermaterial besteht aus einer Silikonmikrofaser mit zwei verschiedenen Durchmessern. Die Mikrofasern sorgen für eine hervorragende Isolierung und haben eine große Speicherfähigkeit. Das Besonders ist die Kombination von wärmespeichernden Eigenschaften und niedrigem Gewicht (z. B. in Fjäll Räven Kleidung verarbeitet).

Sympatex Trans-Active – Eine neue Membrane, die nicht nur Wasserdampf, sondern auch Schweiß und Kondensfeuchtigkeit von innen nach außen transportiert. Sie besteht aus einer hydrophoben und einer hydrophilen Komponente. Körperfeuchtigkeit wird aufgesogen und an die Membrane angelagert. Es handelt sich um eine Quellmembrane, die Feuchtigkeit aufnimmt und durch Temperaturunterschiede nach außen abgeben kann. Eine wasserdichte, sehr atmungsaktive Membrane.

Sympatex – Eine hervorragende, atmungsaktive Membrane, die vor Wind und Wasser schützt. Sie wird in den neuen Regenschutzanzügen der deutschen Bundeswehr verwendet.

Technopile Micro – Ein sehr hochwertiges Mikrofleece zur Isolation.

Teflon – Ein aufsprühbares Mittel, das es von

DuPont gibt und das ein molekulares Schild um die Fäden formt. Es schützt vor Regen. Teflon wirkt bei nahezu allen Materialien von Wolle bis Polyester. Es muss erneuert werden.

Teflon HT – Von DuPont zur Behandlung von Stoff gegen Flecken und Abperlen. Schützt vor Regen und Verschmutzung.

Texapore (4x4, 02, 03, 04, Reflect) – Zwei- und Mehrlagen-Laminat für atmungsaktive Wetterschutzbekleidung. Die mikroporöse PU-Beschichtung wird auf unterschiedliche Trägergewebe aufgetragen. Extrem hoher Wasserdampfdurchgang ist je nach Art des Laminats möglich (bis über 30.000 $g/m^2/24h$). Teils ist der Trägerstoff ein elastisches Polyamid.

Thermolite – Sehr dünnes Material, das gut isoliert. Es transportiert Feuchtigkeit vom Körper nach außen. Ideal für aktive Jagd im kalten Klima.

Thinsulate – Hochisolierendes Material, das zudem leicht ist, basierend auf Hohlfasern. Wird vor allem im Laminat eingesetzt.

Vaertex – Material für arktische Kleidung mit extremer Isolierung und hoher Kapazität zur Feuchtigkeitsspeicherung bis zur Abgabe nach außen. Besteht aus offenzelligem Polyurethan-Schaum.

Wachs – Sehr gutes Nässeschutzmittel, das auf das Obermaterial aufgebracht wird. Es wird aber brüchig und muss erneuert werden. Oft Mischung aus Bienenwachs und Parafin.

Windstopper – Atmungsaktives, aber winddichtes Futter. Eine Membrane, die Wind abhält.

Wolle – Wo heute Fleece eingesetzt wird, wurde früher Wolle verwendet. Wolle kann bis zu 40% des Eigengewichtes an Feuchtigkeit aufnehmen, ohne Isoliervermögen einzubüßen. Manko: schwer und bei gespeicherter Feuchtigkeit noch schwerer, nicht scheuerfest.

Chevaliers Allround-Jagdjacke

Die Chevalier-Jagdjacke „Outland Action" ist eine Allroundjacke, die auch bestens für die Pirsch und anstrengende Gebirgsjagd geeignet ist. Ich trug sie aber genauso im Herbst zum Sauenansitz. Die Jacke eignet sich bestens für das „Zwiebelschalenprinzip". Bei tiefen Temperaturen kann man darunter ideal eine Fleeceweste tragen. Die „Outland Action" ist eine sehr leichte, bequeme Jagdjacke, die im Laminatverbund aufgebaut wurde. Das Obermaterial besteht aus der Mikrofaser „Microval". Microval sieht zwar Moleskin ähnlich, hat aber höherwertigere Eigenschaften. Die aufgeraute Microvalfaser ist extrem robust und reißfest. Außerdem ist sie sehr atmungsaktiv und trocknet sehr schnell. Auf den Microvalstoff wird direkt hochwertiges Gore-tex (Klasse 1) laminiert. Die Schulterpartie wurde mit Supplex verstärkt. Ein sehr robustes und extrem verschleißarmes sowie reißfestes Material. Supplex – ein Nylonstoff – ist sehr atmungsaktiv, trocknet schnell, ist wasserabweisend. Es trägt sich weich wie Baumwolle, ist sehr leicht. Der hochschlagbare Kragen wurde fleecegefüttert. Innen wurde

Chevalier Jacke und Hose Outland Action

die Jacke mit einem Nylonfutter versehen. Zusätzlich brachte man über Schulter-, Rücken- und Seitenpartie ein netzartiges Meshfutter an. Dieses bewirkt eine bessere Durchlüftung und ist beim Schwitzen von Vorteil. Zur Belüftung lassen sich lange Reißverschlüsse an den Unterarmen öffnen. Um Wasserdichtheit zu gewährleisten wurden sie gummiarmiert. Hervorzuheben noch die formgeschnittenen Handgelenke. Über der Hand wurde das Ärmelende ergonomisch etwas verlängert. Taille, Jackensaum und Ärmelenden lassen sich in der Weite schnell und bequem verstellen. Die Ausstattung der Jacke mit Taschen ist luxuriös. Sie umfasst zwei gefütterte Handwärmetaschen mit Reißverschluss, eine Napoleontasche unter der Leiste, drei Innentaschen mit Reißverschlüssen in Netzform, Handytasche, zwei große Fronttaschen mit Klappen und Druckknopfverschluss sowie eine Rückentasche mit blutabweisendem, gummiartigem Futter. Selbstverständlich ist da der Zweiwegereißverschluss mit Windleiste. Eine abknöpfbare, fleecegefütterte Kapuze ist als Zubehör erhältlich. Als Besonderheiten waren die Gore-tex-Stretchteile an den Seiten und Ärmeln zu nennen, die eine erhöhte Bewegungsfreiheit gewährleisten. Außerdem kann die Jacke an einem abknöpfbaren Schulterriemen heruntergeklappt an den Schultern getragen werden. Das ist bei extremer Anstrengung ratsam. Die Jacke schützte in der Praxis ausgezeichnet vor Wind und Wasser. Sie erwies sich bei anstrengenden Pirschgängen wie Aufstieg im Gebirge als sehr atmungsaktiv. Ich trug die Jacke im heimischen Revier bei Pirsch und Ansitz auf Fuchs, Reh und Sau, aber auch bei einer Gamsjagd im Hochgebirge und bei spätherbstlicher Weißwedelhirschjagd in Kanada.

Gummiarmierte Reißverschlüsse

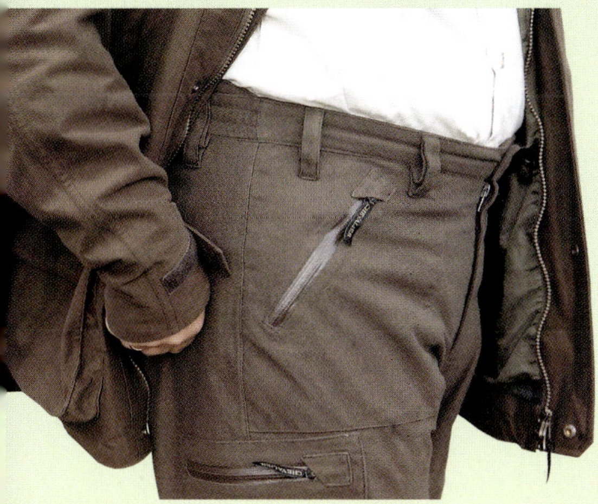

Bei einer Schneeziegenjagd im Küstengebirge Britisch Kolumbiens an der alaskanischen Grenze bestand die Jacke einen Härtest mit Bravur. Von zehn Jagdtagen hatte ich 8 Regentage. Zur Jacke trug ich an den zehn Tagen in B.C. die Chevalier-Hose. Dabei zeigte sie sich als sehr robust. Selbst bei Nachsuchen in Dickungen und durch Brombeergestrüpp zogen sich keine Fäden. Hervorzuheben ist die exzellente Bewegungsfreiheit der Jacke. Zudem habe ich mit dieser Jacke im Gebirge die „trockenste" Haut gehabt. Die „Atmungsaktivität" bei gleichzeitig hohem Regenschutz konnte nur überzeugen. Zahlreiche Ersatzknöpfe gehören zum Lieferumfang. Einzig an dem Microval-Oberstoff bleiben gerne Blätter hängen, nicht jedoch Nadeln von Bäumen. Die Chevalier Outland Action ist eine sehr hochwertige Allroundjagdjacke, die sehr leicht und geräuscharm ist. Sie schützt bestens bei „schlechtem" Wetter. Bei entsprechender Unterbekleidung eignet sie sich auch für kalte Temperaturen.

Outland Action Hose

Die Outland Action Hose von Chevalier ist eine bequem geschnittene Hose, die aber eng anliegt. Somit eignet sie sich auch für extreme Kletterpartien. Die leichte Hose besteht wie die Jacke aus einem Laminat von Microval Oberstoff und Goretex. Die Kniepartien und der Saum wurden mit dem extrem reißfesten Nylonstoff Supplex verstärkt. Die Hose hat einen Knopfverschluss am Saum und ist mit gummiarmierten Reißverschlüssen an den Taschen ausgestattet, sodass ein optimaler Nässeschutz gegeben ist. Der Rücken wurde leicht erhöht. Beintaschen fehlen. Die Knie wurden abgewinkelt geschnitten, was für die Bewegung nicht nur im schwierigen Gelände ideal ist. Der Beinsaum kann mittels Druckknopfverschlusses eng gestellt werden. Auch die Hose erwies sich als äußerst robust und geräuscharm. Sie gewährleistete exzellenten Schutz vor Nässe und Wind. Hervorzuheben ist das geringe Gewicht, ferner trocknet der Oberstoff äußerst schnell.

Chevalite X-Warm

Im Praxistest wurden Jagdhose und Jagdjacke Chevalite X-Warm von Chevaliers in Bayern, Lappland, Österreich und Kanada getragen. Dabei stellte sich ein universeller Einsatzbereich heraus. Nicht nur bei arktischer Kälte bewährte sich die Kleidung, auch bei körperlich harter Anstrengung und wärmeren Temperaturen zeigte sie sich sehr klimaausgleichend. So folgte ich in Lappland über vier Stunden dem Elchhund mit der superleichten Chevalite X-Warm Jagdkleidung. Das Obermaterial besteht aus dem samtartigen Material Microval, einer sehr robusten Mikrofaser, die sich weich anfühlt. Sie erwies sich beim Durchdringen von Dickungen als unempfindlich. Außerdem ist Chevalite X-warm geräuschlos. Ein unschätzbarer Vorteil bei Pirsch und Ansitz. Die Wind- und Wasserbarriere besteht aus dem Chevalite Liner, einer atmungsaktiven Membrane von Chevalier. Sie konnte sich bei Regen und auch im Sumpf bestens bewähren. Die atmungsaktive Wärmeisolierung liegt darunter in einer Art Steppfutter. Sie besteht aus Thermolite Plus von DuPont. Dabei wurden die winzigen luftgefüllten Röhrchen nicht zum Faden versponnen, sondern als Art Watte lose eingearbeitet. Das ergibt eine hervorragende Wärmeisolierung. Die innen hohlen Röhrchen transportieren aber auch blitzschnell Kondens- und Schwitzwasser nach außen. Isolierungs- und Atmungseigenschaften erwiesen sich im Test als exzellent.

Die Jacke ist durchdacht. Sie ist länger als andere Jagdjacken und schützt auch beim Sitzen im Gesäßbereich bestens. An Ausstattung fehlt nichts: große Taschen mit Knopfverschluss, Wärmetaschen für die Hände mit Reißverschluss, Handytasche, verstellbare Weite am Handgelenk, Windleiste über Zweiwegereißverschluss, Napoleontasche für Papiere, Innentaschen, schnürbarer Jackenabschluss und verstellbare Taillenweite. Besonders bewähren konnten sich der hochschließbare Kragen und die warm gefütterte, abknöpfbare Kapuze.

Die Hose hat an den Beinen lange Reißverschlüsse (auch überziehbar), am Beinabschluss eine sehr robuste, schnell trocknende Supplexverstärkung, einen verstellbaren Beinabschluss, eine Beintasche, eine Gesäßtasche und zwei Schubtaschen. Der Clou bei der Hose ist aber, dass es eine Latzhose mit Trägern ist. Vorder- und Rückenteil sind etwa brusthoch, seitlich sind kleine Elastikstücke eingearbeitet. Die verstellbaren, elastischen Träger sind breit und gewährleisten hohen Tragekomfort. Vorne befindet sich ein Zweiwegereißverschuss mit Windleiste.

Die Hosen schützen also bestens empfindliche Organe vor Kälte beim Ansitz. Bei schwieriger langer Pirsch über Stock und Stein sowie durch Sumpf waren die Hosen bequem und komfortabel. Im Sumpf zeigten sie Dichtheit.

Fazit: Im Test fiel besonders der hohe Komfort und das sehr leichte Gewicht auf. Der Schutz vor großer Kälte war ausgezeichnet, ideal für den Winteransitz und Drückjagd. Aber trotzdem erwies sich die Kleidung als sehr klimaausgleichend. Der Schwitzwasserausgleich war viel höher als bei anderer Kleidung, die ich testete. Zudem kommt noch, dass die Chevalite X-Warm Hose und Jacke vollkommen geräuschlos sind. Da stimmt das Preis-/ Leistungsverhältnis. Bei Drückjagden und Winteransitzen trug ich dazu die Chevalier Winter Cap Schirmmütze mit Gore-tex, Wärmeisolierung, Ohrenklappen mit Webpelz und umklappbarem Oberteil, sodass von dunkelgrün auf hellrote Leuchtfarbe gewechselt werden kann.

Was vor Nässe schützt

Der Jäger ist Wind und Wetter ausgesetzt. Vor allem starker Regen macht ihm zu schaffen. Guter Regenschutz ist deshalb wichtig. Schließlich soll die Haut trocken bleiben.

Man friert oder bekommt kalte Füße vor allem durch Nässe und Verdunsten von Wasser. Die noch so gute Isolierung nützt nichts, wenn die Haut nass oder feucht ist. Je nach Anstrengung, der unser Körper ausgesetzt ist, kann Nässe und Feuchtigkeit sowohl von innen als auch außen kommen. Das Wärmeschutzsystem moderner Expeditionskleidung beruht deshalb auf Wegnahme von Feuchtigkeit auf der Haut. Die Haut muss salztrocken bleiben. Neben dem Nach-außen-Transportieren von Feuchtigkeit muss aber das Kleidungsmaterial selbst ebenfalls viel Feuchtigkeit speichern können, denn es gibt derzeit keinen Stoff bzw. kein Material, das bei guter Wärmeisolierung schnell genug große Feuchtigkeitsmengen abgeben kann. Ein kompliziertes Kleidungssystem und ein aufeinander abgestimmter Materialmix ist nötig, um bei Bewegung und hoher Anstrengung trocken zu bleiben. Auf der anderen Seite soll die Kleidung vor dem Nach-innen-Dringen von Nässe schützen. Heute ist die Jagdkleidung häufig mit einem Nässeschutz versehen. Die meisten Hersteller werben gar mit Wasserdichtheit. Doch noch lange nicht halten alle Werbeslogans in der Praxis ihr Wort. Es gibt grundsätzlich zwei Arten von Regenschutz: einerseits einen in die Jagdjacke und -hose eingearbeiteten, andererseits spezielle Regenschutzkleidung zum Überziehen. Wer sich mit Regenschutzkleidung auseinandersetzt, muss grundsätzlich wissen, für welchen Einsatzzweck er sie benötigt. Es ist ein Unterschied, ob ich Regen- und Windschutz bei einer anstrengenden, tagelangen Gebirgsjagd in Alaska benötige oder nur für ein paar Stunden beim „Rehbockansitz" oder auf einem Drückjagdstand. Will ich mich mit der Regenschutzkleidung bewegen, muss ich eine anstrengende Pirsch machen, oder soll sie mich vor dem Wasser nur beim Ansitz schützen? Darf der Regenschutz etwas „knistern", oder ist Geräuscharmut äußerst wichtig? Wie so oft gibt es keine „Alleskönner" oder „Einen für Alles".

Chevalier X-Warm Hose und Jacke für extrem kalte Tage

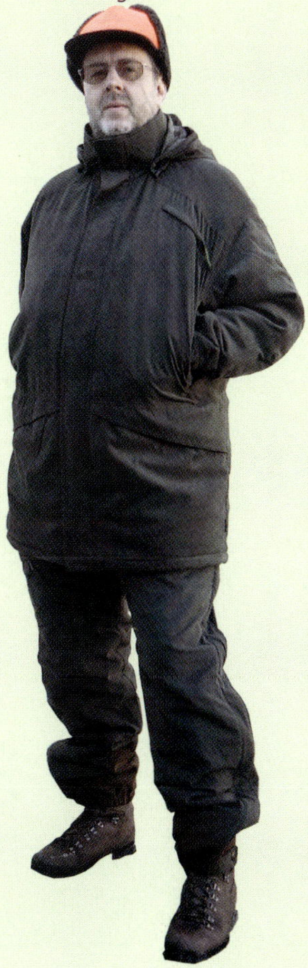

Wasserdichtheit

Von der DIN her gelten alle Materialien, die einer Wassersäule von 1300 mm standhalten als wasserdicht. Gemessen wird die Wassersäule, indem ein Messzylinder über rund 10 Quadratzentimeter Stoff mit Wasser gefüllt wird. Bei echter Beanspruchung der Kleidung ist dieser Wert völlig ungenügend.

Grundsätzliches

Man benützt Jagdjacken und -hosen mit einem Wasserschutz. Membranen sind nicht immer gefragt. Es gibt auch Kleidung mit einer wasserabweisenden Beschichtung. Sie haben den Vorteil hoher Geräuscharmut. Es gibt bei Bewegung kein Knistern der „Membrane". Ferner wird eine hohe Atmungsaktivität gewährleistet. Man bewerkstelligt das einerseits durch dichtes Gewebe aus wasserabweisenden Stoffen wie Nylonfasern oder Mischgewebe aus Polyester und Baumwolle. Ein so genanntes Rip-Stop-Gewebe gilt als besonders reißfest. Es wird alle fünf Millimeter durch dickere Fäden verstärkt. Eines der besten Gewebe ist G-1000 von Fjäll Räven. Die Gewebematerialien haben den Vorteil, dass sie keine oder kaum Nässe aufnehmen und extrem schnell trocknen. Sie werden durch Wachs oder Teflon von DuPont zumindest wasserabweisend gemacht. Es ist auch eine PVC-Beschichtung üblich. Nach Abnutzung der Schutzschicht kann man diese wieder erneuern, bei Teflon durch einfaches Aufsprühen. Wachs wird erwärmt und „eingebügelt". Es ergibt sich ein sehr guter Wasserschutz, der bestimmt für einen Regentag vollkommen ausreicht.

X-Warm Hose mit perfektem Rückenschutz

Wenig sinnvoll sind aber wasseraufsaugende Materialien wie Loden/Wolle. Sie trocknen zu langsam und nehmen Wasser zu stark auf. Englische Wachsjacken oder -mäntel bestehen hauptsächlich aus Baumwolle und haben eine dicke Wachsschicht (zu erneuern, wenn sie brüchig wird), die bestens vor Dauerregen schützt. Moderne Oberbekleidung für Jagdzwecke ist heute oft mit atmungsaktiven Membranen ausgestattet. Bei den heutigen Materialkompositionen sowie -verbänden bzw. den damit gefertigten Laminaten sind sie bei weitem nicht mehr so geräuschvoll wie früher. Ich hatte weder bei Pirsch auf Rotwild noch Fuchsansitz mit Membranen wie Gore-tex Probleme. Sie lassen feinen Wasserdampf nach außen abströmen und andererseits die großen Wassertropfen nicht durch. Sie werden gerne im Laminat oder mit weiteren Materialien zur Wärmeisolation verwendet. Membranen sollten in Oberjacken (Parka) verwendet werden, die nach dem Zwiebelschalenprinzip funktionieren. Das heißt, Innenjacken sollte man beliebig ein- oder auszippen können. Es macht wenig Sinn, Membranen in Lodenjacken und -hosen zu verwenden. Irgendwann saugt sich der Loden voll Wasser, wird schwer und trocknet langsam. Die Membranen sollten mit hochwertigen, fleeceartigen Microfaserstoffen verwendet werden, die geräuscharm, sehr robust und reißfest sind sowie schnell trocknen. Das Material nimmt zudem nur wenig Feuchtigkeit auf und ist leicht. Membranen bieten einen erstklassigen Windschutz und, falls von hochwertiger Qualität (es gibt verschiedene Qualitätsstufen von ein- und derselben Membrane), auch einen sehr guten Nässeschutz. Ein paar Tage im Regen sollten kein Problem sein. Bei großer Anstrengung schaffen die Membranen natürlich nicht mehr die Ableitung der Körperfeuchtigkeit nach außen. Öffnungsschlitze (z. B. unter Achseln an der Seite) mit wasserdichten Reißverschlüssen sollten Standard sein. Weiterhin muss die Unterkleidung auf die Oberkleidung abgestimmt sein. Es dürfen Microfasern nicht mit Naturfasern kombiniert werden. Also keine Baumwollhemden oder Wollpullover anziehen, sondern Fleecehemden und/oder -jacke sowie Mircofaserunterwäsche. Es gibt Regenschutzkleidung mit Membranen als Überziehkleidung. Sie ist auf ein geringes Packmaß zusammenfaltbar und kann bequem im Rucksack transportiert werden.

Traditioneller Regenschutz

Mehr traditionellen Regenschutz führt man zusammengelegt mit. Er wird über die „normale" Jagdkleidung übergezogen und dient rein zur Abweisung von Wasser. Er besteht aus wirklich wasserdichtem Material und schützt exzellent, er ist aber nicht oder kaum atmungsaktiv. Dafür lässt er Wasser aber auch bei stärkstem Dauerregen nicht durch. Man darf ihn aber keinesfalls zu spät anlegen, da die Kleidung darunter nicht nass sein sollte. Er ist wenig für anstrengende Pirschjagd geeignet. Vielmehr ist er beim Ansitz oder kurzer Pirsch ideal. Allerdings sind die Materialien nicht sehr geräuscharm. Man muss bei nahestehendem Wild Bewegungen vorsichtig ausführen, damit keine zu lauten Geräusche entstehen. Die Regenschutzkleidung besteht oft aus PVC (Polyvenylchlorid) oder aus Nylon bzw. Polyurethan und Polyamid. Auch eine PU-Beschichtung auf einem Grundstoff kommt in Betracht. Ein Regenschutzponcho ist schnell angezogen und hat den Vorteil, einiges darunter verbergen zu können. Viele Ponchos haben gut schließbare Kapuzen. Ponchos eignen sich vor allem zum Ansitz. Sie sind auf Drückjagden sehr gut brauchbar, aber auch bei schwieriger Pirsch. Es gibt Ponchos, die für große Rucksäcke speziell ausgebildet sind. Wie bei Regenschutzjacken sollte man auch bei Ponchos Regenschutzhosen oder zumindest Beinlinge tragen. Das gilt vor allem bei starkem Regen und für den Ansitz.

Auf eine große Kapuze sollte man achten. Sie ist für einfachere Pirschgänge sowie Drückjagden gut geeignet. Es sei erwähnt, dass Kragen und Kapuzen an hochwertigen Jagdjacken mit Membranenschutz oft viel besser schließbar sind als an speziellen Regenschutzanzügen. Die Kapuze sollte vorne einen schirmartigen Vorsprung aufweisen, damit Wasser abtropfen kann. Ideal sind Sturmkapuzen, wie man sie an hochwertigen Jagdjacken findet. Für die Hände gibt es Gummihandschuhe, wie sie Fischer tragen (absoluter Wasserschutz) oder solche aus Neopren oder mit Membranenschutz („wärmer" isoliert). Sehr wichtig ist natürlich die Kopfbedeckung. Wasser sollte weder in den Nacken ablaufen, noch ins Gesicht tropfen. Zumindest sollte die Mütze einen langen, breiten Schirm haben (hinten schützt die Kapuze). Ideal sind rundherum sehr breitkrempige Hüte. Es kommen gewachste Hüte oder Mützen in Frage oder solche mit Membranenschutz.

Qualität entscheidet

Nicht alle Materialien einer Bezeichnung und auch nicht alle Kleidungsstücke aus demselben Material sind gleich. Von allen Stoffen gibt es unterschiedliche Qualitätsstufen, über die sich die Kleidungshersteller meist ausschweigen. Neben hochwertiger Qualität des verwendeten Materials kommt es vor allem auf eine hochwertige Verarbeitung an. Ein Schwachpunkt sind die Nähte. Sie müssen unbedingt versiegelt sein oder verschweißt, damit keine Nässe eindringt. Ferner kennt man den bekannten Dochteffekt, das heißt, Feuchtigkeit wandert von unten nach oben, etwa vom Armbund auf der Innenseite den Arm entlang. Man sollte deshalb alle Öffnungen durch Klettverschlüsse oder Gummizüge am Armbund oder im Hüftbereich gut abdichten können. Reißverschlüsse sollten wasserdicht oder abgedeckt sein.

Barbour Wachsjacke

Resümee

Jagdjacke und -hose mit Wärmeisolierung und Membranenschutz für Wind und Regen sollten zur Standardausrüstung gehören. Man sollte dabei auf hochwertige Verarbeitung und das Zwiebelschalenprinzip achten.

Sicherlich gehört auch ein spezieller Regenschutzanzug zur Jagd. Er sollte auf ein kleines Packmaß faltbar sein, damit man ihn stets dabei hat. Neben Jacke, Mantel oder Poncho sollte eine Hose nicht fehlen.

Auch ein wasserdichter, breitkrempiger Hut oder zumindest eine wasserdichte Mütze mit langem Schirm sollte man bei Regenwetter benutzen.

Kleidungsstücke, die vor Regen schützen – hier praxisbewährte Regenschutzkleidung:

Regenmantel Futura

aus Polyamid (Nylon). Ein Regenschutzmantel in ausreichender Länge mit großen Taschen, hochschließbarem Kragen und abknöpfbarer Kapuze sowie durch Klappen abgedecktes Ventilationsnetz.

Regenkotze Futura

Eine großräumige Regenkotze aus Polyamid (Nylon) zum schnellen Überziehen. Sie hat eine Kapuze mit Kordelzug, ist vorne nur knöpfbar und damit windempfindlich.

Wäfo Sportswear Regenanzug

aus Polyamid, Jacke mit gut schließbarer Kapuze im Kragen und Reißverschluss, der mit Klappe verdeckt wird (Klettverschluss). Die Hosenabschlüsse haben wie die Armabschlüsse Gummizüge. Ein sehr nutzvoller Regenanzug.

Beinlinge aus Polyamid

zum schnellen Überziehen. Besonders geeignet für Kombination mit Regenmantel. Der Beinabschluss hat leider keinen Gummizug.

Barbour Jagdjacke Beaufort

Klassische englische Wachsjacke aus Baumwolle mit Cordkragen und Karofutter. Der Reißverschluss wird sicher abgedeckt. Großräumige Taschen mit Abtropflöchern. Am Kragen befinden sich Druckknöpfe für eine Kapuze. Seitliche Rückentaschen für Patronen, Unterarmbelüftung.

Fjäll Räven Jagdjacke aus reißfestem G-1000 Obermaterial

mit Gore-Tex Membrane (nun mit Hydratic-Liner). Eine extrem robuste, zuverlässige Jagdjacke mit gutem Wind- und Nässeschutz. Die Kapuze im Kragen fällt etwas gering aus. Dazu gibt es passende Hosen derselben Ausstattung.

Saddle Cloth (Woolrich)

Jagdjacke und -hose aus dem Laminat „Saddle Cloth". In der warmen Jahreszeit als Jagdanzug benutzbar, aber auch zum Überziehen geeignet. Die Kapuze ist sehr gut schließbar. Reißverschluss an den Beinen mit Klappe verdeckt. Mehrere Kordelzüge.

Regenhut (Futura) aus Polyamid mit schmaler Krempe

Bei starkem Regen nur in Verbindung mit Kapuze brauchbar.

Barbour „Wachsregenhut" mit breiter Krempe

Sehr nutzvoll bei Dauerregen.

Baleno Comfortec Jagdjacke und -hose

Ein sehr hochwertiger Jagdanzug aus geräuscharmer Baumwolle mit warmem Futter. Die Jagdjacke weist große Taschen auf. Neben den aufgesetzten Taschen gibt es noch Schubtaschen zum Hände-Aufwärmen. Große Rückentasche. Cordkragen, keine Kapuze. Das Obermaterial wurde innen mit atmungsaktiven Polyurethan-Coating versehen und außen leicht gewachst.

Ein Jagdanzug, der Regen problemlos standhält. Gummizüge an Ärmeln.

Baleno Regenanzug (Regenjacke Dortmund, Regenhose Marne)

Ein Regenanzug zum Überziehen aus Polyamid mit Polyurethan-Coating. Das Flexothane genannte Material ist sehr elastisch, ziemlich geräuscharm und wasserdicht. Sehr reißfeste und leichte Regenkleidung, die sich in der Praxis bestens bewährte. Jacke mit Kapuze mit Kordel und Ärmel mit Gummiabschlüssen. Verdeckter Reißverschluss und große Taschen.

Hose mit Reißverschluss und Seitenschlitz. Sehr gut verschweißte Nähte. Das Material ist geringfügig atmungsaktiv.

Baleno Flexothane Sicherheitsjacke „Treiberjacke"

Jacke mit verlängertem Rücken mit Regenrinne und Kapuze im Kragen, große Taschen, verstellbare Ärmelabschlüsse. Verschweißte Nähte. Netzeinlage zur Luftzirkulation. Der Oberteil der Jacke, einschließlich Ärmel, ist in oranger Signalfarbe.

Baleno Flexothane Regenmantel „Helsinki"

Ein langer Regenmantel mit hohem Kragen und Kapuze mit Kordel sowie großen Taschen. Frontverschluss mittels Druckknöpfen und eng schließbare Ärmel. Besteht aus Polyamid mit Polyurethan-Coating. Sehr reißfestes, elastisches und noch geräuscharmes Gewebe. Verschweißte Nähte.

Baleno Flexothane Jagdjacke mit Steppfutter

Eine warme Regenjacke, die sich bestens als Jagdjacke verwenden lässt, vor allem bei nassem Wetter. Obermaterial ist Flexothane mit Polyurethan-Coating.

Die Jacke hat ein Steppfutter mit Polyester Wattierung, das sehr gut isoliert, ferner hochschließbaren Cordkragen und eine dichte Kapuze. Verschweißte Nähe. Schubtaschen zum Händewärmen. Eine wasserdichte, warme Jacke.

Baleno Nylide Regenmantel „Montana" und Regenjacke „Dolomit"

Die Nylide Regenkleidung besteht aus wasserdichtem PVC-Nylon und ist geräuschvoll. Innen wurden Netzfutter angebracht, damit die Luft besser zirkulieren kann. Der lange Regenmantel hat geräumige Taschen, gut schließbaren Kragen und eine Kapuze mit Kordelzug. Die Ärmel haben elastische Bündchen, schließbar mittels Druckknopfleiste. Am Rücken große Klappe (Luftzirkulation). Die kürzere Jacke besitzt dieselbe Ausstattung, jedoch schließbar mittels verdecktem Reißverschluss. Im hohen Kragen befindet sich eine Kapuze. Dazu gibt es passende Hosen mit Reißverschluss an den Beinen.

Safarikleidung für Afrika

Die Zeiten sind längst vorbei, als man sich noch ein paar Tage vor Beginn der Jagdreise im Jagdland einkleidete. Es war durchaus üblich, dass man sich vor einer Ostafrika-Safari in Nairobi, Arusha oder Dar-es-Salam mit maßgeschneiderter Safarikleidung versorgte. Ich erlebte dies lediglich einmal, als die Kleiderkoffer meiner Frau und Tochter verspätet in Kamerun ankamen. Unser Outfitter schleppte beide am Morgen zum Schneider und abends wurden schon die neuen Outfits geliefert, sodass die Safari beginnen konnte.

Die Kleidung bei einer Afrikasafari kann spärlich ausfallen, da man ja täglichen Wäscheservice hat. Klassische Materialien sind Seide und Baumwolle. Seidenhemden oder -unterwäsche ist schnell vollkommen durchnässt. Ich mag sie nicht. Meist trug ich in Afrika Baumwollkleidung. Einfache Baumwollhosen und solide starke Baumwollhemden sind ideal. An Farben eignen sich Khaki, Grün oder Beige. Von Vorteil kann eine leichte Safariweste aus Baumwolle sein. Es gibt natürlich auch spezielle Safari-Jacken aus Baumwolle nach klassischem Vorbild. Ich bevorzuge eine normale Jagdjacke aus robustem, windundurchlässigem Material sowie Membranenschutz, etwa die Roe-Deer, Brenner oder Forest Hunter Jacken von Fjäll Räven, die Outland Action oder Highlander von Chevallier, oder die Argali-Light von Blaser.

Für die frühen Morgen- oder Abendstunden sollte man einen leichten Pullover oder eine leichte Fleeceweste dabei haben. Nicht fehlen darf eine Mütze mit langem Schirm, etwa eine Baseballmütze. Nachteilig ist, dass der Nacken von der Sonne ungeschützt bleibt. Hier bietet sich die Krieghoff Safari-Mütze nach Vorbild der französischen Legionärsmütze mit Nackenschutz an. Ideal sind breitkrem-

Leichte Safarikleidung, Baumwollhose und leichte Mikrofaserweste

pige, leichte Baumwollhüte. Leichte Baumwoll- oder Lederhandschuhe ergänzen die Ausrüstung.
Für den Regenwald eignen sich als Unterhemden Netzhemden. Ansonsten muss man mit stets feuchter Kleidung auskommen. Ein Freund von mir benutzte im Regenwald einen Regenponcho, den er bei schweren Regenfällen anlegte. Auf meiner letzten Safari in Zimbabwe benutzte ich moderne Mischgewebe bei Hose und Hemden sowie bei der Unterwäsche. Ich muss sagen, dass diese modernen Materialien ideal für die Afrikajagd sind. Dazu trug ich einen leichten Fleece-Anzug von Laksen. Die leichte Fleeceweste hielt gut Wind ab und ersetzte am Morgen die Jagdjacke voll. Hemd und Hosen von Laksen waren aus einem Mischgewebe aus Nylon und Baumwolle. Dieses Mischgewebe erwies sich als ideal. Durchschwitzt und nass geworden, trocknete es extrem schnell.
An Unterwäsche eignete sich die von Blaser bestens. Sie leitet Nässe sehr schnell ab und nimmt sie von der Haut. Auch sie trocknet sehr schnell. Ebenso gut erwies sich auch Chevaliers Unterwäsche aus Thermolite von DuPont. Die leichte, sehr angenehm zu tragende Unterwäsche besteht aus Hohlfasern und hat eine Art Netzstruktur, die man erkennt, wenn man sie gegen Licht hält. Dieses Material nimmt sehr schnell Feuchtigkeit von der Haut, speichert sie und gibt sie ab. Das Besondere daran ist, dass kein Abkühleffekt durch Verdunstungskälte eintritt. Eine hervorragende Allroundunterwäsche für alle Klimagebiete Afrikas.
Bei den Socken bewähren sich ebenfalls solche aus Mischgewebe wie die von Coolmax. Ansonsten zieht man reine Baumwollsocken an. Nicht vergessen sollte man in Afrika seine Sonnenbrille oder eine sich dunkel tönende Brille sowie Sonnenschutzcreme mit hohem Faktor.

Jagd in der Arktis

Wer im Winter in der Arktis jagt, benötigt entweder traditionelle Jagdkleidung aus Caribou- und Seehundfellen oder spezielle Arktiskleidung. Ich benutzte solche von Northern Outfitters. Sie hat eine Isolierweste und Isolierhose sowie spezielle Arktisschuhe. Über die Weste wird ein „Shell" getragen. Dazu gehören Sturmhaube und arktistaugliche Handschuhe sowie Antikontakthandschuhe zum Schießen, damit die Hände nicht an der Waffe anfrieren. Wichtig ist eine Gesichtsmaske, die auch die Nase schützt. Es gibt spezielle Masken, die die Atemluft vorwärmen (spezielles Gittersystem).

Unterbekleidung

Die Unterbekleidung einschließlich der Strümpfe sollte auf die Oberbekleidung genauso abgestimmt sein wie auf die jagdlichen Bedingungen. Beim Steigen im Gebirge sind die Anforderungen etwas anders als beim winterlichen Ansitz.
Die Unterbekleidung ist Teil des Zwiebelschalenprinzips von Jagdkleidung, wenngleich sie natürlich in der Regel nicht während der Jagd abgenommen oder gewechselt wird. Bei moderner Funktionsbekleidung müssen sich die getragenen Kleidungsstücke gegenseitig in ihrer Wirkungsweise ergänzen, um ein Wohlbefinden des Körpers zu gewährleisten. Gerade auf die Unterbekleidung kommt es dabei an. Schließlich kommt sie direkt mit der empfindlichen Haut in Berührung. Zunächst muss man für das Material ein angenehmes Empfinden haben. Man muss es einfach mögen. Es sollte weder kratzen, scheuern noch Juckreiz oder gar Allergien auslösen. Die Unterwäsche soll durchaus straff an der Haut anliegen. Zu lose Unterwäsche „verknotet" sich gerne oder bildet unbe-

Spezialkleidung für tiefste Temperaturen von Northern Outfitters

queme Falten. Ferner muss sie Bewegungsfreiheit gewährleisten. Sie muss ausreichend elastisch sein, um die Bewegungen des Körpers mitmachen zu können. Von dicken, wattierten oder daunengefütterten sowie abgesteppten Thermoanzügen ist man abgekommen. Sie sind für ausreichend Bewegungsfreiheit einfach zu dick und volumig. Die Unterbekleidung hat weder die Aufgabe, Wind abzuhalten, noch die Aufgabe, besonders isolierend zu sein. Für hervorragende Isolation und für Windstopp gibt es ausgezeichnete Oberbekleidung sowie Kleidungsstücke dazwischen.

Verdunstungskälte

Unbehagen und Kälte entstehen durch Verdunsten von Wasser auf der Haut. Eine nasse Haut ist vor allem bei kühlen Temperaturen und/oder Wind sehr unangenehm. Die Unterbekleidung hat die Aufgabe, Wasser von der Haut zu nehmen und möglichst schnell nach außen abzugeben. Dabei soll die Haut möglichst trocken bleiben. Der nach außen geleitete Wasserdampf muss schnell verdampfen können. Natürlich schafft es kein Kleidungssystem, die beim Schwitzen produzierte Feuchtigkeit so schnell abzugeben, dass die Haut stets trocken bleibt. Gerade beim Feuchtigkeitstransport müssen die Kleidungsstücke aufeinander abgestimmt sein. Mehr nützlich als dicke „warme" (Woll-)Unterwäsche ist es, bei körperlich starker Anstrengung die Oberbekleidung abzunehmen. Besonders das Windschild. Man steigt eben nicht mit Jagdjacke auf, sondern nur mit Fleecehemd und Fleeceweste. So kann Feuchtigkeit schneller entweichen. Auf der anderen Seite benötigt man auch beim Winteransitz auf Sauen keine „Thermounterwäsche" oder besonders dicke Unterwäsche. Selbst in der Arktis trug ich nur Polypropylen-Unterwäsche (Polarmax). Für Isolation und „Wärme" müssen die weiteren Kleidungsstücke sorgen. Als ich im kalten Lappland über drei Stunden einem Elchhund folgte und danach einige Stunden bei starkem sowie kaltem Wind herumstand, wusste ich, worauf es bei der Unterwäsche ankommt. Ich trug ein Unterhemd von Salewa aus 50% Baumwolle und 50% Polyamid. Es wurde stark nass und konnte die Feuchtigkeit weder ausreichend speichern noch schnell genug abgeben. Der Baumwollanteil ist wohl zu hoch. Das Hemd trocknete aber schnell. Es ist ideal für die Übergangszeit Sommer/Herbst.

Die Unterhosen „Alaska" von Köhler bestehen aus

100% Polyacryl. Das Material speichert Feuchtigkeit nicht, gibt Feuchtigkeit schnell ab, trocknet schnell und sorgt für Wärme. Ferner ist es sehr wärmeisolierend und elastisch. So fühlte ich im Bereich des Unterhemdes die Nässe auf der Haut und das Frieren durch Verdunstungskälte. Anders im Bereich der Unterhose (es war besonders am Rücken im Steißbeinbereich der Unterscheid sehr deutlich spürbar): Ein warmes wohliges Gefühl ohne Frieren. Die deutsche Firma Köhler fertigt exzellente Jagdunterwäsche. Die Unterwäsche Microtex aus 65% Baumwolle und 35% Tactel lernte ich als Allroundunterwäsche schätzen. Sie ist ideal für kalte Temperaturen. Ich schätze sie genauso bei spätherbstlicher und winterlicher Gebirgsjagd mit großen körperlichen Anstrengungen wie auch beim Ansitz auf Fuchs und Sauen. Die Unterwäsche basiert auf zweilagiger Maschenware. Die Tactel Microfaser (65%) transportiert Feuchtigkeit von der Haut und die Außenschicht aus Baumwolle (35%) gibt sie dank großen Flächenbereichs ab. Die Unterwäsche arbeitet feuchtigkeitsregulierend, ist atmungsaktiv und elastisch. Übrigens, Baumwolle kann bis zu 60% des Eigengewichtes an Wasser speichern. Von Köhler gibt es noch etwas wärmere Jagdunterwäsche Alaska aus Polyacryl. Sie ist bei kalten Temperaturen sehr universell einsetzbar, auch bei körperlicher Anstrengung. Natürlich gibt es zahlreiche Hersteller von Unterwäsche, die kurzfristig Feuchtigkeit speichern kann und diese von der Haut weg transportiert, etwa ein Feingewebe aus Dunova, eine Faser aus 60% Dacron, 30% Baumwolle und 10% Polyester. Unterwäsche von Löffler, Ceceba oder Transtex eignet sich für die Jagd sehr gut. Transtex

Köhler Unterwäsche ist sehr hochwertig und praxisgerecht.

Hochwertige, federleichte Thermounterwäsche für extreme Temperaturen

Thermolite Unterwäsche von Chevalier

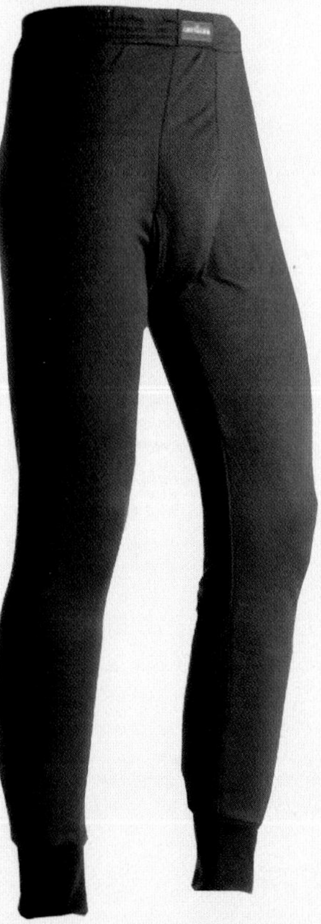

bietet neben Baumwolle (Anteil 28%) auch Unterwäsche mit 38% Wollanteil an. Die Unterwäsche mit hohem Wollanteil ist ideal bei sehr großer Kälte und für den Ansitz. Weiterhin sehr gut bewährt hat sich die Original termo (termoswed) Unterwäsche, eine Allroundunterwäsche für Pirsch und Ansitz im Herbst und Winter. Sie besteht aus 60% Polyolon (Polypropylen), 30% Baumwolle und 10% Polyamid. Auch termoswed ist eine warme Allround-Funktionsunterwäsche mit bester Eignung für Pirsch und Ansitz. Sie besteht aus Polypropylen (66%), Baumwolle (25%) und Polyamid (9%). Reine Unterwäsche aus Polyester halte ich für kalte Temperaturen nicht so geeignet. Es gibt aber auch hier Tricks, um Feuchtigkeit schnell von der Haut zu nehmen, z. B. durch eine vergrößerte Außenseite. Ich mag spezielle Unterziehhosen und Shirts aus Microfleece (100% Polyester) nicht. Sie sind volumiger als andere Unterwäsche und liegen nicht so gut am Körper an. Man kann sie natürlich zusätzlich über dünne Unterwäsche ziehen. Bei guter, auf das Wetter abgestimmter Oberbekleidung ist dies aber unnötig. Solche Unterziehanzüge gibt es auch aus Faserpelz (50% Polyacryl, 50% Polyester). Fleece ist dagegen ein idealer Stoff für Oberbekleidung (Hemd, Weste).

Wer mit warmer sowie funktioneller Expeditions- oder Bergsteigerkleidung ausgerüstet ist, kann Polartec Power Dry-Unterwäsche tragen, eine extrem leichte Unterwäsche aus 100% Polyester. Ein zweilagiges Interlock-Gewebe sorgt dafür, dass sie sich nicht mit Nässe voll saugen kann. Es wird sehr gut Feuchtigkeit von der Haut genommen und nach außen transportiert. Durch künstliche Vergrößerung der Oberseite wird der Schweiß auf der Oberfläche großflächig verteilt. Ich trug solch eine Unterwäsche mit Erfolg in der Arktis. Sehr warm und bestens für Ansitz sowie Pirschgänge bei großer Kälte hat sich bei mir Unterwäsche von Zubzero bewährt. Sie hält die Haut ebenfalls sehr trocken. Das Material besteht aus Tactel (100% Polyamide/Nylon). Eine sehr warme Unterwäsche für wirklich tiefe Temperaturen. Als Allroundunterwäsche vom Winteransitz bis zur Gebirgsjagd habe ich noch Thermolite Unterwäsche von Chevalier kennen gelernt. Eine sehr hochwertige Unterwäsche, die die Haut auch beim Schwitzen trocken hält und für Wohlbefinden sorgt. Thermolite von DuPont besteht aus synthetischen, luftgefüllten Röhrchen. Diese werden zu Fäden versponnen. Die

hohlen Röhrchen transportieren Feuchtigkeit ab. Thermolite ist sehr warm.
Neu ist die aktive Unterwäsche von Blaser. Sie besteht aus der Kunstfaser EKS. Bei der Schnelltrocknung wandelt das Material die Verdunstung in Wärme um. So kommt es nicht zu dem bekannten Frösteln, da während der Verdunstung und Trocknung in der Ruhephase des Körpers Wärme erzeugt wird. Eine Allroundunterwäsche von Berg-, über Drück- bis hin zur Ansitzjagd in Herbst und Winter. EKS absorbiert Feuchtigkeit, nimmt sie von der Haut und wandelt sie in Wärme um, ehe sie nach außen verdampft. Ich trug die Blaser Unterwäsche bei Gebirgsjagden in den Alpen und den Rocky Mountains sowie im heimischen Revier. Es ist die beste Unterwäsche gewesen, die ich jemals benutzte. Sie trocknet extrem schnell auf der Haut und hält die Haut sehr trocken.
Eine Unterwäsche, wie man sie sich nur wünscht. Das gilt für den Ansitz, aber vielmehr auch für extrem anstrengende Jagden.
Im Allgemeinen schafft es bei großer Anstrengung kein Material, die gesamte Feuchtigkeit von der Haut zu nehmen. Bei der Schnelltrocknung wird es immer wieder zum Frösteln kommen. Auch bei der üblichen Microfaser- und Sportunterwäsche. Man tut gut daran, langsam aufzusteigen und möglichst keine windfeste Jagdjacke zu tragen. Besser ist es, Fleeceweste oder gar nur Fleecehemd zu tragen, wenn man körperlich stark beansprucht wird. Natürlich habe auch ich früher Baumwoll-, Angora- oder Seidenunterwäsche getragen. Sie hat sich nicht besonders bewährt. Die natürlichen Materialien nehmen viel Feuchtigkeit auf, trocknen aber extrem schlecht. Dadurch kommt es über eine viel längere Dauer zum Frieren. Sehr bewährte Allroundunterwäsche sowie etwas dickere, mehr isolierende Unterwäsche für den Ansitz gibt es neben den bereits genannten Herstellern unter anderem von folgenden Herstellern: Tusker, Toresta Therm, Brynil, Odlo, Berger, Wullfrotte, Helly Hansen, Termo, Craft, Marmot, Mammut, Columbia, Vaude oder ATS.

Strümpfe

So wie bei der Unterwäsche geht der Trend auch bei den Strümpfen immer mehr zum Materialmix hin. Reine Wollstrümpfe haben nahezu ausgedient. Zwar sind Wollstrümpfe recht warm. Auch kann Wolle Feuchtigkeit speichern. Besser für trockene Füße (wichtig für warme Füße) hat sich ein Materialmix aus Kunstfaser und Wolle erwiesen. Sie können in gewis-

Blaser-Unterwäsche aus EKS-Kunstfaser

sem Rahmen Feuchtigkeit speichern und leiten die Feuchtigkeit vom Fuß weg. Je nach körperlicher Anstrengung und Außentemperatur sollte man die Socken auswählen.

So gibt es beispielsweise von Coolmax die Socken für wärmere Temperaturen und/oder anstrengende Pirsch. Diese Socken sind an Zehen und Ferse mit Plüschpolster verstärkt, was Blasenbildung größtmöglich verhindert. Lycra-Rippen verhindern eine Faltenbildung. Der Fuß bleibt auch bei großer Anstrengung trocken. Die Socken bestehen aus speziellen Fasern von DuPont (83% Coolmax, 15% Polyamid und 2% Elastan).

Die dickeren Coolmax-Socken bestehen aus 70% Wolle und 30% Nylon. Sie sind für tiefe Temperaturen geeignet. Socken sollen zwar den Fuß wärmen, doch in erster Linie müssen sie ihn trocken halten. Mit feuchten Füßen friert man ganz sicher. Für die Isolierung ist der Schuh verantwortlich. Was er nicht leistet, können Socken gewiss nicht wett machen. Socken sollten gut und stramm am Fuß sitzen. Sie müssen leicht elastisch sein. Sehr gute, formstabile Socken gibt es zahlreiche. Sie bestehen meist aus Materialien, die Feuchtigkeit vom Fuß nehmen. Solche Socken gibt es beispielsweise auch von Haix, Herkula, Falke, Meindl oder Laksen.

Resümee

Wichtig bei kalten Temperaturen ist eine trocken Haut. Es sollte bei der Unterbekleidung mehr auf die Trockenhaltefähigkeit Augenmerk gelegt werden als auf hohe Isolation. Es gibt universell einsetzbare Unterwäsche aus Mischgewebe und besonders aus dem Material Polypropylen. Man sollte die Art der Unterwäsche auf die Jagdart und hier auf die Bewegung des Körpers abstimmen.

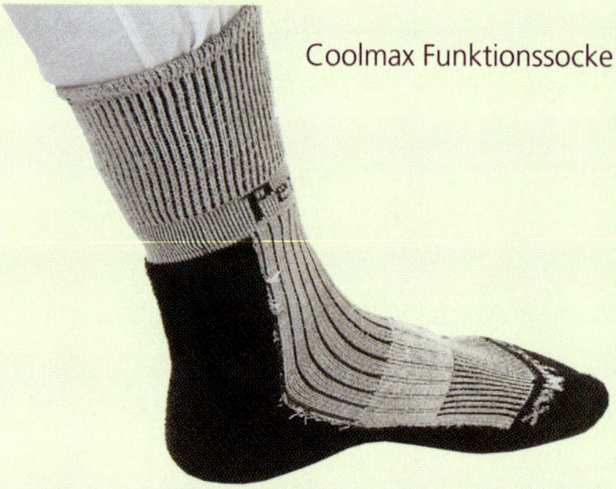

Coolmax Funktionssocke

Jagdschuhe

In der kalten Jahreszeit werden an das Schuhwerk zahlreiche Anforderungen gestellt, damit sich die Füße auch bei kalten Temperaturen wohlfühlen. Neben der Wärmefunktion haben Schuhe aber auch die Aufgabe des Schutzes vor Umknicken sowie für einen sicheren Stand.

Auf der Jagd werden vor allem folgende Arten von Schuhen benutzt:

- Trekkingstiefel, die sich vor allem für die Pirsch und den Ansitz vom Frühjahr bis Herbst eignen. Darunter fallen die üblichen Jagdstiefel mit halbhohem oder hohem Schaft. Sie sollen vor allem Sicherheit beim Gehen und Steigen bieten, daneben aber auch den Fuß vor Kälte und Nässe schützen.
- Winterstiefel, die sich für sehr kalte Temperaturen eignen, insbesondere auch für den Ansitz im Winter oder für Drückjagden. Bei ihnen steht die gute Isolierung im Vordergrund. Sie müssen die Füße auch bei großer Kälte warm halten. Natürlich sollen sie auch sicheres und bequemes Gehen ermöglichen.
- Gummistiefel, die in erster Linie vor Wasser schützen und den Fuß bei Nässe trocken halten. Sie sind bei der Wasserwildjagd, Treibjagden und der Pirsch bei großer Nässe ideal. Die Ausstattung im Inneren kann auch „bedingt" vor Kälte schützen.

Sicherlich gibt es nicht den Allround-Jagdschuh, der für alle Jagdbedingungen gleich gut geeignet ist. Verschiedene Anforderungen und unterschiedliches Klima erfordern auch verschiedene Jagdstiefel. Genauso gibt es aber auch nicht ein und denselben Fuß. Der menschliche Organismus und die Gliedmaßen sind äußerst unterschiedlich. Das individuelle Wärme- oder Kälteempfinden ist von Mensch zu Mensch verschieden. Der eine produziert beispielsweise viel Fußschweiß, während der andere meist eine trockene Haut hat. Manche Menschen kommen schon bei geringer Anstrengung ins Schwitzen, andere erst nach stärkerer Belastung. Der Organismus des Menschen versucht die Körpertemperatur stets auf etwa 37 Grad Celsius zu halten. Bei Kälte muss die Bekleidung dazu beitragen, dass der Körper seine Normaltemperatur behält und es nicht zu Erfrierungen kommt. Gerade die Füße sind da extrem empfindlich. Bei den Ansitzen friert man oft an den Füßen am schnellsten und am meisten. Gerade dann, wenn der Fuß nicht bewegt wird. Der Schuh muss also für Wärme sorgen. Daneben ist aber ein bequemes Gehen wünschenswert. Selbst mit dicken Ansitzstiefeln sollte der Weg zur Kanzel keinerlei Probleme bereiten. Gerade im Winter ist ein sicherer Griff der Sohle erforderlich, egal, ob im Schnee, auf Eis oder Gras gelaufen wird.

Der Schuh sollte ferner das Fußgelenk unterstützen und schützen. Ein stabiler Schaft ist nicht nur im schwierigen Gelände von Vorteil. Er soll Gelenk und Bein schützen sowie zu stabilem Stand beitragen. Jagdschuhe sollten zumindest knöchelhoch sein. Ideal sind höhere Stiefel, die bis zu den Waden reichen. Bei Winterstiefeln sollte der Schaftabschluss am Bein dicht anliegen und abdichten, sodass Kälte nicht von oben eintritt oder gar Schnee in den Schuh gelangt. Sicherlich gibt es nicht den Jagdstiefel für alle Gegebenheiten. Unterschiedliche Jah-

Haix Jagdstiefel

Flieger-Lederstiefel in bester Ausführung

reszeiten, unterschiedliches Gelände sowie verschiedene Jagdarten erfordern auch ein unter schiedliches Schuhwerk. Gemeinsam hat es die Aufgabe, für ein „Wohlbehagen" des Fußes zu sorgen. Dazu gehört ein warmer Fuß. Das Prinzip für warme Füße basiert auf Isolierung gegenüber der Kälte und vor allem auf Trockenheit. Es hat sich gezeigt, dass eine hervorragende Isolierung alleine gar nichts nützt. Das haben schon die Eskimos vor langer Zeit herausgefunden. Das Geheimnis: Die Haut muss salztrocken und nicht nass sein. Bei meinen Expeditionsstiefeln (ExpBoots von Northern Outfitters, www.northernoutfitters.com) für die Arktis benötige ich gar keine Socken. Feuchtigkeit wird sofort vom Fuß genommen. Darin hatte ich viele Tage warme Füße bei Temperaturen von -30 bis unter -40 Grad Celsius in der Arktis. Moderner Materialmix (Vaetrex ist ein hervorragendes Material) nutzt dieses Prinzip. Auch die Socken aus einem Materialmix von Wolle und Kunstfasern (Acryl, Lycra, Polyamid) sollten darauf abgestimmt sein. Sie sollen Feuchtigkeit sofort von der Haut nehmen und an den Schuh abgeben, der sie teilweise speichern kann und natürlich nach außen ableitet. Bei hochwertigen Winterstiefeln kann zumindest eine Materialschicht Feuchtigkeit aufnehmen und speichern. Dies ist wichtig, da in der Regel eine Abgabe des Wasserdampfes nach außen nicht schnell genug erfolgen kann. In Trekkingstiefeln ist ein gutes Be- und Entlüftungssystem erforderlich. Natürlich muss auch eine gute Isolierung vorhanden sein.

Universelle Jagdstiefel

Universelle Jagdstiefel reichen bis über den Knöchel. Je nach Art haben sie einen etwas kürzeren oder höheren Schaft. Jagdstiefel für schwieriges Gelände wie das Gebirge sollen aus kräftigem Kern-

Griffige Sohle

rindsleder bestehen. Sie müssen sehr verwindungssteif sein. Die Sohle muss einen sicheren Halt gewährleisten. Das Fußbett sollte ergonomisch dem Fuß angepasst sein. Eine Einlegesohle zum Tausch ist Standard. Die Jagdschuhe sind in der Regel in Sandwich-Bauweise gefertigt. Neben Leder werden weitere Materalien wie atmungsaktive Membranen (Gore-tex oder ähnliche) verarbeitet. Sie sorgen für Wasserschutz, Wärme (etwa Thinsulate) sowie angenehmes Fußklima. Ein spezielles Entlüftungssystem, das von Fußbett bis Schaftende reicht, ist von Vorteil. Ich führe seit Jahren Haix-Jagdstiefel. Mein „Nepal" machte zahlreiche Gebirgsjagden in der Mongolei, Neuseeland, Kanada und den Alpen mit. Zudem trug ich ihn sehr oft im heimischen Mittelgebirgsrevier. Ein Schuh, auf den nach Jahren noch Verlass ist. Wer Steigeisen benutzen will, sollte auf Steigeiseneignung achten. Heute benutzt man für solch extreme Anforderungen feste Schalenschuhe.

Für einfacheres Gelände können die Schuhe etwas weicher sein, etwa wie mein Le Chameau Jagdstiefel, der mit Outlast ausgestattet ist. Das Material kann Wärme, durch Gehen erzeugt, speichern und gibt diese bei Bedarf ab. Ich benutze den Schuh gerne in der kalten Jahreszeit. Es ist ein exzellenter Pirschstiefel. Jagdstiefel für universellen Einsatz sollten immer Membranen-Wasserschutz haben. Je nach Terrain ist Wärmeschutz durch Thinsulate ratsam. Die Zunge muss Dichtheit gewährleisten. Auch eine Leder-/Cordura-Mischoberfläche hat sich in der Praxis bewährt. Stiefel für wirklich tiefe Temperaturen sollten fellgefüttert sein und spezielle Alufolien zur Kälteabweisung haben. Die meiste Kälte kommt im Sohlenbereich durch. Wirklich warme Winterstiefel bietet Baffin an. Sie sind aus kräftigem Leder und haben dicke Wärmepolsterung. Der Fuß wird aber fest gehalten, sodass Gehen oder Steigen keine Probleme bereitet. Wer im Winter in der Arktis jagt, ist auf Expeditionskleidung angewiesen. Neben Seehundfellschuhen gibt es auch moderne Stiefel, die die Füße über Wochen bei Temperaturen von unter minus 50 Grad Celsius warm halten, und das barfuß oder mit dünnen Socken. Ich benutzte in der Arktis Expeditionsstiefel von Northern Outfitters. Sie bestehen aus Cordura und Kunststoff, kombiniert mit Vaetrex. Der Schaft wird eng an die Waden geschnallt, sodass von oben keine Kälte eindringt. Das Prinzip dieser Schuhe beruht ganz einfach auf Isolation und immer trockener Haut. Auch bei noch so großer Anstrengung hat man keine feuchten Füße. Das Material nimmt sofort alle Feuchtigkeit weg, kann sehr viel Feuchtigkeit speichern und gibt sie schnell ab.

In Afrika war ich nur richtig angetan von den neuen Haix-Safari-Stiefeln, die auch drei Freunde zwischenzeitlich mit Begeisterung in Afrika führten. Sie gefielen sogar meinem Berufsjäger, weil man damit lautlos prischen kann. Es gibt viele Jagdstiefel, die einfach quietschen. Mit einigen musste ich negative Erfahrungen sammeln. Der Haix-Stiefel wurde für das Militär entwickelt und wird beispielsweise in Afghanistan getragen. Er hat ein ergonomisches Fußbett. Der Fuß wird sicher festgehalten. Der Stiefel besteht außen aus Leder und Cordura und hat ein Laminat im Inneren. Ideal sind die weiche Polsterung sowie das Klimasystem. Ich hatte Bedenken, weil der Stiefel eine Gore-Tex Membrane hat. Diese schützt gut vor Wasser, ist aber speziell für heißes Klima entwickelt worden. Meine Füße waren auch nach über 6 Stunden Pirsch auf Büffel noch trocken. Ein Safari-Stiefel, der sicheren Schutz bietet. Für spezielle Einsätze ist er auch ohne Goretex erhältlich. Dieser Stiefel kann auch im Regenwald getragen werden. Viele Jäger bevorzugen hier die Dschungel-Stiefel der US-Armee oder einfache Schuhe aus Segeltuch. Schuhe aus leichtem Tuch gewähren aber nur geringen Schutz.

Für Safari und heimisches Revier

Haix nennt seinen Safari-Stiefel „Airpower Desert", immerhin ein Schuh, der für harte Auslandseinsätze der Bundeswehr entwickelt wurde. Entsprechend hoch sind Qualität und Robustheit. Um es gleich vorweg zu nehmen, in den Schuhen kann man sich geräuschlos fortbewegen. Sie quietschen weder noch geben sie sonstige Knistergeräusche von sich. Das Sohlenprofil und die Polsterung eignen sich vorzüglich dazu, sich geräuscharm zu bewegen. Das fiel meinem Professional Hunter in Zimbabwe sofort auf. Ich haben den Airpower in Afrika genauso getragen wie im heimischen Revier. Ein Jagdfreund sowie meine Frau und Tochter trugen den Airpower Desert ebenfalls. Ihre Erfahrungen stimmen mit meinen überein. Der Stiefel erwies sich im warmen Zimbabwe nach stundenlangen Pirschgängen als ideal. Ihn konnten Dornen genauso wenig beeindrucken wie feiner Sand. Die Stiefel sind wahre Leichtgewichte. Dadurch ermüden Füße und Beine nicht so schnell. Trotz Gore-tex schwitzen die Füße nicht nass. Das Fußklima ist außergewöhnlich gut, was ich bei dem Membranenwasserschutz nicht erwartet hätte. Ich ziehe die Haix Stiefel auch gerne im eigenen Revier oder zur Gebirgsjagd im Sommer oder Frühherbst an. Bei nassem Gras oder dem Durchwaten eines Flusses bewies er stets Wasserdichtheit. Besonders fiel die griffige Hiking-Sohle auf. Sie gewährleistet festen Griff und hohe Rutschsicherheit durch das grobe Profil. In anderen Stiefeln bekam ich in Afrika immer nach langen Pirschgängen Blasen. Nicht so beim Airpower Desert. Er ist für Blasenfreiheit geradezu prädestiniert. Der Haix-Stiefel ist in beiger oder oliv-schwarzer Version erhältlich. Er ist in einem dreilagigen Laminatverbund gefertigt. Die Außenhaut besteht aus robustem Velourspaltleder (hydrophosiert), das mit reißfestem, klimaneutralem Cordura-New-Line-Textilgewebe verbunden wurde. Der gepolsterte Schaftabschluss mit Micro-Dry-Futter liegt zwar eng aber angenehm weich am Bein. Das samtweiche Innenfutter ist atmungsaktiv. Das Haix-Klima-System sorgt für gute Belüftung im Inneren. Es nimmt Feuchtigkeit auf und leitet sie ab.

Ansonsten bietet der Airpower Desert einige Besonderheiten, die den Komfort erhöhen. Eingebaut ist ein so genanntes Arch-Support-System, das eine Gelenkunterstützung darstellt und beim Gehen den Aufprallschock erheblich mindert. Die Ergonomie verbesserte man mit einzigartigen Leisten bei der Fertigung. Sie geben bei optimalem Halt im Fersen- und Gelenkbereich Zehen und Fußballen ausreichend Raum für hohen Tragekomfort. Das Leder wurde wasserabweisend (hydrophobiert) gemacht. Beeindruckend die Gore-tex XCR Footwear Membrane. Sie garantiert trockene Füße bei sehr hoher, ja außergewöhnlicher Atmungsaktivität. Diese Spezialmembrane ist auch für sehr warme Temperaturen wie in Afrika bestens geeignet, ohne ihre Wirksamkeit bei mitteleuropäischen Herbsttemperaturen einzubüßen. Ich hätte nicht erwartet, dass meine Füße selbst bei hoher Anstrengung im heißen Afrika so trocken bleiben. Im Fußbett befindet sich eine Einlegesohle, die schnell trocknet. Die Texonbrandsohle absorbiert den Fußschweiß. Gummirandstreifen sorgen für Stabilität beim Übergang von Sohle zum Schaft. Das Laminat des Schaftes ergibt ein sehr weiches Feeling ohne Druckstellen. Es ist zudem sehr atmungsaktiv. Das Schnürsystem mit robusten Messingösen konnte überzeugen. Es sorgt für festen, stabilen Sitz der Stiefel. Die Haix Airpower Desert habe ich mir ursprünglich für eine Afrika-Safari zugelegt. Doch im heimischen Mittelgebirgsrevier möchte ich sie im Frühjahr, Sommer und Herbst nicht mehr missen. Zu hoch ist ihr Komfort. Die Schafthöhe beträgt 19,5 cm.

Safari-Stiefel von Haix

Le Chameau Allround-Jagdstiefel

Der neue Jagdstiefel Panthera MID von Le Chameau wurde im Herbst und Winter ausgiebig auf der Jagd getragen, sowohl bei Pirsch als auch Ansitz und Drückjagden.

Das Obermaterial des Jagdstiefels besteht aus etwa 2 mm starkem Nubukleder, das wasserabweisend imprägniert wurde. Die mit dem Schaft verbundene Lasche ist gut gepolstert. Im Zehenbereich wurde der Stiefel als Stoß- und Steinschutz außen mit einer Gummikappe versehen. Der Schaftabschluss weist zwei kräftig gepolsterte Ringe auf. Er schließt perfekt am Bein ab. Das patentierte Hakensystem hat mittels Schlüssels austauschbare Haken. Die herausnehmbare thermoregulierende Einlegesohle besteht genauso aus Outlast wie das Innenfutter. Outlast wurde ursprünglich für die NASA entwickelt. Outlast trägt zum Komfort damit bei, dass überschüssige Körperwärme aufgenommen und gespeichert wird. Bei Bedarf wird die Wärme wieder an den Fuß zurückgegeben. Das hat bei starker Belastung wie Steigen oder langes Pirschen ein geringeres Überhitzen des Fußes zur Folge. Schweiß wird schneller vom Fuß weggenommen bzw. entsteht durch das thermoregulierende Outlast erst gar nicht. Die Wärmeverteilung ist sehr gut. Das wird durch Mikrokapseln im Material erreicht, die mit Phasenwechsel je nach den Körpertemperaturschwankungen vom festen in den flüssigen Zustand übergehen. Steigt die Körperwärme, absorbieren die Mikrokapseln überflüssige Wärme. Sinkt die Temperatur, wird Wärme abgegeben.

Le Chameau Jagdstiefel mit Outlast-Technik

Die Sohle des Panthera beinhaltet eine stoßdämpfende Polyurethan-Zwischeneinlage. Die Cross-Sohle ist eine PU-Sohle mit kräftigem Profil und kleinen Gummistollen. Sie dämpft sehr gut und ist äußerst griffig sowie rutschsicher. Der Jagdstiefel ist sehr haltbar und leicht. Der Gang durch Brombeergestrüpp konnte das Obermaterial nicht beeinträchtigen. Das Schnürsystem gewährleistet einen perfekten, sicheren Sitz auch im schwierigen Gelände. Der atmungsaktive Schuh erwies sich beim Durchwaten von Bächen und beim Durchgehen von nassen Wiesen als dicht. Der Nässeschutz war ausgezeichnet, was der Schuh immer wieder unter Beweis stellte. Auffallend das sehr bequeme Tragen auf Grund optimaler Anpassung an den Fuß und leichten Gewichts. Überraschend positiv wirkte das Outlast. Selbst nach schweißtreibenden Pirschgängen gab es keine nassen, schwitzenden Füße. Das Innenklima war ausgezeichnet. Dank trockener Füße friert man auch nicht so schnell wie mit nassem Fuß. Die Füße waren stets warm, auch bei Pirschgängen bei unter minus 10 Grad Celsius. Ein paar Stunden blieben die Füße bei Ruhe auch warm.

Die Stiefel bewährten sich ausgezeichnet beim Ansitz im Herbst und im Winter bis rund -5 bis 7 Grad Celsius. Bei wirklich kalten Temperaturen von minus 10 oder 15 Grad dringt die Kälte beim Ansitz etwa nach 1 bis 2 Stunden durch. Als Winteransitzstiefel sind sie somit weniger geeignet. Es sind vielmehr Allroundstiefel für Frühjahr, Herbst und Winter, ganz besonders auch leise Pirschstiefel. Hervorzuheben die Thermoregulierung und das angenehme Fußklima. Es sei angemerkt, dass man keine Wollsocken, sondern moderne Aktivsocken darin verwenden sollte. Mitgeliefert wird die Aktivsocke von F. J. Bemkin und Son Ltd., die aus 70% Wolle und 30% Polyamid besteht.

Klassischer Winterstiefel

Sicherlich ist Filz ein gutes Material. Klassisch auch der Pelzstiefel mit Lammfell und Lederaußenhaut (Nubuk- und Veloursleder, wasserabweisend imprägniert). Leder sieht gut aus und ist sehr robust, auch gegenüber Dornen. Ferner schützt es und sorgt für gute Stabilität. Es ist atmungsaktiv und lässt Feuchtigkeit heraus. Pelz nutzt sich bekanntlich recht schnell ab. Bessere Isolierungen erreicht man heute mit High-tech-Materialien. Deshalb stattet man Lederjagdstiefel wie etwa den „Fliegerpelzstiefel" von Meindl zusätzlich zum Fellfutter mit modernen Materialien wie Thinsulate und Alufolie sowie Gore-tex aus. Gutes Einfetten des Leders genügt in der Regel. Gore-tex verlangsamt nur die Feuchtigkeitsabgabe nach außen. Bei Trekkingstiefeln mit Lederaußenhaut setzt man sehr häufig auf künstliche Hohlfasern wie Thinsulate, bei dem Luft zur Isolation beiträgt. Wichtig bei dieser Schuhart ist noch ein ausgeklügeltes Be- und Entlüftungssystem. Meist können Feuchtigkeit und Luft großzügig über den Schaftabschluss entweichen.

Natürlich soll der Jagdschuh und ganz besonders Trekking-Jagdstiefel vor Wasser schützen. Oft genügt gefettetes Leder. Doch heute geht man auf „Nummer sicher" und rüstet die Schuhe mit atmungsaktiver, wasserdichter Membrane wie

Safari-Boots aus Büffelleder

Lederjagdstiefel

Gore-tex oder Sympatex aus. Es sollte eine hochwertige Membrane zum Einsatz kommen, die dem Aufgabengebiet gerecht wird. Hoher Wert muss auf die Qualität der Einarbeitung gelegt werden. Die Membrane darf keinesfalls zerstochen werden. An bestimmten Stellen ist sie zu verkleben. Vielfach kommt sie in Form eines Laminats zum Einsatz. Bei Winterstiefeln für sehr kalte Temperaturen setzt man heute zunehmend auf High-tech Materialverbund. Meist besteht der äußere Fußteil aus einem kältefesten Gummimaterial wie Polyurethan und schützt damit vor Wasser. Bei Modellen für sehr kalte Temperaturen wird „poröses" Polyurethan verwendet oder im Gummi Neopren eingearbeitet. Der Schaft kann aus Leder oder reißfester Nylonfaser wie Cordura bestehen. Darunter verbirgt sich ein Materialverbund, der für hohe Isolation und trockene Füße sorgt. Es kommen Aluminiumfolie oder ein metallischer Film zum Einsatz, die die Fußwärme zurückstrahlen. Hohlfasern mit Luft gehören genauso dazu wie Isolierschichten aus Polyester, Thermovlies, Filz und Wolle. Polartec-Fleece (in Abstufungen 100, 200, 300 und 400) ist ein exzellentes Isoliermaterial. Eine Schaumschicht sorgt für Stabilität und zusätzliche Isolation. So wie Schaft und Oberschuh gut isoliert werden müssen, muss auch die Sohle perfekt die Kälte abhalten. Gerade durch die Sohle kann viel Kälte kommen. Auch die Sohlen bestehen heute aus einem Materialverbund mit Lufteinschluss. Als griffige Laufsohle kommt häufig eine Vibram-Gummisohle mit griffigem Profil zum Einsatz. Alufolien sorgen für Wärmereflektion und wabenförmige Kammern mit Luft für Isolation. Zusätzliche Zwischensohlen und Isolationsschichten sorgen für beste Isolation, Zwischensohlen für Dämpfung und die Brandsohle für Stabilität.

Vielfach haben moderne Winterstiefel einen herausnehmbaren Innenschuh. Er kann oft auch als „Hüttenschuh" verwendet werden. Der Innenschuh kann so schneller getrocknet werden. Er besteht meist aus isolierendem High-tech-Materialien wie Thinsulate Hohlfasern, Thermovlies, Filz oder Naturwolle und Schaum. Er sollte mit reflektierendem Metallfilm ausgestattet sein. Manche Innenschuhe bestehen auch nur aus Wolle. Für einen reinen Thermo-Winter-Stiefel genügt meines Erachtens ein Gummifußteil. Manche Hersteller rüsten diese Stiefel noch mit Gore-tex aus, sodass auch der Schaft wasserdicht ist. Solche Stiefel gibt es für extrem niedrige Temperaturen. Baffin gibt beispielsweise einen Temperaturbereich bis zu -100 Grad Celsius an. Wie gesagt, nicht alle Menschen sind gleich kälteempfindlich. Die von den Herstellern angegebenen Temperaturbereiche geben deshalb nur einen Anhaltspunkt, den man zum Vergleich heranziehen kann.

Rocky Winterstiefel

Bei Nässe

Gummistiefel widersprechen dem Prinzip eines trockenen Fußes, da sie eine Wasserabgabe nach außen oder über den Schaft nicht ermöglichen. Man versucht dem mit wasserspeichernden Socken aus Wolle, Rosshaar oder einem Woll-/Kunstfasermix entgegenzuwirken. Jedoch sind Gummistiefel nicht die idealen Ansitz- oder Winterstiefel. Sie benutzt man, wenn es auf absolute Wasserdichtheit ankommt und/oder zudem ein hoher wasserdichter Schaft (Wassertiefe!) erforderlich ist. Eine dicke Neoprenfütterung (ca. 5 bis 9 mm stark) sorgt beispielsweise für gute Isolierung und verhindert das schnelle Eindringen von Kälte. Outlast ist ein weiteres High-tech-Futter. Es ist vor allem dann angebracht, wenn der Fuß bewegt wird, man also mit dem Stiefel viel läuft. Es handelt sich um temperaturregulierendes Laminat mit Phase-Change-Material (PCM). Outlast besteht aus wachsähnlichen Mikrokapseln mit Phasenwechsel. Bei Temperaturschwankungen des Körpers gehen die Mikrokapseln vom festen in den flüssigen Zustand über. Bei niedriger Temperatur gibt Outlast Wärme ab und bei steigender Körpertemperatur absorbieren die Mikrokapseln Wärme. Auch das Füttern mit dickem Acrylfell dient der Isolierung. Gummistiefel für kalte Temperaturen haben oft herausnehmbare Filzinnenstiefel und einen mittels Cordelzugs gut abdichtenden Schaftabschluss, sodass Kälte nicht so schnell von oben eindringen kann. Gummistiefel für extrem kalte Temperaturen haben sehr dicke Sohlen, in den Gummi wird Neopren eingebaut und der herausnehmbare Innenstiefel ist mit reflektierendem Metallfilm (z. B. Radian Tex) ausgestattet. Er besteht aus High-tech-Fasern wie Texel.

Rocky Gummistiefel für extrem tiefe Temperaturen

Empfehlungen

Für die Jagd von Frühjahr bis Herbst sowie Pirschjagden im Winter ist ein guter Trekkingstiefel die richtige Wahl. Er sollte abfedernd wirken, Stabilität und sicheren „Griff" bieten. Ein Wasserschutz durch atmungsaktive Membrane ist ratsam, ebenso eine Sandwichbauweise mit isolierenden Materialien wie Thinsulate. Ich benutze seit Jahren den Haix Nepal, an dem ich vor allem das Klima-

Le Chameau Gummistiefel mit Outlast

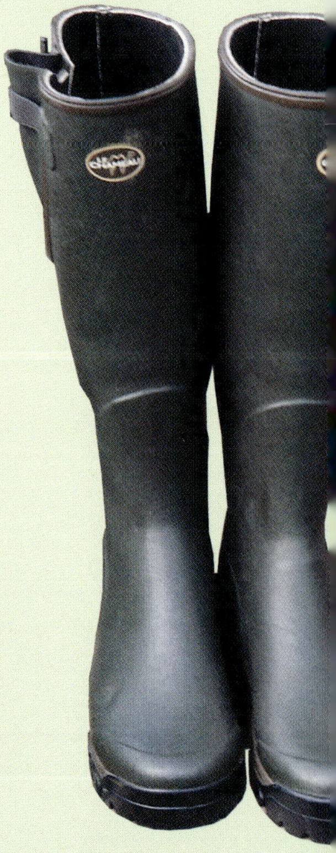

system Micro-Dry im Schaftabschluss mit hervorragender Be- und Entlüftung schätze. Trekkingschuhe von hoher Qualität bieten zahlreiche Hersteller wie Meindl (z. B. Tundra), Lowa, Hanwag, Rocky, Elch oder Memphisto. Sie alle sind hervorragend verarbeitet und bieten Komfort wie griffige Laufsohle, Dämpfungskeile, stabile Brandsohle, wasserabweisendes Nubukleder und gute Klimaregulation sowie atmungsaktive Membranen. Bei der Wasserjagd oder aber beim Durchstreifen nasser Wiesen am Morgen, bevorzuge ich Gummistiefel. Ideal haben sich die Le Chameau Véganord Stiefel mit Outlast bewährt. Sie halten die Füße warm bei Pirsch und Wasserwildjagd. Auch gut bewährt haben sich Le Chameau Vierzonord oder Chasseur Gummistiefel mit Neopren oder Acryl-Fellfutter sowie zweifach isolierter Sohle. Besonders bei Treibjagden im Herbst sind sie ideal, wenn man durch matschiges Gelände läuft. Sicherlich wird der Fuß bei viel Bewegung schwitzen und das Wasser kann nicht aus dem Gummistiefel entweichen. „Wasserspeichernde" Socken sind dann „Gold wert". Wichtig ist sorgfältiges Trocknen nach der Jagd.

Wird es sehr kalt und ist ein Gummistiefel nötig, dann bevorzuge ich Gummistiefel mit Filz- oder Kunstfaser-Innenschuh wie den Viking von AKAH, den Rocky Kenai Extreme oder ähnliche Stiefel von Nokia und Kamik. Sie sind mit Neopren ausgerüstet, haben speziell isolierende Zwischensohlen und bestens isolierende Innenschuhe. Im Winter haben sich Lederstiefel mit Lammfell und anderer Isolierung vor allem beim Pirschen, Ansitzen, Drückjagden oder bei Nachsuchen bewährt. Exzellent sind beispielsweise der Meindl Flieger-Pelzstiefel oder Stiefel von Völkl. Auf Gore-tex konnte ich bei diesen Stiefeln verzichten. Sie erwiesen sich als sehr atmungsaktiv. Den Saunaeffekt hatte ich in ihnen nicht. Die Stiefel sind als Allroundstiefel im Winter ideal. Für Drückjagden (neben Lederwinterstiefeln) sowie lange Ansitze, vor allem nachts auf Sauen, bevorzuge ich Thermo-Winterstiefel mit Laminat zur Isolierung und Polyurethan-Fußteil als Wasserschutz. Sie sind heute recht bequem und geben dem Fuß ausreichenden Halt. Die Sohlen sind durchwegs sehr griffig.

Für extreme Temperaturen hat sich der Baffin Alaska bewährt. Ein schwerer, volumiger Stiefel, bei dem die Füße auch nicht bei außergewöhnlich niedrigen Temperaturen kalt wurden. Dafür sorgt eine aufwändige Laminatisolierung aus Hight-tech-Materialien, die auch schnell Feuchtigkeit vom Fuß nehmen und bis zur Abgabe nach außen speichern. Sehr gut für kalte Tage und Nächte eignen sich die Kamik Thermostiefel oder die Meindl Thermostiefel sowie solche von Baffin, Goodyear oder Rocky. Die Schalenunterteile bestehen aus wasserfestem Gummi mit Isoliersohle und Innensohle (z. B. Texon) und die herausnehmbaren Innenschuhe sind aus einem Laminat aus Webpelz, Vlies, Filz, Naturwolle, Schaum und weisen einen metallischen Film auf. Wichtig ist ein guter, dichter Schaftabschluss am Bein, damit nicht Kälte von oben eindringt. Sicher kann durch den Gummi-Fußteil keine Feuchtigkeit entweichen. Doch selbst bei Pirschgängen im Mittelgebirgsrevier hatte ich keine nassen Füße. Die Innenschuhe nehmen Feuchtigkeit vom Fuß. Es sei angemerkt, dass je nach individueller Veranlagung die Füße früher oder später kalt werden. Vor allem dann, wenn man sich nicht bewegt. Ich halte wenig von heizbaren Socken oder anderen Fuß-Heizsystemen. Sie sind batterieabhängig und meist unbequem. Auch die auf chemischer Basis (Sauerstoffreaktion) wärmenden „Einmalwärmer", wie solche von Grabber, störten mich im Schuh. Sie sind aber für die Hände in Handschuhen oder Jackentaschen ideal. Besser bewähren sich da Campingheizer mit Gas, die man in der Kanzel betreiben kann. Jedoch hält man in sehr guten Winterstiefeln einen mehrstündigen Ansitz auch bei extremen Tiefsttemperaturen aus, ohne dass die Füße erfrieren. Besser als in ein Fußheizungssystem ist das Geld in einem Schuhtrocknungssystem angelegt, damit die Schuhe am nächsten Morgen wieder trocken sind.

Kamik Winterstiefel

Kanadische Winterstiefel von Baffin für Extremtemperaturen

12. Sinnvolles Zubehör

Praxisgerechtes Blaser-Jagdmesser

Blaser bietet im stabilen Kunstfaseretui ein praxisgerechtes Klappmesser mit Klingenwechselmöglichkeit an. Das Klappmesser hat eine 9,5 cm lange Klinge (Schneide 8,3 cm lang) in Drop-Pointform aus 440 C Stainlessstahl. Die Klinge wurde kräftig gehalten. Immerhin beträgt ihre Stärke am Rücken bis zu 3,8 mm. Damit kann man auch grobe Arbeiten ausführen. In der Praxis erwies sich die Klinge elastisch. Auch bei Knochenarbeiten wie dem Durchtrennen des Schlosses bei Reh- und Schwarzwild gab es keine Probleme. Die sehr scharfe Schneide erwies sich als schnitthaltig. Aufbrechen, Abschwarten und Zerwirken einer mittelschweren Sau waren jedenfalls kein Problem. Ebenso konnten drei Rehe aufgebrochen und zerwirkt werden ohne nachzuschärfen. Die Klinge kann problemlos auch vom Laien nachgeschärft werden. Ein Vorteil des unkomplizierten Stahlmaterials 440 C. Die Klinge wird übrigens spielfrei verriegelt. Zur Entriegelung ist eine Leiste auf der Griffoberseite zu drücken. Der Griff besteht aus schwarzgrauem, faserverstärktem Kunststoff. Er erwies sich als robust und bruchsicher. Auch das Reinigen bereitete keinerlei Probleme.

In der leicht geschwungenen Griffschale wurden angeraute Elastomer-Gummieinlagen, wie sie auch beim Blaser R93 Professional verwendet werden, integriert, die rutschsicheren Griff ermöglichen.

Blaser Jagdmesser

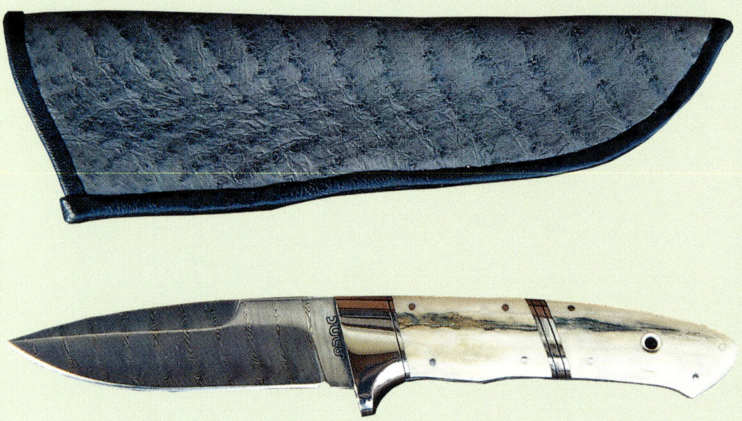

Jagdmesser von DNC

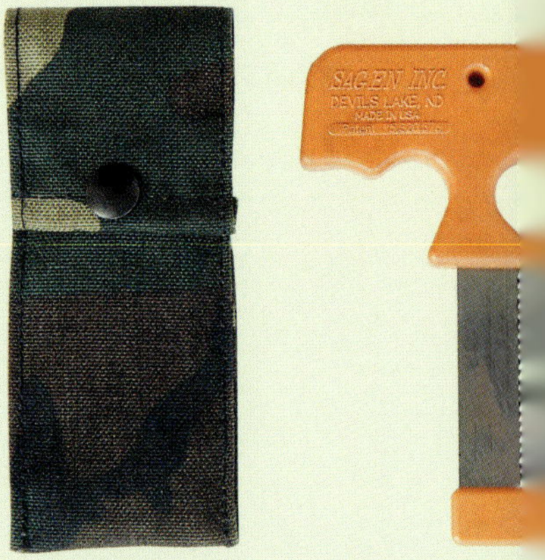

Aufbruchsäge

Zudem liegt der Zeigefinger in einer Griffmulde mit Querrippen. In den Griffschalen befindet sich ferner eine Öse für einen Fangriemen. Zwei gelbe, floureszierende Kunststoffeinlagen sorgen auch bei geringem Licht dafür, dass man das Messer wieder findet. In die Griffschale integrierte man einen ausklappbaren Sechskantschlüssel, mit dem sich die Läufe von der Blaser R93 abschrauben lassen, ideal, wenn man im Revier einen Laufwechsel vornehmen will. Die Klinge kann bei Drücken der Verriegelung leicht schräg vom Scharnierbolzen gezogen und gegen ein Sägeblatt getauscht werden. Das Sägeblatt ist ebenfalls aus Stainlessstahl und die scharfe, spitze Zahnung doppelseitig. Das stabile, 8 cm lange Sägeblatt hat eine Stärke von 2,2 mm. Es verbiegt sich beim Durchsägen des Schlosses nicht. Man kann es perfekt einsetzen.

Das Messer wurde sehr gut verarbeitet. Es erwies sich als äußerst praxisgerecht. Geliefert wird es in einem festen Etui von Niggeloh. Das im Laminat gefertigte Etui besteht aus reißfesten, klimaneutralen Kunstfasern. Auf der Vorderseite befindet sich eine Lederapplikation. Die Klappe wird mittels Druckknopf verschlossen. Das Etui nimmt Messer und Sägeblatt auf. Das Sägeblatt steckt in einer Plastikhülle und hat ein durch Kunststoffeinlage abgeteiltes, separates Fach im Gürteletui. Alle Kanten des Etuis wurden eingesäumt, um Verschleiß vorzubeugen. Das Blaser Messer ist 21,5 cm lang (zusammengeklappt 12,5 cm) und wiegt 160 g. Der Markt kennt nahezu keine Grenzen und jeder hat da sein Lieblingsmesser.

Aufbruchset

Ich finde eine separate Aufbruchsäge ideal. Vollkommen ausreichend ist die kleine Aufbrechsäge, wie sie Kettner anbietet. Leider ist sie nicht „rostfrei“. Sie kann im Corduraetui bequem mitgeführt werden. Die sehr handliche Säge ist leicht handhabbar und bietet eine Schutzkappe, um Blasenverletzungen zu verhindern. Große Aufbruchsägen tun zwar auch ihren Dienst, sind aber viel unhandlicher. Bei Schwarz- und Rotwild benutze ich zum Schlossaufbrechen gern ein Aufbrechbeil, wie es Herbertz anbietet. Es beinhaltet sogar einen Aufbrechhaken für das Aufschärfen der Bauchdecke. In meinem

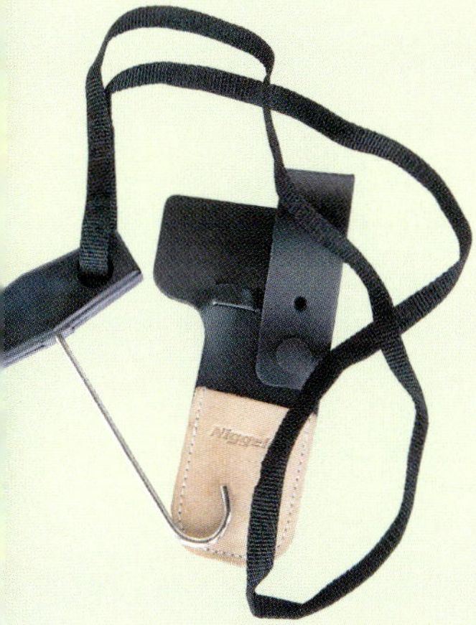

Niggeloh Wildschlepper

Schleifstein

Auto liegt immer ein Aufbruchset. In einem Etui hat man alles, was man zum Wildbergen und Aufbrechen benötigt. Ein hervorragendes Set bietet Blaser an. Es beinhaltet ein Gerber Klappmesser mit Gummigriff, eine Aufbruchsäge, Aufbruchzange, LED-Hutlampe und Bergeset. Das Bergeset besteht aus einem reißfesten Seil mit Karabinerhaken, das mit Schlaufen unterteilt ist, sowie einem breiten Schleppgurt. Es ist sehr praxisgerecht. Rehwildjägern empfehle ich zumindest eine Aufbrechzange. Mit ihr kann das Schloss von schwächerem Wild schnell und sicher aufgebrochen werden.

Wer kein ganzes Set kaufen möchte, kann auch Teile einzeln kaufen. AKAH bietet ein Aufbruchset mit langem, kräftigem und gut sichtbarem Gurt an. Mit ihm kann auch schweres Wild gut geschleppt werden. Der Niggeloh Wildbergehaken hat sich als sehr vorteilhaft erwiesen. Er kann im Lederetui

Aufbrechset mit Beil

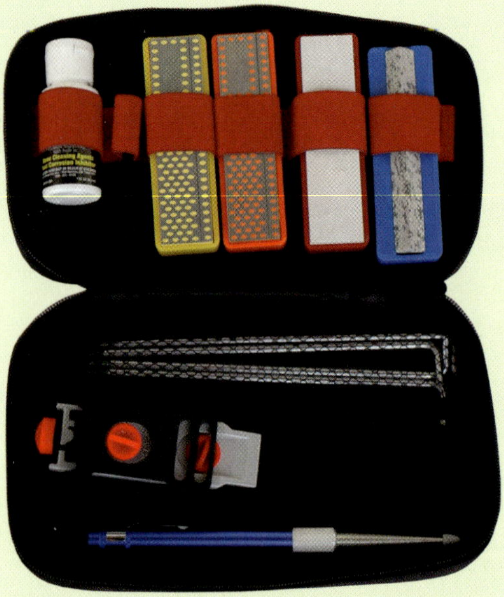

Smith Schleifetui

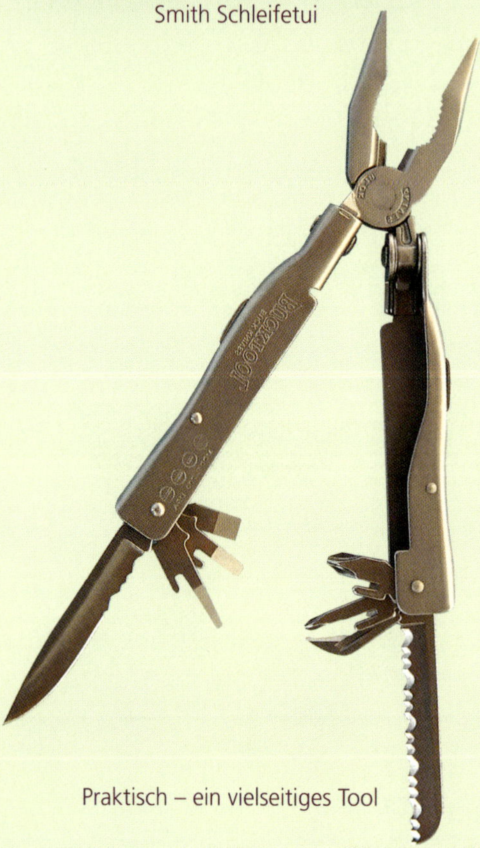

Praktisch – ein vielseitiges Tool

bequem mitgeführt werden. Mit ihm kann man ein Reh genauso schleppen wie einen Wasserkanister an einer Leiter aufhängen. Der Haken hat einen gut fassbaren Griff und ein reißfestes Band. Äußerst praktisch ist die AKAH-Kralle im Lederetui. Es handelt sich um einen Wildhaken, an dem man ein Reh an einen Ast zum Ausschweißen hängen kann.

Schärfwerkzeuge

Wer hat nicht schon über ein stumpfes Messer im Revier geflucht? Ins Handschuhfach gehört einfach ein kleines Messerschärfwerkzeug. Schnellen scharfen Schliff erhält man vor allem mit Diamantsplitter besetzten Schleifsteinen oder -stäben. DMT bietet solche „Schleifsteine" sogar im Dreikantformat. Ideal für die Jackentasche sind die DMT Dia-Sharp Schleifplatten im Scheckkartenformat. Ich ziehe aber die handlicheren Schleifplatten auf einem Gummigriffträger vor. Sehr gut sind die DMT-Schleifsteine geeignet, die sich in einem Kunststoffetui befinden. Sie kann man sogar an die Hose hängen. Sie bestehen aus einem Plastikkörper mit Nickel- und Stahloberschicht, in der sich speziell geformte Diamanten befinden. Mit diesen „Schleifsteinen" gibt es auch ein handliches Schleifset mit Stein- und Messerführung. Es können verschiedene Schleifwinkel eingestellt werden. Bei allen DMT-Schleifmitteln benötigt man nur Wasser zum Schleifen und Reinigen. Von Lansky gibt es einen bequem zu handhabenden Handschärfer, der in Sekundenschnelle für eine scharfe Schneide sorgt. Sehr gut in die Jackentasche passt der kleine Triangular Ceramic-Schärfer mit drei Schleifflächen und drei Kanten. Im Auto kann man auch den Lansky Crack Stick Sharpener mit zwei Schleifstäben in einer Holzbox mitführen. Man hat den Vorteil, besser den richtigen Schleifwinkel zu haben. Aber auch der EZT-Schleifstab in einer Messinghülse ist sehr

Handsäge

brauchbar. Die großen Schleifsets eignen sich dagegen mehr für das Schleifen zu Hause.
Smith's bietet handliche Etuis mit Schleifsets an. Sie beinhalten eine Klingenklemme und Stäbe für die Einhaltung des gewählten Schleifwinkels. Das Set kommt mit groben und feinen Diamantschleifsteinen. Auch sehr hochwertige Stähle sind damit schleifbar. Weiter ist beinhaltet ein feiner Arkansas-Stein, der sich auch zum Polieren eignet. Ebenso im Set sind „Schleiföl" und ein in einer Hülse versenkbarer Wetzstahl mit Diamantbeschichtung.

Wirkungsvolle Helfer

Ein „Tool" im Auto ist niemals verkehrt. Man kann es unter Umständen bei allen „möglichen und unmöglichen" Gelegenheiten benötigen. Ich habe im Handschuhfach auch eine zusammenfaltbare Notsäge. Meist hat man das große Werkzeugset nicht dabei. Ich habe mit der kleinen Handkettensäge schon öfter einen störenden Ast abgesägt, oder einen über den Weg liegenden, schwächeren Baum durchgesägt.

Ansitzstühle

Der MTM-Erdsitz ist mit einem Rucksack mit zwei Fächern ausgestattet. Darin lässt sich Zubehör oder Kleidung bequem verstauen. Der Sitz kann wie ein Rucksack getragen werden. Auf ihm sitzt man sehr bequem, ideal zur Blattjagd aber auch Bockjagd im Frühjahr. Man glaubt gar nicht, wie nahe Wild kommt und welches Wild man an Stellen entdeckt, an denen kein Hochsitz steht. Für kurze Ansitze oder Drückjagden hat sich der Klappstuhl mit kugelgelagertem Drehsitz von Frankonia als praxisgerecht erwiesen. Er lässt sich am Corduraband bequem tragen und hat eine Tasche daran. Der runde, gepolsterte Sitz lässt sich leicht und geräuscharm drehen. Der gepolsterte Sitz ist sehr bequem. Für Drückjagden eignen sich auch die üblichen Dreibeinsitze mit Ledersitz. Sehr leicht (700 Gramm) und äußerst bequem transportierbar ist der Dreibeinsitz Walkstool von Scandinavian Touch. Er hat sichere Teleskopbeine (bis 250 Kilogramm

MTM-Erdsitz mit Schießhilfe

geprüft), die sich geräuschlos ausfahren lassen. Die Sitzfläche bildet ein Gitterbezug aus extrem festem Nylongewebe. Der Stuhl ist an Transport- und Sitzfreundlichkeit unter den „Dreibeinen" nicht zu überbieten. Es gibt ihn in drei Größen. Der höhere Sitzstuhl hat auch eine größere Sitzfläche.

Mehr für Treibjagden eignet sich Frankonias Sitzstock mit Regenschirm. Der Tragegriff lässt sich aufklappen und man kann sich darauf setzen. Ein Erdspieß mit Teller sorgt auch im matschigen Gelände für Standfestigkeit. Der große Schirm (Durchmesser 115 Zentimeter) eignet sich auch für einen Hochsitz. Man kann ihn an einer Sprosse festklemmen und hat so zumindest etwas Nässeschutz. Dieser Sitz im englischen Stil ist ideal für Treibjagden. Man sitzt bequem mit ausgestreckten Beinen und ist blitzschnell in der Schussposition. Das gilt auch für den „Englischen Sitzstock", den Kettner anbietet. Sein Kunststoffsitz ist arretier- und hochklappbar. Der Griff macht ihn dann zum Gehstock. Die Sitzhöhe kann man von 78 bis 85 Zentimetern justieren. Er wiegt nur 500 Gramm. Sein Sattelsitz ist sehr bequem. Weniger praxisgerecht finde ich den großen Ansitzstuhl „Anblick". Man kann zwar sehr gut aufgelegt nach vorne schießen (zur Seite sieht es etwas anders aus), der unhandliche Stuhl lässt sich unbequem transportieren bzw. tragen. Er bleibt wohl meist zu Hause.

Hochsitz-Auflagen

Von sandgefüllten Lederohrensäckchen oder Filzunterlagen auf der Hochsitzbrüstung halte ich wenig. Sie bieten zwar eine hervorragende Auflage, doch reicht die Hand vollkommen als Unterlage aus. Man ist dann viel flexibler. Ich benutze die Lederohrensäckchen jedoch gerne als Spektivauflage. Man kann dann wirklich wackelfrei beobachten. Jedoch erwies sich für das Spektiv die von Frankonia Jagd angebotene Kaiser-Universalklemme mit flexiblem Biegearm als ideal. Es lässt das Spektiv in die richtige Position schwenken. Der Biegearm ist extrem stabil. Man kann das Spektiv vor dem Schießen wieder geräuschlos beiseite schwenken. Der biegsame Arm bietet hinsichtlich Flexibilität ein Optimum. Mit ihm wird ein wackelfreies Beobachten ermöglicht. Gut geeignet für Spektive sind Hochsitzstative mit Klemme von Knobloch mit festem, aber in Seite und Höhe justierbarem Arm. Die leichten Stative kann man gut mitführen. Große schwere Stative, wie es sie im Fotohandel oder von Leica, Zeiss sowie Swarovski gibt, schleppt der Jäger ja kaum mit.

Für die Optik

Wer hat sich nicht schon über ein herumbaumelndes Fernglas geärgert? Um dies abzustellen

Sitzstuhl mit Drehsitz

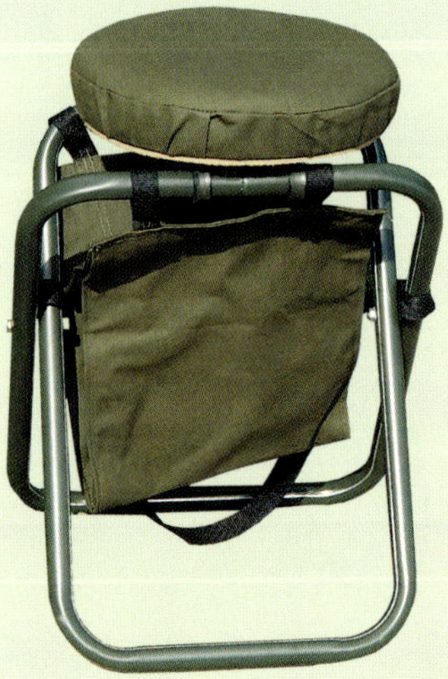

Extrem leichter, führiger Sitzstuhl (Walkstool)

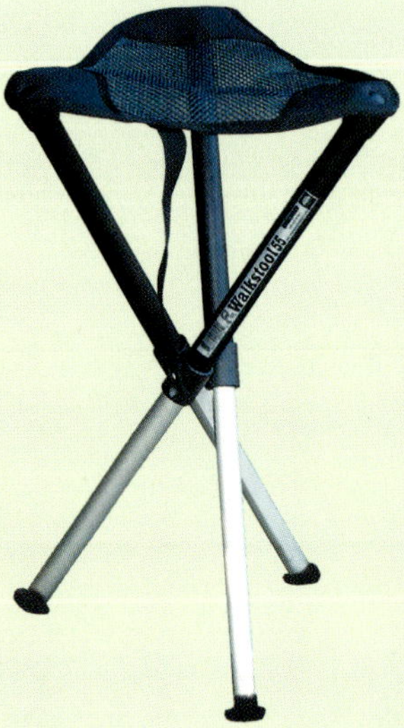

Biegearm für Stativ

gibt es praktische Tragegeschirre mit elastischen Bändern, die das Fernglas am Körper halten, aber flexibel genug sind, um es wie gewohnt ans Auge nehmen zu können. Solche Fernglastragegeschirre gibt es von Butler Creek, Leupold und Niggeloh.

Einige Zielfernrohre kommen ohne Schutzkappen. Für sie gibt es sehr gute Schutzkappen mit Gummibändern von Butler Creek. Diese Firma bietet auch die auf Objektiv und Okular aufsteckbaren Schutzkappen mit Springmechanismus an. Bei Antippen oder Drücken eines Entriegelungsknopfes springen die dichten Schutzkappen auf. Ein oft abfallender Dämpfungsteil sorgt für Geräuscharmut. Ich mag die Butler Creek Springkappen nicht besonders. Sie stören einfach, wenn man übers Zielfernrohr blickt.

Rucksäcke

Rucksäcke gibt es wie Sand am Meer. Wer Wild darin transportieren muss, sollte auf eine gute, wasserdichte sowie herausnehmbare Schweißeinlage achten und dass die Träger bequem sind. Für lange Pirschgänge oder im schwierigen Gelände gibt es nichts Besseres als ein Tragegestell mit Beckengurt. Sehr gute Rucksäcke mit vielen schnell erreichbaren Fächern sowie einem Wasserbehälter mit Trinkschlauch kommen von Bianchi. Man kann trinken, ohne den Rucksack abnehmen zu müssen. Der Rucksack bietet genug Platz für eine umfangreiche Ausrüstung. Mittels zahlreicher Bänder kann der extrem reißfeste Cordura-Rucksack bestens geschnürt werden. Er hat Beckengurt und sehr bequeme, leicht gepolsterte Trageriemen. Das Material ist wasserunempfindlich und klimaneutral. Beides sind weder Leder- noch Lodenrucksäcke. Sie bestehen aus verrottbarem Material, das gern Wasser aufnimmt und schlecht trocknet, also nur für Schönwetterjäger. Da haben schon einfache Leinenrucksäcke Vorteile. Sie sind auch leicht waschbar.

Wassertank für Bianchi-Rucksack

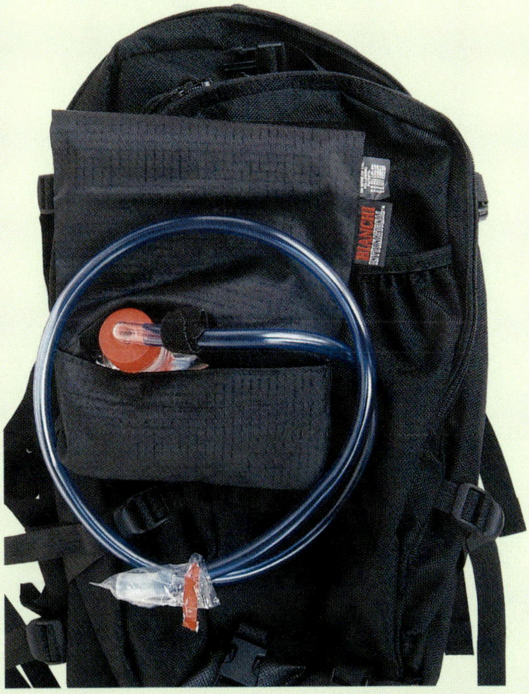

Eine Waffe im Rucksack zu verstauen, ist eher unzweckmäßig. Ich halte mehr davon, sie seitlich wackelfrei so zu befestigen, dass man sie schnell zur Hand hat.

Sehr gut konnte AKAH's neu konzipierter Rucksack Modell 2000 überzeugen. Die Öffnungen wurden mit Reißverschlüssen versehen. Genauso wird die Schweißeinlage mit Reißverschluss im Rucksack gehalten. Das stellt gegenüber Bändern eine erleichterte Handhabung dar. AKAH bietet auch einen sehr guten Sitzrucksack mit Tragegestell. Der Rucksack hat mehrere Fächer, einschließlich einer Vortasche und seitlichem Spektivfach. Er besteht aus wasserdichtem Material. Der Sitz ist bequem und kann sehr gut auf dem Rücken getragen werden.

Für die Gesundheit

Auf seine Gesundheit sollte man achten. Neben zweckmäßiger Kleidung ist vor allem ein Sitzkissen nötig. Ein sehr bequem zu transportierendes Sitzkissen in Camouflage kommt von Niggeloh. Es ist zusammengefaltet sogar am Gürtel tragbar. Auch bei Kälte gewährleistet es sehr guten Schutz. Das aus Laminat bestehende, extrem reißfeste und robuste Niggeloh-Sitzkissen ist wasserabweisend und klimaunempfindlich. Das trifft auch auf die selbstaufblasbaren Therma-Rest Sitzkissen zu. Sie gewähren guten Schutz bis etwas unter Null Grad Celsius. Für große Kälte sind die geräuscharmen Wollfilzkissen ideal. Es gibt sie sogar mit Rückenteil. Der Nachteil besteht in der Nässeempfindlichkeit. Bei langem Regen saugen sie Wasser auf und trocknen langsam.

Handwärmer sind weit verbreitet. Besser als die mit Brennstäben betriebenen Wärmer sind die Benzin-Handwärmer. Ich benutze jedoch die auf chemischer Basis reagierenden Handwärmer von Grabber oder HeatMax. Nimmt man sie aus der luftdichten Verpackung in die Hand, reagieren sie und werden warm. Es gibt dazu sogar Armbänder, in die sie hineingesteckt werden oder Bänder für die Handinnenfläche. Auch als Nieren- oder Kniewärmer werden sie beispielsweise in Blaser Jagdkleidung eingesetzt. Ideal sind die Fleece-Handschuhe von The Heat Company. An ihnen befinden sich außen kleine Täschchen für diese Wärmer. Sie stören beim Schießen keinesfalls, da sie umklappbar sind. Die Finger schauen dann zur Hälfte heraus. Der Handschuh besteht aus Microfaser mit spezieller Innenhand für guten Griff. Diese österreichische Firma bietet auch kopfkühlende Mützen an für

Therma-Rest Sitzkissen

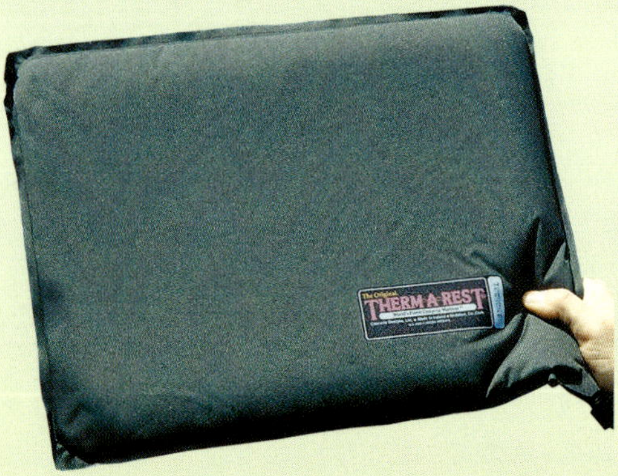

Handwärmer

heiße Sommer oder Afrikajagd. In den Mützen befindet sich ein Material, das bei Aktivierung durch Wasser 3 Tage kühlend wirkt.

Wildwaage

Wildwaagen sind unentbehrlich. Wer Hochwild im Revier hat, sollte eine kleine Wildwaage bis 30 kg für Rehwild sowie eine große Waage haben, mit der man Wild bis 250 Kilogramm wiegen kann. Zum Hochziehen schweren Wildes ist eine elektronische Winde oder ein Flaschenzug ideal, ebenso ist eine Geweihsäge ein „MUSS". Mit meiner Geweihsäge für Rehböcke habe ich über 300 Rehschädel durchgesägt, mit dem ersten Sägeblatt übrigens. Ein Ersatzsägeblatt liegt bereit. Die Einfachheit und hohe Leistung dieser Sägevorrichtung konnte überzeugen.

Lockinstrumente

Wer an Lockgeräte glaubt, mag sie benutzen. Wunder bewirken sie nicht. Die erfolgreiche Benutzung ist stark vom Wildbestand, dem Geschlechterverhältnis, der Revierstruktur und Bejagung abhängig. Ein hervorragendes Lockerset bietet „Hubertus". Es beinhaltet Locker vom Mauspfeifchen über Entenlocker bis hin zum Rehblatter. Raubwildjäger schätzen Mauspfeifchen oder Hasenquäke, um den Fuchs zum Zustehen zu bringen. Mit dem Rehfiep geht es in die Blattzeit, und schließlich kann man mit dem Hirschruf erfolgreich auf den Brunfthirsch jagen. Für den Rehwildjäger ist das Faulhaber Blatter-Set oder der Buttolo Reh-Blatter aus Gummi ideal. Der Buttolo Blatter ist ein einfaches, per Hand bedienbares Gerät, das jeder beherrscht. Man braucht da keinen richtigen Ton zu finden oder etwas einzustellen. Der Hirschruf wird ebenfalls mit verschiedenen Geräten nachgeahmt. Auch Lockvögel wie Enten, Hüttenuhu oder Locktauben verhelfen zu jagdlichem Erfolg. Je nach Wildbestand wird sich der Aufwand lohnen. Wer viele Tauben hat, kann sicherlich auch mit einem Taubenkarussel seinen Erfolg steigern.

Abzugsschlösser

Abzugsschlösser haben zwar keine rechtlichen Auswirkungen, sind aber ideal, wenn man beim Wirt im Revier Waffen zur Aufbewahrung abgibt. Sie vermitteln Unbedarften Sicherheit und verhindern einen schnellen Waffenzugriff. Auf jeden Fall sind sie besser als gar kein Sicherheitsschutz. Zu Hause gehört jede Waffe in einen Stahlschrank.

Werkzeugset

Wer ein Revier betreut, kommt um ein Werkzeugset nicht herum. Am besten, man hat es in einem

Lockerset

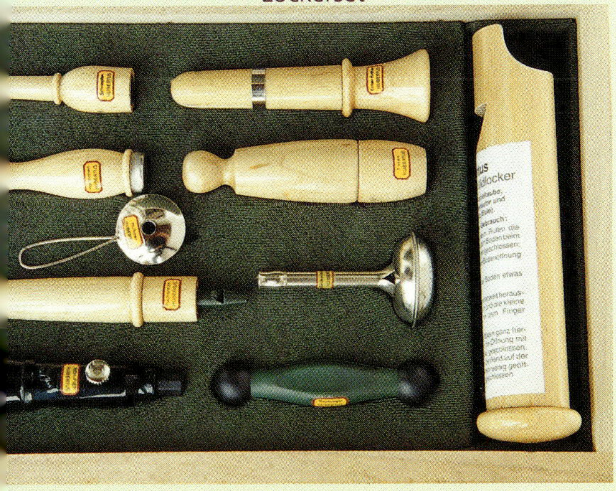

Verschiedene Rehlocker

Kunststoffbehälter oder einer Holzkiste zu Hause stets zugriffbereit und geordnet bereitstehen. Neben verschieden starken Nägeln und Hammer darf eine kleine und größere Handsäge sowie eine Zange nicht fehlen. Auch ein Metermaß sollte darin sein. Zum Hochsitzausschneiden eignen sich Säge und Schere an Teleskopstangen. Das Ausschneiden geht damit zwar oft etwas umständlich und schwergängig, doch man kommt zum Ziel. Solche Geräte gibt es im Baumarkt aber auch von den großen Jagdausrüstern.

Für die Schwarzwildkirrung

An Schwarzwildkirrungen ist eine Wilduhr ideal. Je nach Revier kommen Sauen oft zu derselben Zeit an die Kirrung. Inzwischen gibt es auch digitale Wilduhren mit Datumsanzeige. Fallen die Wilduhren um, dann wird die Zeit „angehalten". Mit sehr gutem Erfolg benutze ich seit einiger Zeit einen Game Feeder Timer von Audio Link. Ihn habe ich an einen Mülleimer geschraubt. Es kann mittels Zeitschaltuhr eingestellt werden, wann und welche Menge Mais gestreut wird. Der Game Feeder erspart das tägliche Aufsuchen der Kirrung oder Ablenkfütterung.

Tarnnetze und Schirme

Tarnnetze für offene Hochsitze, aber besonders für Bodensitze, sind nie verkehrt. Ideal ist das Ansitzzelt von Ameristep. Es lässt sich blitzschnell zusammenklappen und auf dem Rücken tragen (5,4 Kilogramm schwer) sowie auch schnell aufstellen. Die variablen Seh- und Schießöffnungen gewährleisten Flexibilität. Mit diesem Ansitzschirm ist man extrem flexibel. Er eignet sich für Taubenjagd genauso wie für die Schalenwildjagd. Das Dach kann abgenommen werden. Die Größe der Seh- und Schießöffnungen kann variabel gestaltet werden. Es gibt dieses Schirmzelt auch in einer speziellen „geruchsfreien" Ausführung. Eine bessere Abdichtung und Spezialmembrane (Geruchsbarriere) verhindert, dass der menschliche Geruch nach außen dringt.

Von der amerikanischen Firma Hunter's Specialties vertreibt Helmut Hofmann, Mellrichstadt, über den Fachhandel Tarnnetze und niedrige Ansitzschirme. Die Tarnnetze eignen sich besonders zum Verkleiden von Hochsitzen oder Ansitzschirmen, an denen man sie hängen oder besser annageln kann. Das einfache Tarnnetz hat ein Camouflagemuster von Realtree, das Blätter und Äste imitiert. Es besteht

Schirm auf Hochsitz

aus feinmaschigem Gewebe, durch das man sehen kann. Es bietet einen begrenzten Sichtschutz, da Wild starke Bewegungen erkennen könnte, eignet sich aber auch zum Verdecken eines Standes für Tauben- oder Wasservogeljagd. Das Netz ist 142 Zentimeter hoch und 3,65 Meter lang.

Einen sehr guten Sichtschutz bietet das Tarnnetz mit Laub aus fest verwebtem Nylon. Es hat ein dunkles Camouflagemuster von Realtree, das mehr Wald imitiert. Durch kleine Ausschnitte kann man durchsehen. An dem Tarnnetz befinden sich bewegliche Blätter. Das stört Wild auch bei starkem Wind nicht. Eher das Gegenteil ist der Fall. Das Tarnnetz besteht aus einem klimaunempfindlichen und reißfesten Gewebe. Besonders bei der Rehwildjagd schätze ich transportable Blenden, die man schnell an beliebiger Stelle installieren kann. Auch an Sauenrückwechseln aus Raps oder Getrei-de sind sie ideal. Die H.S. Super Light Ground Blind besteht aus festem Nylongewebe in Camouflage von Realtree mit Laub. Eine Blende ist 1,83 Meter lang und 0,69 Meter hoch. Man kann sich dahinter auf einen Sitzstuhl setzen und dann sehr bequem schießen. Ein Zielstock ist dafür ideal. Allerdings schaut der Oberkörper über der Blende hinaus. Wer mehr Deckung will, setzt sich am besten auf den MTM-Erdsitz. Man kann dann gerade noch über die Blende schauen und schießen. Die Blende kann man mit weiteren Blenden kombinieren sowie in ein handliches Packmaß zusammenfalten. Sie wiegt gerade mal 350 Gramm.

Die Bodenblende ist mit Stäben versehen, diese lassen sich blitzschnell aufklappen und können in den Boden gesteckt werden. Dank der Stäbe lässt sich die Blende gerade oder im Bogen aufstellen. Die Blende konnte sich in der Praxis gut bewähren. Rehwild nimmt sie nicht als Fremdkörper wahr. Wer eine festere und solidere Bodenblende ohne flatterndes Laub will, kann das Kolpin Field Shield wählen. Es wiegt aber auch 1,6 Kilogramm und besteht

Ansitzzelt

Schirm

aus einem sehr reißfesten, dichten Nylongewebe in waldfarbenem Camouflagemuster. Die Blende ist nur 60 Zentimeter hoch und 1,57 Meter lang. Sie ist mit einem zusammenlegbaren Aluminiumrahmen ausgestattet. Die Aluminiumrohre lassen sich leicht zusammenstecken. Schon ist die Blende perfekt. Sie hat allerdings den Nachteil, dass sie bei starkem Wind umfällt. Man muss sie mit Holzstämmen oder Bodenspießen befestigen, wenn es windig ist. Alle Blenden und Tarnnetze bestehen aus Nylongewebe, das wasserfest ist und nicht verrottet. Außerdem sind sie sehr reißfest.
In der jagdlichen Praxis stellen die Blenden einen Notbehelf dar, wenn man sich schnell an einer Stelle ansetzen will, wo sich kein fester Sitz befindet. Hierzu eignen sich besonders Wechsel, aber auch Aufforstungsflächen, wo Wild oft auf naher Distanz anwechselt, ohne dass man es vorher sieht.

Fliegenschutz

Wer gerne im Frühjahr oder Sommer im Wald oder an Wasser-/Sumpfflächen ansitzt, weiß, wie einen Fliegen und Stechmücken plagen können. Vielfach versagen oft auch die besten Repellents. Meine schlimmste Erfahrung mit Stechmücken machte ich auf einer Schwarzbärenjagd in Ontario. Der beste Schutz vor den kleinen Plagegeistern ist der mechanische Schutz. Das heißt, durch die Kleidung dürfen sie nicht hindurchkriechen oder durchstechen können. Normale Hemden, Jacken und Hosen bieten mit ihren zahlreichen Öffnungen diesen Schutz nicht. Deshalb gibt es spezielle Überziehkleidung, die die Fliegen außen halten. Spezielle Hosen und Jacken gibt es in Camouflage aus dicht gewebtem leichten Nylon in Art eines Fliegengitters. Das Material lässt Luft zum Kühlen durch. „Bug-me-not" ist eine Kombination, die sich in der Praxis sehr gut bewährte. Die leichte Hose zieht man einfach über. Sie besitzt keine weiteren Öffnungen als an Beinen und Bund. Diese sind mit festen Gummizügen ausgestattet. Über den Jagdstiefel gezogen, wird ein fliegendichter Abschluss erreicht. Die Jacke hat eine fliegendichte Kopfhaube. Sie besitzt vorne einen Reißverschluss, der mit dementsprechenden Barrieren ebenfalls fliegendicht ist. Ein Gummibund sorgt an Armen und Bund für Dichtheit. Das Praxisbewährte ist die integrierte Kopfhaube, unter die ein breitkrempiger Hut passt. So hat das Fliegennetz keinen direkten Hautkontakt, sodass die Mücken nicht stechen können. Diese Kombination umfasst noch überziehbare Handschuhe. Eine andere Jacke hat keine Kopfhaube. Sie hat eine Blousonform. Man benötigt ein spezielles Kopfnetz dazu, um einen vollkommenen Schutz zu erreichen. Insofern bewährte sie sich in der Praxis nicht so gut, zumal das dazugehörige Kopfnetz zu eng an der Haut anliegt.

Fliegen-/Gelsenschutz schafft Erleichterung.

Auch Whitewater bietet eine vierteilige Fliegenschutzkombiniaton an. Es handelt sich dabei gleichzeitig um einen sehr guten Tarnanzug. Die Teile kann man über normale Jagdkleidung überziehen. Alle Öffnungen an der Hose haben Gummizüge, damit sie dicht anliegen. Während die beiden vorgenannten Anzüge aus Polyester bestehen, wird der Whitewater-Fliegenschutzanzug aus 50% Baumwolle und 50% Polyester gefertigt. Es handelt sich um ein sehr leichtes, angenehm zu tragendes Gewebe. Die Jacke in Blousonform kann man zur Abdichtung in die Hose stecken. Die Ärmel haben starke Gummizüge. Der Reißverschluss wird abgedeckt. Der hochstehende Kragen kann mittels Kordel geschlossen werden. Zum Set gehören ein Kopfnetz und Handschuhe. Das Kopfnetz liegt ebenfalls zu eng an, sodass Mücken mit ihren Stechrüsseln die Haut erreichen können. Außerdem besitzt es für die Augen einen Ausschnitt. Als Fliegennetz ist es ungeeignet. Es dient lediglich der Tarnung. Alle Handschuhe haben lange Bündchen und tarnen helle Hände sehr gut. Es handelt sich um leichte Sommerhandschuhe aus Polyester und Baumwolle. Die Innenflächen sind mit Noppengummi rutschsicher unterlegt. Es gibt die Handschuhe auch mit 40 Gramm Thinsulate-Füllung für kältere Tage. Für einen Stechschutz für die Hände kann ich aus Erfahrung nur Lederhandschuhe mit lang zurückreichendem Bund empfehlen.

Hilfreiches Tragegestell

Große Kahlschläge und Wiederaufforstung an steilen Hängen erfordern in meinem Revier eine intensive Rehwildbejagung. Teils kann ich Rehwild über ein Tal hinweg am Gegenhang schießen. Das erwies sich sogar als ideal, da anscheinend keinerlei „Beunruhigung" erfolgt. Weiteres vorhandenes Rehwild flüchtet sogar oft nicht weg. Einzigen Nachteil stellt die Bergung dar. Mit dem Auto kommt man auf Rückewegen kaum näher an die Bejagungsflächen heran. Ich habe das Heranfahren schnell aufgegeben, nachdem ich auf halbem Weg meinen Geländewagen fast umgeschmissen hätte. Einige Rehe habe ich nach unten gezogen, andere nach oben und den Hang entlang. Die Folge war eine Wildbretentwertung. Es gab „Hämatome" im Rückenbereich. Auch machte das Ziehen über umgefällte Bäume und „Brombeerdornengeschlinge" keinen Spaß. Rehwild im Rucksack tragen habe ich noch nie gemocht. Die üblichen Jagdrucksäcke haben keinen Beckengurt und ziehen nur an den Schultern. Dank vollflächiger Anlage am Rücken kommt man schnell ins Schwitzen. Wer im herkömmlichen Jagdrucksack oft Wild trägt, tut seiner Wirbelsäule bestimmt keinen Gefallen. Auch dann nicht, wenn ein Rückenpolster und eine Versteifung im Rückenbereich (meist Kunststoffeinlage) vorhanden ist.

Tragegestell

Sportrucksäcke eignen sich nicht für den Wildtransport, da die Öffnungen zu klein und sie zu hoch gebaut sind. In Sportgeschäften fand ich kein geeignetes Tragegestell. Zudem waren sie überteuert.
Ich erinnerte mich an meine Wildnisjagden, bei denen die Guides Tragegestelle benutzten. Schließlich bestellte ich per Fax von Cabelas (001-308-254-2200, One Cabela Drive, Sidney, NE 69160-9555, USA) den Alaskan Outfitter Frame, der schon nach einer Woche per UPS ins Haus geliefert wurde. Es handelt sich dabei um ein wirklich professionelles Tragegestell, das nur 2,77 kg wiegt. Der Rahmen ist sehr stabil und per Druckknopfverriegelung in seiner Höhe einfach justierbar. Er weist vier Querverstrebungen sowie zusätzlich zwei Längsverstrebungen auf. Hinten kann eine mit reißfestem, klimaunabhängigem Cordura bespannte Klappe (mit Innenfach) heruntergelassen werden. Sie wird mit Cordurabändern gehalten. Diese dienen auch zum Verspannen und Sichern der Lasten. Sie sind mit Schnellverschlüssen ausgestattet und können blitzschnell festgezogen werden. Der Frame hat einen breiten Beckengurt mit Schnellverschluss und einfachem Festziehmechanismus. Der Beckengurt ist innen stark gepolstert. Dank Netzbespannung und Poren ist er atmungsaktiv. Schweiß wird aufgenommen und abgeleitet. Luft kann in gewissem Umfang zirkulieren. Solche atmungsaktiven Polster findet man an den Trageriemen sowie auf einer herzförmigen Fläche im Nackenbereich. Die Polster sind an Cordurabändern befestigt und justierbar. Man kann sie auch abnehmen und waschen. Im Mittelteil, also in mittlerem Rückenbereich befindet sich ein elastisches Corduraband in Fliegengitterart. Dieser Teil wirkt federnd und elastisch. Es ist auch abnehm- und justierbar. Die fast bis ganz nach unten gepolsterten Träger sind schnell verstellbar. Man kann sie bequem festziehen. Ideal erwies sich das Band im Brustbereich, das ein Wegrutschen der Trägerriemen verhindert. Im Gegensatz zu vielen anderen Konstruktionen ist es aus einem elastischen Material und schneidet im Brustbereich nicht ein. Mit dem Tragegestell lassen sich Reh oder Gams bequem transportieren. Ich verpacke sie immer in einen Plastiksack. Sogar Überläufer und Frischlinge bis rund 50 kg Gewicht lassen sich damit bestens transportieren. Schön fand ich, dass der Rücken recht trocken bleibt und man nicht wegen „Abdichtung" sofort am Rücken schwitzt. Erstaunlich, dass man mit dem Tragegestell beim Rehtransport keinerlei Balanceprobleme hat. Im Gegenteil, ich fand das Laufen am Hang oder den Abstieg sogar leichter als ohne Last. Man steht bzw. läuft damit jedenfalls sehr sicher. Ein Reh spürt man „fast nicht" beim Tragen. Der Cabelas Alaskan Outfitter Frame konnte sich in der Praxis bestens bewähren. Die Handhabung kann sehr schnell erfolgen. Sicherlich ist ein Frame die für die Wirbelsäule schonendste Art, Wild zu transportieren. Als Zubehör ist ein an der Frame anknöpfbarer Rucksack lieferbar. In ihm lässt sich die gesamte Ausrüstung für eine Wildnisjagd unterbringen.

Lampen und Strahler

Auf Reisen und Trekkingtouren sowie der Jagd ist das Mitführen verschiedener Lampen ratsam, oft sogar unentbehrlich.
Egal ob man nachts im Gebirge absteigen muss oder im Zeltcamp seinen Weg sucht, eine Taschenlampe ist vor allem auf Reisen unentbehrlich. Aber auch in der Heimat kann man sie brauchen, wenn man beispielsweise nachts zum Ansitz geht oder beschossenes Wild sucht.

Bei den Taschenlampen kann man hinsichtlich des Verwendungszweckes folgende Arten unterscheiden:

- Kopflampen
- kleine, führige Stablampen
- große Stab- und Handlampen

Hinsichtlich der Energiequelle und der Lampe/Birne gibt es große Unterschiede. Als Energiequelle kommen zunächst einmal austauschbare Batterien in Frage. Sie sollte man in speziellen Ladegeräten nicht wieder aufladen, sondern nach Energieerschöpfung entsorgen. Mit jedem Mal Aufladen wird die Leistung solcher Batterien gemindert und die Brenndauer der Lampe verkürzt. Oft lässt bei schwindender Energie einer Batterie auch die Leuchtkraft der Lampe rapide nach. Ein Batterietausch ist dann sinnvoll. Bei den Batterien gibt es erhebliche Unterschiede. Mit Lithium Batterien mit meist 3 Volt (z. B. SF123 A oder CR 123A) werden vor allem sehr lichtstarke Hochleistungslampen mit gasgefüllter Xenon- oder Halogen-Birne oder einer Kombination davon mit LED's (Light Emitting Diode) betrieben. Der Stromverbrauch solcher Lampen ist sehr hoch. Meist kann man bei Betrieb einer Xenon- oder Halogen-Birne von einer Batterielebensdauer von 60 bis 120 Minuten ausgehen. Da die Lithium Batterien im Preis hoch liegen, ist dies ein teurer Spaß. Dafür hat man aber auch ein sehr helles, weitreichendes Licht in einer sehr kleinen handlichen Stablampe, die man bequem in der Hosentasche mitführen kann. Eine Kombination mit LED's ist sinnvoll. Die LED's verbrauchen sehr wenig Energie. Sie kann man mit denselben Batterien rund 30 bis über 120 Stunden brennen lassen. Allerdings ist das Licht nicht so hell. Man betreibt die Xenon-Birne nur, wenn man sehr helles, starkes Licht benötigt. Da die Batterien bei Xenon-Birnenbetrieb nicht so lang halten, ist bei Reisen die Mitnahme von Ersatzbatterien in wasserdichten Behältern ratsam. Eine Großzahl von Taschenlampen mit hochwertigen Krypton- oder Halogen-Birnen wird mit normalen Batterien von der schmalen AA-Größe bis zur dicken D-Größe mit je 1,5 Volt betrieben. Diese Lampen sind von der kleinen, handlichen Stablampe über mittelgroße Lampen (oft mit C-Batterien) bis hin zu großen, langen Stablampen mit oft 6 D-Batterien zu haben. Die Lebensdauer der Batterien ist viel länger. Sie brennen durchwegs bis zu 8 Stunden mit einer hochwertigen Halogen-Lampe, sie sind nicht so hell und lichtstark wie die vorgenannten Lampen mit Xenon-Birnen, bieten aber zum Gehen oder im Camp genug Licht. Auch diese Lampen gibt es mit LED's und somit sehr langer Batteriedauer (bis über 120 Stunden), aber auch als Kombination von LED und Halogen- oder Krypton-Birne. Meist sind eine oder mehrere LED's schaltbar. Man braucht also nicht eine Vielzahl von LED's im Lampenkopf dauernd leuchten lassen, wenn das Licht einer oder von einigen der insgesamt vorhandenen LED's ausreicht. So kann man Energie sparen.

Auch Kopflampen gibt es mit den normalen AA-Batterien und mit Xenon- oder Halogen-Birne oder mit LED's oder einer Kombination von beiden. Besonders für Kopflampen und auch einige Camp-/Überlebenslampen gibt es Batteriecontainer, die man schnell tauschen kann. Sie erleichtern das Mitführen von Ersatzbatterien. Daneben gibt es noch Lampen mit Akkus, die man wieder aufladen kann. Alle Akkus werden früher oder später kaputt oder lassen nach zahlreichen Aufladevorgängen in der Leistung nach. Deshalb sollte der Akku leicht tauschbar sein. Die Nickel-Cadmium-Akkus, die wie verschweißte Batterien aussehen und als Stab wie

Batterien in einer Stablampe stecken, haben sich bewährt. Sie können wie Batterien getauscht werden. Man lässt die Lampen ständig in der Ladestation und hat so stets einen voll geladenen Akku zur Verfügung. Es gibt auch Ladestationen, bei denen neben dem Akku in der Taschenlampe gleichzeitig ein Ersatzakku mit geladen wird. Die Ladestationen kann man an die 230 Volt Steckdose anschließen oder aber im Auto an die Autobatterie. Die Akkus haben mit Xenon-Birnen in der Regel eine Brenndauer von ein bis zwei Stunden, während mit derselben Taschenlampe bei Verwendung herkömmlicher, tauschbarer Batterien eine Brenndauer von oft mehr als 8 Stunden erzielt wird. Lampen sollten wasserdicht sein. Es nützt eine Lampe wenig, wenn sie im strömenden Regen oder bei hoher Luftfeuchtigkeit ausfällt. Ein Bad im Fluss oder See sollte sie nicht beeinträchtigen. Das Gehäuse muss sehr stabil sein und darf keinesfalls brechen. Die Glasscheibe sollte möglichst kratzfest und bruchsicher sein. Polykarbonat, Lexan und Pyrex haben sich hier bewährt.

Neben Flugzeugaluminium hat sich der Kunststoff Polymer-Nylon als sehr robust und bruchsicher erwiesen. Die Form, Oberflächenstruktur sowie -beschichtung und Berechnung des Reflektors ist mit ausschlaggebend für die Leistung einer Lampe. Man sollte auf eine einfache Bedienung achten und darauf, dass sich die Lampe etwa beim Transport nicht unbeabsichtigt einschalten kann. Gegebenenfalls sollte man beim Transport einen Batteriecontainer verwenden oder die Batterien aus der Lampe nehmen.

Kopflampe von Streamlight

Kopflampen

Hochwertige, sehr praxisgerechte Kopflampen gibt es beispielsweise von Streamlight, Princeton Tec und Petzl. Ich benutzte oft die Trident und Septor von Streamlight und solche von Princton Tec (Modelle Predator und Vortec). Die Streamlight ist wasserdicht, hat einen Batteriecontainer und ist sehr klein und handlich. Sie kann man äußerst bequem tragen. Die Lampe kann stufenlos geneigt werden, sodass man den Lichtstrahl ausrichten kann. Sie ist mit LED's und als Kombination mit Xenon-Birne und LED's zu haben. Mittels Knopfdruck lassen sich die Lampen mehrfach schalten. Auch die Princeton Tec Lampen sind sehr robust und wasserdicht. Sie gibt es als breite Ausführung mit 4 AA-Batterien und Halogen-Birne (ca. 3,5 Stunden), aber auch kleiner mit nur 2 AA-Batterien und normaler weißer Birne (8 Stunden) sowie mit LED's. Die Petzl Lampen haben ebenfalls eine gute Helligkeit. Kopflampen lassen sich sehr leicht überall mitführen. Sie haben den Vorteil, dass man beide Hände frei hat. Sie sind im Camp genauso ideal wie beim Gehen oder Steigen im Gebirge.

Kleine Stablampen

Kleine Stablampen bilden wie „Brot und Butter" das Grundbedürfnis. Sie sind praktisch unentbehrlich. Auf Grund ihrer Größe kann man sie überall mitnehmen. Sie können dauernder Begleiter sein, egal, ob sie am Clip in der Handtasche stecken, in Jacken- oder Hosentaschen oder im Rucksack liegen. Wenn man eine Lampe braucht, hat man sie zur Hand. Die wohl beste kleine Stablampe, die ich kenne, ist die Surefire, und zwar die Modelle Executive Elite E2e, Outdoorsman oder Aviator. Diese kleinen Lampen basieren vom Prinzip auf derselben Grundausführung. Sie unterscheiden sich etwas in ihrer Ausführung im Lampenkopf oder dem Bedienelement. Bei der Aviator ist beispielsweise der Druckknopf zum schnellen Einschalten im umgebenden Aluminiumgehäuse versenkt. Die Lampen gibt es nunmehr auch mit LED's sowie als Kombination von Xenon-Birne und LED's. Die Surefire Lampen sind nicht nur extrem hell, sondern auch extrem robust und widerstandsfähig.

Eine Klasse für sich – Surefire

Die Outdoorsman oder Executive Elite E2E besteht aus hochfestem Flugzeugaluminium, das eine kratzfeste, olivgrün harteloxierte Oberfläche erhielt. Durch kurzen Dreh am Ende wird die Lampe eingeschaltet. Man kann aber auch einen gummiarmierten Druckknopf drücken, um sie zum Leuchten zu bringen. Mit festem Halteclip kann sie festgeklemmt werden. Die Xenon-Lampe und der bestens berechnete parabolische Reflektor sorgen für extrem helles Licht, mit dem man noch in über 100 Meter bei Dunkelheit etwas sieht. Die Glasscheibe (Pyrex) im Lampenkopf ist bruchsicher. Natürlich sind die Lampen wasser-

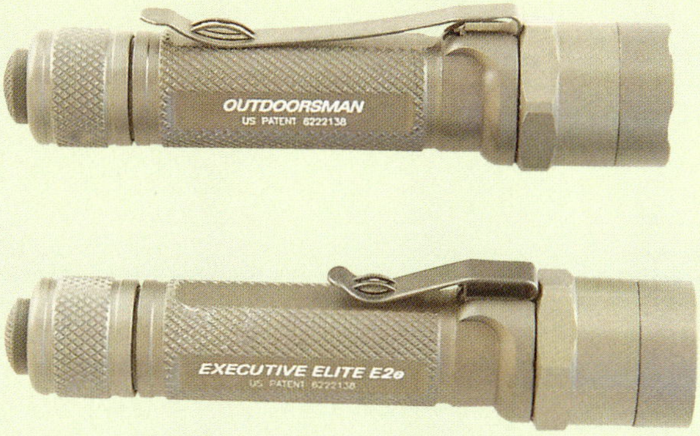

Surefire Taschenlampen sind für extreme Einsätze geeignet.

dicht. Als Zubehör gibt es Rot-, Blau- und Gelbfilter. Mit Rotlicht kann man sich beispielsweise zu einem Aussichtspunkt für Wild bewegen, ohne von diesem wahrgenommen zu werden. Die Lampe wiegt nur 89 g. Es werden bei Surefire Hochdruck Xenon-Birnen verwendet, die wirklich zu 100% mit Gas gefüllt sind. Es gibt im Lampenlicht keine schwarzen oder dunklen Stellen (Lichtleistung 60 Lumen). Im Dauerbetrieb hält ein Batteriesatz (2 Lithium SF123A) nur 75 Minuten. Von Surefire gibt es wasserdichte Vorratsbehälter für Ersatzbatterien. Als Handlampe mit LED's haben sich noch die Innova X5 Lampen mit 5 LED's im Lampenkopf bewährt (Energiequelle 2 Lithium 123A, 3 V). Die Leuchtdauer beträgt rund 20 Stunden je Batteriesatz. Sie bestehen aus einem Aluminiumgehäuse (belastbar bis 900 kg) und sind bis 50 m Wassertiefe dicht. Die Leuchtkraft reicht bis rund 30 m, wobei es bis zu 5 Meter hell ist. Die LED's sind im Lampenkopf versenkt.

Surefire Lampen sind extrem robust und wasserdicht. Sie haben eine große Leuchtkraft. Die digitalen Lampen A2 Aviator und L2 Lumamax habe ich seit langem in Gebrauch. Ich führte die Lampen im heimischen Revier genauso wie auf Wildnisjagden in Kanada. Im Schein der L2 Lumamax schlug mein Guide meinen zuvor erlegten Schwarzbären aus der Decke. Das Geschehen beobachtete aus etwa 100 Meter Entfernung ein kapitaler Grizzly. Da sollte man sich auf eine Lampe verlassen können. Bei einigen Totsuchen auf Reh- und Schwarzwild leisteten mir beide Lampen ebenfalls hervorragende Dienste. Die Lampenkörper bestehen aus hochfestem Flugzeugaluminium mit kratzfest harteloxierter, olivgrüner Oberfläche. Eine Fischhaut am Mittelteil gewährleistet rutschsicheren Griff. Mit festem Halteclip kann man sie in der Handtasche festklemmen. Der parabolische Reflektor besteht aus haltbarem Aluminium und wurde speziell mit mikrostrukturierter Fläche beschichtet. Der Lichtstrahl wird gebündelt und es entsteht kein schwarzer Punkt in der Mitte des Lichtkreises. Die bruchsichere Pyrex-Scheibe im Lampenkopf wurde vergütet, damit unerwünschte Reflektionen erst gar nicht entstehen. Die digitale L2 Lumax hat eine 5 Watt LED mit einer maximalen Lichtleistung von 100 Lumen. LED's sind extrem langlebig. Ihr großer Vorteil ist, dass sie kaum kaputt gehen können. Sie sind vollkommen stoß- und schockunempfindlich. LED's produzieren ferner mehr Licht per Watt als andere Lampen. Drückt man den Knopf am Lampenende nur etwas, hat man 15 Lumen starkes Licht zur Verfügung. Das entspricht etwa einer herkömmlichen Lampe mit Halogen-Birne mit zwei D-Zellen-Batterien. Drückt man stärker, dann hat man ein sehr helles Bild von 100 Lumen. Für Dauerbetrieb dreht man einfach den Steuerteil am Lampenende herum. Komplettes Abschalten durch Drehung verhindert, dass sich die Lampe beim Transport unbeabsichtigt einschaltet. Die geringere Helligkeit reicht im Zelt vollkommen aus. Sie ist gut für den Weg zur Ansitzeinrichtung bei Dunkelheit. Ein Batteriesatz von 2 Lithiumbatterien 123A reicht für 18 Stunden, jedoch nur 1 Stunde bei voller Helligkeit. Man kann bei der helleren Stufe Wild noch auf 250 Meter in der Dunkelheit erkennen. Die helle Stufe ist ideal für Nachsuchen. Die 15,5 cm lange L2 Lumamax wiegt 119 g.

Die A2 Aviator hat in der Mitte eine Xenon Birne. Die Surefire Hochdruck Xenon Birne ist wirklich zu 100% mit Gas gefüllt. Dies ist bei vielen Herstellern nicht der Fall. Im Lampenschirm befinden sich weiterhin drei „Weitwinkel". Die Funktion ist mit der L21 Lumamax identisch, nur dass sich zuerst nur die roten LED's einschalten und dann die helle Xenon-Birne. Die roten LED's sind ideal, um vom Wild unbemerkt zu einer Ansitzeinrichtung zu gelangen. Auch rotes Licht in der Ansitzeinrichtung stört das Wild nicht. Genauso reicht das Rotlicht aus, um Karten zu lesen. Blaue LED's sind für Nachsuchen ideal, da sie Schweiß gut sichtbar machen. Ein Batteriesatz (2 Lithiumbatterien) reicht bei LED-Betrieb für 20 Stunden. Die Xenon-Hochleistungsbirne dagegen brennt nur 1 Stunde. Das weiße Xenonlicht ist 50 Lumen hell. Man kann etwas über 100 Meter gut sehen, wenn die Fläche mit der Lampe beleuchtet wird. Wild kann man noch in 150 Meter Entfernung gut erkennen. Das Licht

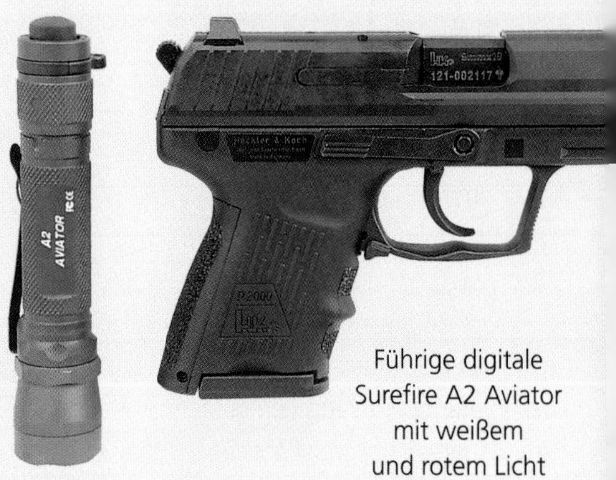

Führige digitale Surefire A2 Aviator mit weißem und rotem Licht

reicht für nächtliche Totsuchen aus. Die A2 Aviator ist 14,2 cm lang und wiegt 116 g. Das Mitführen eines wasserdichten Vorratsbehälters mit Ersatzbatterien ist ratsam (als Zubehör von Surefire lieferbar). Ein Nachteil ist der schnelle Batterieverbrauch bei den hellen Leuchstufen. Schnell kann eine Nachsuche mit Wildbergung über eine Stunde in Anspruch nehmen. Dann ist Batteriewechsel angesagt. Ich hatte bisher immer zwei Ersatzbatterien in der Jackentasche. In Zukunft werde ich den Vorratsbehälter mit acht Batterien immer mitführen.
Die neue Surefire KROMA hat eine mittige, sehr helle Hochleistungs-LED sowie schaltbare 8 weiße, 8 blaue und 8 rote LED's. Die farbigen LED's lassen sich in zwei Helligkeitsstufen schalten. Eine Lampe, die alle jagdlichen Bedürfnisse abdeckt.
Kleine Taschenlampen gibt es auch von Maglite mit Aluminiumgehäuse (Mini Maglite) oder die Scorpion von Streamlight. Die Docter Asphärilux 125 Midi Compact Lampe ist eine flache Lampe mit Kunststoffgehäuse und 4 Mignonzellen. Sie ist mit einem optischen System ausgerüstet mit einer asphärischen Linse und einem Ellipsoid Reflektor. Dadurch wird das Licht gebündelt, und es ergibt sich eine außergewöhnlich hohe Helligkeit. In der Praxis hat sich das Kunststoffgehäuse als nicht sehr robust erwiesen. Das kreisrunde Licht ist allerdings schattenfrei. Vortex bietet eine äußerst stabile kleine Taschenlampe mit dickwandigem Aluminiumgehäuse und bruchsicherer „Linse“ an. Die TC2 1 W Luxeon Star LED ist eine sehr helle LED-Lampe, die mit zwei Lithium Batterien CR123A betrieben wird. Sie ist wasserdicht und kann über gummiarmierten Knopf am Stabende eingeschaltet werden. Es ergibt sich ein schattenloser Lichtkegel. Die 1 Watt Luxeon Star LED erzeugt ein sehr helles Licht. Die Brenndauer reicht rund 4 Stunden.

Hochleistungslampe Inova T5

Die neue Inova Hochleistungslampe T5 hat gegenüber vergleichbaren LED-Lampen eine außergewöhnlich hohe Leistung. Immerhin beträgt die Leistung der 4-Watt LED 100 Lumen. Außergewöhnlich die lange Brenndauer von 3 Stunden mit einem Batteriesatz von drei Lithium 123er Batterien mit je 3 Volt. Dabei bleibt die volle Leuchtkraft über die gesamte Dauer von drei Stunden gleich. Bei den meisten anderen Lampen lässt sie nach. Die Lampe wurde auf extreme Haltbarkeit und Robustheit hin konstruiert. Das Lampengehäuse besteht aus dickwandigem, sehr stabilem Flugzeugaluminium. Es wurde kratzfest schwarz harteloxiert. Am Lampenkopf und dem Griff findet man eine Art Waffelmuster mit vielen kleinen, erhabenen Quadraten, was die Rutschfestigkeit erhöht und sicheren Griff gewährleistet. Der gummiarmierte Schaltknopf kann perfekt erreicht und bedient werden. Ein Antippen genügt, um die Lampe zu aktivieren. Für Dauerbetrieb muss etwas tiefer gedrückt werden. Auf der Unterseite gegenüber dem Einschaltknopf befindet sich ein kleiner Kunststoffteil, was dem

Inova Taschenlampe

sicheren Halt förderlich ist. Die Lampe hat ein mittels Edelstahlring gesichertes Objektiv aus vergütetem Glas. Da es sehr dickwandig ist, wird hohe Bruchsicherheit gewährleistet.
Das patentierte TIROS Einobjektivsystem bündelt das Licht und projiziert über 90 Prozent des Lichtes in einen mittigen hellen Kreis. Die Hochleistungs-4-Watt-LED hat eine Lebensdauer von 100.000 Stunden. Sie hat den Vorteil einer perfekten, hohen Lichtausbeute je Watt. Außerdem sind LED's schock- und stoßresistent. Ebenso arbeitet sie problemlos unter allen Klimabedingungen, egal, ob extreme Kälte oder Hitze.
Dank des optimalen, spezialbeschichteten Reflektors und des aufwändigen Objektivs ergibt sich ein sehr heller Lichtkreis ohne mittige Abschattung. Man kann die effektive Reichweite mit zirka 100 Meter angeben. Wild kann man im Lampenschein auf diese Entfernung noch problemlos erkennen. Die Lampe eignet sich bestens für eine Totsuche in der Nacht. Selbst kleine Einzelheiten wie Schweißtropfen können problemlos erkannt werden.
Die Lichtleistung der Inova T5 ist enorm. Es handelt sich um eine professionelle Stablampe, die auch militärischen Normen entspricht. In der Praxis konnte sich die sehr robuste Lampe ausgezeichnet bewähren. Die 332 g schwere Lampe ist 22,2 cm lang und hat einen Stabdurchmesser (Griff) von 28 mm.

Große Stablampen

Bei großen Stablampen haben sich viele Lampen bewährt, etwa die Maglite, die es in den verschiedensten Größen gibt. Sie haben eine lange Brenndauer, arbeiten mit preiswerten Batterien, sind wasserdicht und dank Aluminiumgehäuse sehr robust. Die Leuchtkraft ist gut. Sehr gut bewährt haben sich die qualitativ hochwertigen Streamlight Lampen. Ich benutze solche, die mittels tauschbaren Akkus wiederaufladbar sind. Lampen wie die Stinger XT oder Ultra Stinger sind noch handliche Lampen mit extremer Helligkeit (bis zu 75.000 Kerzenstärken).
Die wasserdichten Streamlight Lampen bestehen aus Flugzeugaluminium, das außen anodisiert wurde. Mittels Druckknopf werden sie eingeschaltet. Die Linse besteht aus unzerbrechlichem, kratzfestem Polykarbonat. Der etwas unebene Reflektor wurde speziell beschichtet und ist für die enorme Lichtleistung der Xenon-Birne (T2, 6 V, 10 W) mitverantwortlich. Man kann das Licht bündeln (Flutlicht) oder streuen (Scheinwerfer).
Die Brenndauer beträgt rund 1 Stunde. Die Ultra Stinger ist 30 cm lang und nur 500 g schwer. Die Stinger XT hat eine Lichtleistung von rund 15.000 Kerzenstärken. Sie passt mit 19 cm aber auch in eine Jackentasche und wiegt nur 315 kg.
Die Streamlight Lampen wie die Poly-Stinger gibt es auch aus dem leichteren Nylon-Material Polymer, wobei die Poly-Stinger nur 242 g wiegt. Ansonsten ist diese Lampe identisch mit der Stinger XT.
Die Streamlight Stablampe SL-20XP/LED ist mit wiederaufladbarer Batterie ausgestattet und hat neben drei LED's auch noch eine 8 Watt Halogenbirne im Lampenkopf. Das Gehäuse besteht aus dem bruchsicheren, widerstandsfähigen Kunststoff Nylonpolymer. So wiegt die 33,5 cm lange Lampe nur 500 g. In der Mitte des Reflektors sitzt die 8 Watt Halogenbirne und im Rand verteilt die 3 LED's. Bei den LED's handelt es sich um Leuchtdioden mit hoher Intensität. Die Betriebsdauer der LED's beträgt rund 100.000 Stunden. Im Stab befindet sich eine schnell austauschbare sowie wiederaufladbare Nickel-Kadmium-Batterie (Sub-C). Die Brenndauer der Halogenbirne beträgt etwa 1,5 Stunden. Hochwertige

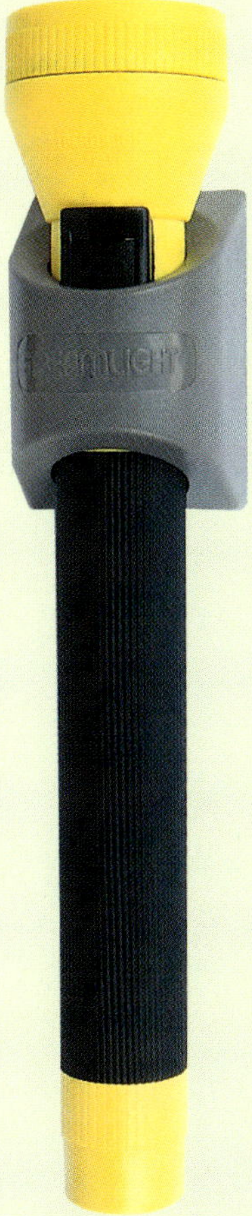

Wiederaufladbare Streamlight-Lampe

Stablampen mit extrem hoher Lichtstärke bietet auch Surefire an, daneben mit Halogen- oder Kryptonbirnen und D-Zellen Batterien auch Maglite. Die Maglite Stablampen aus außen anodisiertem Aluminium sind spritzwassergeschützt (O-Ringe) und mit C- oder D-Zellen Batterien erhältlich. Sie gibt es mit Halogen- oder Kryptonbirnen.
Inzwischen werden viele LED-Lampen angeboten. Die neuen Task-Stablampen von Streamlight sind hochwertige, sehr robuste und widerstandsfähige Stablampen. Sie sind mit Handschlaufen aus Nylonschnur ausgestattet. Die 3AA Luxeon Task-Lampe hat einen dünnen Stab, der drei AA-Batterien zu je 1,5 Volt fasst. Die Lampe hat eine Super High-Flux Luxeon LED, die je Batteriesatz rund 28 Stunden brennt. Diese LED's sind rund zehnmal heller als die üblichen sogenannten High-Intensity LED's, haben dafür aber nur eine Lebensdauer von 10.000 Stunden. Die 21,8 cm lange Lampe wiegt 180 g. Mit dieser Lampe hat man ein helles Licht zur Verfügung. Bis 40 Meter kann man gut leuchten. Die Leuchtstärke beträgt 35 Lumen.

Die Twin Task 2D Lampe ist dagegen nicht so führig. Sie ist viel dicker. Der Stab fasst zwei dicke D Alkali-Batterien je 1,5 Volt. Die 22 cm lange Lampe wiegt 632 g. Im Lampenkopf befinden sich 10 LED's und in der Mitte eine Xenon-Birne. Die Xenon-Birne hat eine Leuchtdauer von 9,5 Stunden je Batteriesatz. Dagegen reichen für 5 LED's die Batterien 80 Stunden und bei allen zehn LED's immerhin noch für 50 Stunden. Dank des hervorragenden Reflektors mit einer so genannten „Micro-faceted" Oberfläche hat man ein sehr helles Bild.
Eine preiswerte LED Lampe gibt es beispielsweise von IFS-Shooting Supplies. Die bis 30 m Wassertiefe dichte Lampe ist 19 cm lang und wiegt nur 70 g (ohne Batterien). Sie ist mit 3 LED's ausgestattet (Leuchtdauer bis 400 Stunden).
Die hochwertigen teuren Stablampen liegen in der Lichtleistung meist weit über preiswerten Supermarkt-Lampen. Vortex bietet eine extrem robuste, wiederaufladbare Stablampe (TR5) mit 5 Watt Luxeon Star LED. Sie besitzt ein wasserdichtes, sehr stabiles Aluminiumgehäuse und eine unzerbrechliche Polykarbonatlinse. Eingeschaltet wird sie am Stabende. Die schwere Lampe ergibt schattenloses, helles und kreisrundes Licht.
Beim wiederaufladbaren Akku handelt es sich um einen Nickel-Metallhydrid-Batteriepack (6 V, 1,5 Ah). Die Brenndauer beträgt etwa 70 Minuten, die der Hochleistungs LED etwa 500 Stunden. Vortex bietet auch eine Stablampe mit zwei D-Zellen Batterien und Xenon-Brine. Sie ist robust und ergibt helles Licht.

Fürs Camp

Der Clou an der Syclone-Lampe von Streamlight sind die beiden unterschiedlich hellen Birnen im „Lampenkopf". Die mittig im Reflektor sitzende Kryptonbirne ergibt ein sehr helles Licht, das run-

Camplampe
von Streamlight

den 6000 Kerzenstärken entspricht. Die Birne hat mit den vier AA 1,5 Volt Alkali-Batterien eine Leuchtdauer von etwa 3,5 Stunden. Am Rand hin erfuhr der Reflektor eine Vertiefung, die einen zweiten, schmalen Reflektorschirm bildet. In ihm sitzt eine so genannte „Light Emitting Diode" (LED), die ein fahles, bernsteinfarbenes Licht ergibt. Es ist ein spezielles „Nachtlicht" und hat eine Dauerbrennleistung von 72 Stunden je Batteriesatz. Die Linse ist aus widerstandsfähigem Lexan gefertigt. Das Gehäuse der Syclone besteht aus einem Polymergemisch. Am Batteriefach befindet sich eine Halteklammer, die um 360 Grad gedreht werden kann. Mittels eines in die Klammer einklippbaren Zusatzteiles kann die Lampe an einem Helm oder Stirnband befestigt werden. Der Lampenkopf lässt sich um 105 Grad nach unten schwenken. Stellt man die Lampe auf einen Tisch neben ein Buch, dann kann bequem gelesen werden, da der Winkel für die Beleuchtung ausreicht. Die Lampe ist bis zu einer Tiefe von 30 Metern wasserdicht.

Strahler

Stellvertretend für Hochleistungsstrahler seien die von Lightforce vorgestellt. Sie eignen sich besonders für die Wildzählung (z. B. Hasenzählung).
Die schlagfeste und korrosionsbeständige Enforcer 140 LED-Handlampe von der australischen Firma Ligth force ist mehr als nur ein Helligkeitsspender bei Dunkelheit. Es handelt sich vielmehr um ein System, das nahezu unbegrenzt erweiterbar ist. Neben Rohrschellen gibt es auch Kugelkopf-Halterungen und Dachhalterungen. Das Enforcer Set besteht aus der Lampe mit einem Kabel für den Zigarettenanzünder. Das Spiralkabel reicht aus, um in Motorraum oder Kofferraum zu leuchten. Natürlich lässt sich auch ein 2,7 Ampere starker Akku in den Griff stecken. Der Akkupack kann über 1000 mal aufgeladen werden. Im Lampenkopf stecken drei LED-Leuchtdioden, die rings um die Glühbirne angeordnet wurden. Sie spenden geringes, mehr bläuliches Licht. Die LED-Leuchtdioden sind per separatem Druckknopf einschaltbar. Ideal ist das schwache Licht zum Laufen, um den Weg auszuleuchten. Dagegen leistet die 30 Watt Xenophot Glühbirne (sie hat 20 Prozent mehr Lichtleistung als Standard-Halogenbirnen) in Verbindung mit dem 140 Millimeter durchmesserstarken Reflektor Enormes. Die spiegelnde Schicht auf dem Reflektor wird im Vakuum aufgetragen. Die Linse besteht aus Polykarbonat (Lexan) und ist schlagfest sowie unempfindlich gegen Temperaturschocks. Immerhin konnte ich auf 500 Meter damit bei mondfinsterer Nacht noch Rehwild im Fernglas klar erkennen. Auf runde 200 Meter wird die Nacht praktisch zum Tag. Die nur 500 Gramm (mit Akku 1050 Gramm) schwere Lampe hat einen schrägen, angerauten Griff. Er gewährt einen festen, rutschsicheren Halt, bei dem auch das Drücken der Einschaltknöpfe bequem möglich ist. Durch Drehen kann der Reflektor in Rastschritten fokussiert werden. Die Lampe erwies sich bei Regen als nicht nässeempfindlich. Von Nachteil ist die kurze Leuchtdauer der 30 Watt Birne. Sie beträgt bei vollem Akku nur 1 Stunde, während die LED's 30 Stunden brennen.

Die Aufladezeit eines Akkus beträgt zwischen 12 und 15 Stunden.
Hochwertige Handstrahler mit Akkus und High-Intensitiy-Halogenbirnen mit 8 oder 20 Watt (bis 70.000 Kerzenstärken) bietet Streamlight mit seinen Litebox Systemen an. Die Brenndauer je Akku-Ladung liegt zwischen 8 (8 Watt Birne) und 3,5 (20 Watt Birne) Stunden.

Resümee

Handliche Stablampen wie die Streamlight Ultra Stinger mit Nickel Cadmium Akku ergeben ein sehr helles Licht. Wiederaufladbare Stablampen kann man in heimischen Gefilden oder zivilisierten Regionen auf Reisen benutzen. Kleine Stablampen mit Kryptonbirne und AA-Batterien sind für Reisen günstig. Sie haben eine lange Brenndauer und arbeiten mit günstigen Batterien. Große Stablampen mit C- oder D-Zellen Batterien sind heute überholt. Vor allem auf Reisen sind sie zu sperrig. Hochleistungslampen in Handgröße übertreffen zudem ihre Lichtleistung. Sie sind mit Xenon-Birnen versehen und arbeiten mit teuren Lithium-Batterien. Sie haben eine kurze Brenndauer. Die Brenndauer mit LED's ist sehr lange, Hochleistungs-LED ergeben sehr helles Licht. Eine Kombination von LED's mit heller Xenon-Birne ist ideal, da man Energie durch LED-Betrieb sparen kann, wenn man das helle Licht der Xenon-Birne nicht benötigt. Bekanntlich verlieren Batterien bei Lagerung an Leistung. Dies trifft für Lithium Batterien nur in extrem geringem Umfang zu. Selbst nach 10 Jahren Lagerung erbringen sie in einer Hochleistungslampe die volle Lichtleistung.
Noch ein Blick auf die Glühbirnen. Glühlampen sind mit reaktionsarmen Edelgasen wie Krypton, Xenon oder Nitrogen gefüllt. Da im Laufe der Zeit sich Rückstände am Birnenglas durch den verdampfenden Wolframdraht ablagern, büßen sie an Helligkeit ein. Xenon-Birnen sind etwa 10% heller als Kryptonlampen. Bei Halogen-Birnen wird die Ablagerung durch Zugabe von Halogen verhindert. Ausschlaggebend für die Lebensdauer und Leistung einer Birne ist der Druck in der Glühlampe (1 bis 3 bar). Es kommt darauf an, ob z. B. eine Xenon-Birne zu 60 oder 100% mit Gas gefüllt ist. Die Qualität entscheidet hier über die Leistung und Helligkeit.
Leuchtdioden (LED) sind wirtschaftlicher als Glühbirnen. Eine High-Intensity LED hat eine Lebensdauer von rund 100.000 Stunden und eine Super High Flux Luxeon LED noch eine von rund 10.000 Stunden.
Als ideal haben sich die verschiedenen Surefire Lampen erwiesen. Sie sind sehr führig, haben aber trotzdem eine enorme Lichtleistung. Zudem sind sie extrem, robust.

Digitale KROMA von Surefire mit 8 weißen, 8 blauen und 8 roten sowie einer Hochleistungs-LED

Auf einen Blick

Lampen für die Jagd

Stab- und Kopflampen

Streamlight-Lampen

Lampe	Stinger XT	Stinger HP	Stinger XT HP	Ultra Stinger	Vulcan	Litebox High Int.	Survivor DIV 1	Propo-lymer	Propo-lymer LED	Propo-lymer Luxeon
Lichtquelle	Xenon	Xenon	Xenon	Xenon 2 LED	Halogen	Halogen	Xenon	Xenon	7 LED	Luxeon Highflux LED
Gehäusematerial	A	A	A	A	K	K	K	K	K	K
Gewicht in g	315	346	414	500	1500	3360	437	179	179	426
Länge in mm	195	210	219	298	190	292	171	165	165	236
Lichtoutput in Lumen	125	120	120	295	150	400	31	34	27	40
Energiequelle	3 Cell 3,6 V Ni-DC Sub-c	3-Cell 3,6 V Ni-CD Sub-c	3 Cell 3,6 V Ni-CD Sub-c	5 Cell 6 V Ni-CD Sub-c	4,5 Ah Bleiacid Sub-c	12 Ah Bleiacid	L-Cell 4,8 V Ni-CD Sub-c	4AA	4AA	3 C 5 Cell 6 V
Betriebsdauer/Batt.Satz	1 h	1 h	1 h	1 h	3,25 h	9 h	4,25 h	4 h	155 h	5,5 h
Wiederaufladbar	ja	ja	ja	ja	ja	ja	ja	nein	nein	nein

	Streamlight-Lampen						Surefire-Lampen			
Lampe	**3C-XP**	**TL-2 LED**	**Twin Task 2 D**	**Task 3 AA Luxeon 2**	**Twin Task Cell-Lith.**	**Kopf-lampe Trident LED**	**9P**	**G2**	**C3 Centurion**	**E2E Executive Elite**
Lichtquelle	3 W X 3 LED	1 W Luxeon	X 10 LED	Super Hi Flux	X 3 LED	X 3 LED	X High	X	X LED	X Flux LED
Gehäusematerial	K	A	A	A	A	K	A	A	A	A
Gewicht in g	418	129	632	180	152	132	190	113	190	879
Länge in mm	277	133	210	218	138	65	163	124	163	114
Lichtoutput in Lumen	50/13	42	22	28X 72/LED	10X 18/LED	7,5	105	65	105	60
Energiequelle	3 C	3 V Li CR 123A	43 LED 2D	3 AA	2x 3V Li CR 123A	3 AAA	3 Li CR 123A	2 Li CR 123A	2 Li CR 123A	2 Li CR 123A
Betriebsdauer/Batt.Satz	5,5 h	1,75 h	9,5-80 h	28 h	2,5-28 h	150 h	1 h	1 h	1,25 h	1,25 h
Wiederaufladbar	nein	nein	nein	nein	nein	nein	nein	nein	nein	nein

A = Aluminium, K = Kunststoff, X = Xenon, H = Halogen, Kr = Krypton, Li = Lithium

Auf einen Blick
Lampen für die Jagd
Stab- und Kopflampen

Lampe	M3	M3T	M4	A2 Aviator	E2L Outdoorsman	L1 Luma max digital	L2 Luma max digital	Kroma Digital	Tikka Plus Kopflampe	Vor Tec Kopflampe	Predator Kopflampe
Lichtquelle	X	X	X	X/LED	X	LED	X	LED	5 LED	H	H
Gehäusematerial	A	A	A	A	A	A	A	A	K	K	K
Gewicht in g	198	227	312	116	99	82	119	145	78	226	128
Länge in mm	180	198	211	142	133	116	155	140	n. a.	n. a.	n. a.
Lichtoutput in Lumen	105	125	200	X 50 LED 3	30	0,7 o. 15 schaltbar	15 o. 100	3 – 50	n. a.	n. a.	n. a.
Energiequelle	3 Li CR 123A	3 Li CR 123A	4 Li CR 123A	2 Li CR 123A	2 Li CR 123A	1 Li CR 123A	2 Li CR 123A	2 LiCR 123A	3 AAA	4 AA	2 AA
Betriebsdauer/Batt.Satz	1 h	1 h	1 h	1 h	6 h	2 – 50 h	1 – 18 h	2 – 24 h	150 h	5 h	8 h
Wiederaufladbar	nein	nein	nein	nein	nein	nein	nein	nein	nein	nein	nein

Surefire-Lampen **Petzl/Princeton**

Lampe	Inova X5	Light force 40 LED	Maglite Mini Mag	Maglite 2D	Maglite 3 D	APS Triad	Gigalite 6 G	IFS Toplight 3 LED	IFS Super light	Docter Optik Midi 125	Vortex TR5
Lichtquelle	5 LED	3 LED 30 W Xeno phot	Kr	Kr	Kr	X	X	3 LED	6LED LED	H LED	5 W Luxeon Star LED
Gehäusematerial	A	A/K	A	A	A	K	A	K	K	K	A
Gewicht in g	100	1050	100	640	860	150	170	70	70	144	350
Länge in mm	n. a.	n. a.	14,5	19,5	25,5	n. a.	n. a.	n. a.	n. a.	10	200
Lichtoutput in Lumen	120	n. a.	n. a.	n. a.	n. a.	n. a.	n. a.	n. a.	n. a.	n. a.	n. a.
Energiequelle	2 Li CR 123A	Akku NiMH 2,7 amp	2 AA	2 D	3 D	2 Li CR 123A	2 Li CR 123A	3 AA	3 AA	4 Ni AA 6 V	Metall-hybrid 1,5 Ah
Betriebsdauer/Batt.Satz	20 h	1 h	6 h	6 h	7 h	1 h	1 h	325 h	280 h	3 h	1 h
Wiederaufladbar	nein	ja	nein	nein	nein	nein	nein	nein	nein	nein	ja

A = Aluminium, K = Kunststoff, X = Xenon, H = Halogen, Kr = Krypton, Li = Lithium